Abenteuer

10

Bayern

herausgegeben von Werner Fuß und Monika Sänger
bearbeitet von Ingeborg Arnold und Werner Fuß

C.C.BUCHNER

ABENTEUER ETHIK 10
für die Jahrgangsstufe 10

herausgegeben von Werner Fuß und Monika Sänger
bearbeitet von Ingeborg Arnold und Werner Fuß

Redaktion: Matthias Neumann

Illustrationen: Julia Gandras

1. Auflage 1 [5432] 2016 15 14 13
Die letzte Zahl bedeutet das Jahr dieses Druckes.

Alle Drucke dieser Auflage sind, weil untereinander unverändert, nebeneinander benutzbar.

Dieses Werk folgt der reformierten Rechtschreibung und Zeichensetzung. Ausnahmen bilden Texte, bei denen künstlerische, philologische oder lizenzrechtliche Gründe einer Änderung entgegenstehen.

Die Mediencodes enthalten ausschließlich optionale Unterrichtsmaterialien; sie unterliegen nicht dem staatlichen Zulassungsverfahren.

www.ccbuchner.de

Gestaltung: creo Druck & Medienservice GmbH, Bamberg / Wolf Hartmann
Druck und Bindearbeiten: Stürtz GmbH, Würzburg

ISBN 978-3-7661-6680-7

Liebe Schülerinnen und Schüler,

mit dem Band 10 findet das Abenteuer Ethik sein vorläufiges Ende. Vorläufig deshalb, weil für Sie nun das Abenteuer eines Jungerwachsenen beginnt. Wie gewohnt finden Sie in diesem Band Texte aus Büchern und Zeitschriften. Neu ist die verstärkte Aufnahme von Originaltexten, denn in diesem Band werden Sie sich mit historischen Positionen der Philosophie befassen. Aber natürlich finden Sie auch Zeichnungen, Cartoons und Bilder, die in Themen und Fragestellungen einführen sollen.

Im ersten Kapitel wird die Frage gestellt „Was ist der Mensch?". Die Antworten fallen unterschiedlich aus. Die philosophisch-ethischen Deutungen des Menschen der Antike stellen die Frage nach der Lebenstauglichkeit eines Menschen ins Zentrum. Die Hoffnung ist, dass das Wissen über das Gute die Menschen zu guten und richtigen Handlungen anleitet. In der Moderne hingegen steht die Frage nach einem friedlichen Zusammenleben im Vordergrund. Hintergrund sind hier Religionskriege, aufgrund derer man in der Moderne die Hoffnung fahren lässt, jemals eine einheitliche Konzeption des Guten zu finden, die für alle Menschen verbindlich sein könnte. Die neue Hoffnung gründet sich nicht länger auf Religion, sondern auf die Politik moderner Staatskonzeptionen.

Im zweiten Kapitel werden zunächst die drei abrahamitischen Religionen wiederholt, bevor der kritischen Religionsphilosophie das Wort erteilt wird. Ausgehend von klassischen Positionen der Religionskritik bei Feuerbach, Marx, Nietzsche und Freud wird die Frage „Was ist Religion?" neu gestellt, da die religiösen Antworten auf diese Frage von der Philosophie im Grundsätzlichen abgelehnt werden. Welchen Platz die Religion in der Moderne haben könnte, darüber hat der englische Philosoph Whitehead nachgedacht. Bis heute aber hat die Religion eine wichtige Funktion trotz katastrophaler Geschehnisse, die die Frage provozieren „Wie Gott das (Böse) zulassen kann?".

Das dritte Kapitel führt eine weitere Disziplin der angewandten Ethik ein, nämlich die Wirtschaftsethik. Das Kapitel gliedert sich in zwei Abschnitte: einen historischen und einen systematischen. Im historischen Teil stehen zwei Auffassungen zu Reichtum und Armut im Zentrum, die einander komplett widersprechen. Was ist besser, reich oder arm sein? Sie denken bestimmt, natürlich reich sein. Hier wird Ihre Sicht kritisch hinterfragt. Im systematischen Teil geht es um aktuelle Fälle, mit denen sich die Wirtschaftsethik auseinandersetzt. Unter anderem werden Sie mit dem Problem konfrontiert, ob es legitim ist, mit Ethik Geld zu verdienen.

Das vierte Kapitel führt Sie in die Medizinethik ein, die ebenfalls eine Disziplin der angewandten Ethik ist. Für die Bewältigung der aktuellen Probleme wie Sterbehilfe, Organtransplantation oder Arzt-Patienten-Verhältnis erarbeiten Sie ein Modell, an dem sich konkrete Entscheidungsprozesse orientieren können. Statt einer allgemeinen Lösung erlernen Sie einen allgemeinen Lösungsweg, der immer den besonderen Fall im Auge behält.

Wie gewohnt sind alle Materialien mit **M** gekennzeichnet. Infokästen erläutern Begriffe, Fachtermini und Sachverhalte. Zusätzlich finden Sie im Glossar Worterläuterungen. Das alles dient Ihrer selbstständigen Arbeit mit dem Schulbuch. Auf den Wissen-Können-Seiten haben Sie die Möglichkeit, das Grundwissen nachzulesen und Ihre neu erworbenen Kompetenzen auszutesten.

Und jetzt stürzen Sie sich zum letzten Mal ins Abenteuer Ethik und verlieren Sie nicht den Kopf dabei!

Ihr Autorenteam

Inhalt

Philosophisch-ethische Deutungen des Menschen 6

Antike Deutungen

1 | Die Polis 8
2 | Die großen Fragen der Antike 10
3 | Die Sophisten 12
4 | Der Sophist Protagoras: Alles ist relativ 14
5 | Sokrates 16
6 | Unrecht leiden ist besser als Unrecht tun 18
7 | Platons Höhlengleichnis – der Aufstieg 20
8 | Platons Höhlengleichnis – der Abstieg 22

Moderne Deutungen

9 | Grunderfahrungen der Neuzeit 24
10 | Thomas Hobbes: der Mensch im Naturzustand 26
11 | Thomas Hobbes: der Leviathan 28
12 | Jean-Jacques Rousseau: der wilde und der zivilisierte Mensch 30
13 | Jean-Jacques Rousseau: der gerechte Staat 32
14 | Immanuel Kant: Wege zur Vernunft 34
15 | Immanuel Kant: Freiheit und Frieden 36

| Was wir wissen – was wir können 38

Religionsphilosophie 40

Die abrahamitischen Religionen

1 | Haben Juden und Christen ein gemeinsames Bild vom Menschen? 42
2 | Judentum und Islam aus christlicher Sicht 44
3 | Der Islam – Es gibt keinen Zwang im Glauben 46
4 | Anfang der Toleranz – die Ringparabel 48
5 | Ende der Toleranz – drei Kritiken aus jüdischer, islamischer und säkularer Sicht 50

Philosophieren – wie geht das?

6 | Interreligiöse Dialoge führen 52

Religionskritik

7 | Ludwig Feuerbach 54
8 | Karl Marx 56
9 | Friedrich Nietzsche 58
10 | Sigmund Freud 60
11 | Alfred North Whitehead 62

Theodizee

12 | Gott in der Rechtfertigungsklemme 64
13 | Die biblische Antwort – das Buch Hiob 66
14 | Der Mensch hat sich nicht selbst gemacht 68

| Was wir wissen – was wir können 70

Wirtschaftsethik 72

Geschichte der Wirtschaftsethik

1 | Warum Wirtschaft? **74**
2 | Antike – besser reich als arm **76**
3 | Mittelalter – besser arm als reich **78**
4 | Adam Smith: Alle Menschen sind Nutzenmaximierer **80**
5 | Adam Smith: die unsichtbare Hand **82**

Problemfelder der Wirtschaftsethik

6 | Entfremdete und nicht entfremdete Arbeit **84**
7 | Gerechtigkeit oder Ökonomie? **86**
8 | Gerechte Löhne **88**
9 | Mit Ethik Geld verdienen **90**
10 | Nachhaltigkeit ist Gerechtigkeit **92**
11 | Fairer Handel **94**

| Was wir wissen – was wir können **96**

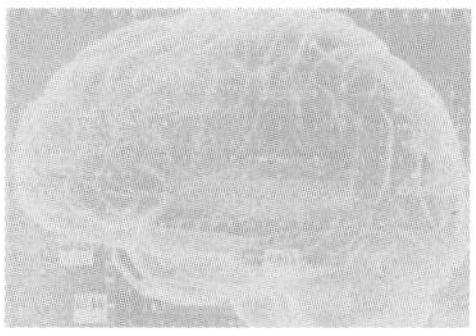

Medizinethik 98

Grundverständnis

1 | Was ist Medizinethik? **100**
2 | Menschenwürde **102**
3 | Wenn Menschenwürde verletzt wird **104**

Klassisch-aktuelle Fragen und Antworten

4 | Zufällig oder geplant? – Anfang und Ende des Lebens **106**
5 | Gesundheit! **108**
6 | Von Mensch zu Mensch – Person sein **110**
7 | Der Eid des Hippokrates **112**
8 | Neue Herausforderungen einer Ethik in der Medizin **114**

Ein Modell für viele Fälle

9 | Entscheidungen in der Medizin **116**
10 | Sterbehilfe **118**
11 | Transplantation **120**

| Was wir wissen – was wir können **122**

Glossar **124**
Literaturverzeichnis **141**
Bildnachweis **144**

Non est potestas Super Terram quæ Comparetur ei Iob. 41. 24

Philosophisch-ethische Deutungen des Menschen

Antike Deutungen

Moderne Deutungen

1 Die Polis

M1 Das antike Griechenland

M2 Der Stadtstaat – Polis

Hunderte von Stadtstaaten – Poleis – entstanden nach 800 v. Chr. auf griechischem Siedlungsgebiet. Sie unterschieden sich stark von modernen Staatsgebilden.

Das griechische Wort *polis* (von dem auch unser Wort „Politik" herkommt) bezeichnete einen „Staat, der sich selbst regiert". Da jedoch die *polis* immer nur eine geringe Ausdehnung und Bevölkerung hatte, ist es seit langem üblich, das Wort mit „Stadtstaat" zu übersetzen. Die größte *polis*, Athen, war nach heutigen Begriffen tatsächlich ein sehr kleiner Staat – vergleichbar mit dem Großfürstentum Luxemburg. Als Athen bei Ausbruch des Peloponnesischen Krieges 431 v. Chr. seine höchste Einwohnerzahl erreichte, betrug sie etwa 250 000 bis höchstens 275 000. In der Begrenztheit ihrer Territorien und Bevölkerungszahlen sahen die Griechen einen hohen Wert. Die *polis* war kein Ort, wenn sie auch ein bestimmtes Areal einnahm; sie war Volk, das gemeinsam handelte und deshalb in der Lage sein musste, sich zu versammeln und sich mit seinen Problemen auseinanderzusetzen. Das war eine Voraussetzung der Selbstregierung. Die *polis* war eine exklusive Gemeinschaft. War man nicht in eine Gemeinde hineingeboren, so blieb eine Aufnahme so gut wie ausgeschlossen. Vor allem in den größeren Stadtstaaten bildete deshalb die eigentliche Gemeinde nur eine Minderheit. Zur Mehrheit gehörten die Nicht-Bürger. Sie hießen Metöken und waren meistens Griechen, die aus anderen *poleis* stammten. Ferner die Sklaven, eine zahlenmäßig noch breitere Schicht, und dann grundsätzlich alle Frauen. Im Vergleich mit den Bürgern mussten diese Bevölkerungsgruppen vielfältige Benachteiligungen hinnehmen, hatten sich aber gleichzeitig der Autorität des Staats, in dem sie wohnten, ganz und gar zu fügen. In dieser Hinsicht waren sie nicht anders gestellt als die Bürger, denn die Macht der griechischen *polis* war grundsätzlich total: Sie war die Quelle aller Rechte und Verpflichtungen, und ihre Autorität reichte ausnahmslos in jede Sphäre menschlichen Verhaltens hinein. Man konnte der *polis* nicht entkommen.

nach Moses Finley, S. 38–41

M3 Wer herrscht in der Polis?

Die Frage erhebt sich, in welchem Sinne die Griechen die freien Menschen waren, für die sie sich hielten, wenn die *polis* eine so uneingeschränkte Autorität besaß. Bis zu einem gewissen Grade beantwortet Pindar diese Frage im Fragment 169, wenn er sagt: „Das Gesetz ist König". Die Tatsache, dass das Gesetz sich einzig und allein aus der Gemeinschaft ableitete, bürgte für Freiheit. Die Schwierigkeit lag darin, dass der Gemeinschaftssinn schlecht zu der schreienden Ungleichheit passte, die unter den Gliedern der Gemeinschaft herrschte, es bestand eine tiefe Kluft zwischen Arm und Reich. Dieser Zustand war in der Geschichte nichts Neues, aber in Griechenland erhielt er durch den Stadtstaat mit seiner Intimität, seiner Betonung der Gemeinschaft und der Freiheit und Würde des Einzelnen, die sich aus seiner Zugehörigkeit ergab, einen ungewöhnlichen Aspekt. Der Bürger fand, er habe nicht nur Verpflichtungen gegenüber der Gemeinde, sondern auch Ansprüche an sie, und wenn das Regime sie nicht befriedigte, so scheute er sich durchaus nicht, es zu beseitigen. Man kann sagen, dass in der griechischen *polis* die heftigsten Auseinandersetzungen auf die Frage zurückzuführen waren, wer herrschen sollte, „die Wenigen" oder „die Vielen". *nach Moses Finley, S. 41ff*

M4 Die Herrschaft des Volkes – Demokratie

In manchen Poleis wurde der Machtkampf zwischen den „Wenigen", d. h. dem wohlhabenden Adel, und den „Vielen", also der Masse der armen Bürger, zugunsten der „Vielen" entschieden. Seit dem 7. Jh. v. Chr. errangen die Bürger Athens im Kampf gegen Adelsherrschaft (Aristokratie) und Alleinherrscher (Tyrannen) Schritt für Schritt die erste Herrschaft (griech. *kratos*) des Volkes (griech. *demos*), die Demokratie. Nun besaßen die Bürger eine beispiellose Machtfülle. Gesetzgebung, Regierung, Kontroll- und Gerichtsgewalt lagen beim Volk. Regelmäßig tagende Volksversammlungen bestimmten die Gesetze und entschieden über Krieg und Frieden. Richter wurden durch Los bestimmt, politische Funktionen verlost oder durch direkte Wahlen besetzt. Jedes Amt war zeitlich begrenzt. Politiker, die so beliebt und mächtig geworden waren, dass man sie als künftige Volks(ver)führer und Tyrannen fürchtete, konnten durch das Scherbengericht ohne weitere Begründung auf zehn Jahre aus der Stadt verbannt werden – zum Schutz der Demokratie. *Ingeborg Arnold*

M5 Der Marktplatz – Agora

Die Agora von Athen, ein mit schattenspendenden Platanen bepflanzter Platz, war das Zentrum der Stadt. Hier lagen die städtischen Amtsstuben und die Gerichtshöfe. Hier waren auch die Läden und Buden der Händler angesiedelt sowie das Quellenhaus, zu dem die Frauen jeden Morgen kamen, um Wasser zu holen, Wäsche zu waschen und um sich zu unterhalten. Hier standen die überdachten Säulenhallen, wo man Geschäfte machte, wo Freunde sich trafen und Philosophen ihre Ansichten erläuterten. *nach Peter Connolly, S. 22*

Aufgaben

1. Vergleichen Sie die antike Polis mit einem modernen Staat wie der Bundesrepublik Deutschland. ➔ M1, M2
2. Wie wird das Streben nach Freiheit und Gleichheit in der Polis erfüllt? ➔ M3
3. Beurteilen Sie die Form der athenischen Demokratie im Vergleich zu modernen Demokratien. ➔ M4
4. Inwiefern ist ein Ort wie die Agora für das Funktionieren der Demokratie wichtig? Gibt es moderne Entsprechungen zur politisch-gesellschaftlichen Funktion der Agora? ➔ M5

▶ Glossar: Peloponnesischer Krieg, Pindar, Polis, Scherbengericht, Tyrann

2 Die großen Fragen der Antike

M1 Welche Verfassung ist die beste?

Die Entstehung des freien und kritischen Denkens im antiken Griechenland ist quasi der Urknall der Philosophie. Vielleicht bewirkte das Nebeneinander verschiedener Verfassungen und Gesetze in den zahlreichen griechischen Stadtstaaten, den Poleis, dass „große Fragen" gestellt und neue Antworten gesucht wurden? Die Athener waren sich der Besonderheit ihrer demokratischen Verfassung bewusst. Die meisten Nachbarstaaten wurden von Königen, einer kleinen Gruppe mächtiger Männer (Oligarchen) oder Tyrannen regiert. Dichter, Geschichtsschreiber und Philosophen diskutierten angesichts dieser Vielfalt, welche Herrschaftsform die beste sei. So berichtet der griechische Geschichtsschreiber Herodot, dass drei persische Verschwörer nach dem Sturz des Tyrannen über die künftige Regierungsform beraten hätten:

Ingeborg Arnold

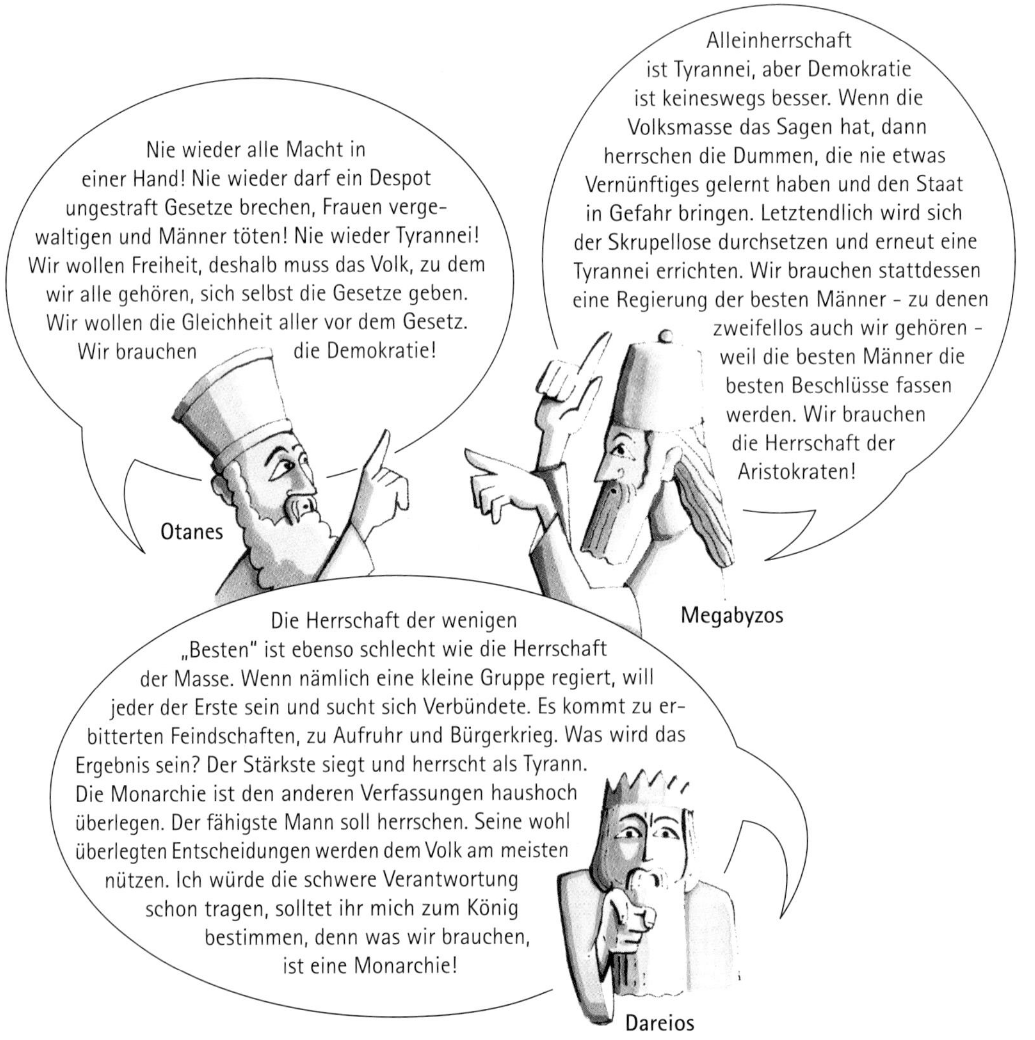

Otanes: Nie wieder alle Macht in einer Hand! Nie wieder darf ein Despot ungestraft Gesetze brechen, Frauen vergewaltigen und Männer töten! Nie wieder Tyrannei! Wir wollen Freiheit, deshalb muss das Volk, zu dem wir alle gehören, sich selbst die Gesetze geben. Wir wollen die Gleichheit aller vor dem Gesetz. Wir brauchen die Demokratie!

Megabyzos: Alleinherrschaft ist Tyrannei, aber Demokratie ist keineswegs besser. Wenn die Volksmasse das Sagen hat, dann herrschen die Dummen, die nie etwas Vernünftiges gelernt haben und den Staat in Gefahr bringen. Letztendlich wird sich der Skrupellose durchsetzen und erneut eine Tyrannei errichten. Wir brauchen stattdessen eine Regierung der besten Männer - zu denen zweifellos auch wir gehören - weil die besten Männer die besten Beschlüsse fassen werden. Wir brauchen die Herrschaft der Aristokraten!

Dareios: Die Herrschaft der wenigen „Besten" ist ebenso schlecht wie die Herrschaft der Masse. Wenn nämlich eine kleine Gruppe regiert, will jeder der Erste sein und sucht sich Verbündete. Es kommt zu erbitterten Feindschaften, zu Aufruhr und Bürgerkrieg. Was wird das Ergebnis sein? Der Stärkste siegt und herrscht als Tyrann. Die Monarchie ist den anderen Verfassungen haushoch überlegen. Der fähigste Mann soll herrschen. Seine wohl überlegten Entscheidungen werden dem Volk am meisten nützen. Ich würde die schwere Verantwortung schon tragen, solltet ihr mich zum König bestimmen, denn was wir brauchen, ist eine Monarchie!

nach Herodot, 80ff

M2 Welche Gesetze sind richtig?

Herodot fragt sich, ob es für alle Menschen verbindliche Sitten und Gebräuche geben könne, und erzählt von einer Befragung, die der Perserkönig Dareios in seinem Heer durchführen ließ. Dareios fragte zunächst die griechischen Söldner, bei denen die Feuerbestattung üblich war, um welchen Preis sie bereit wären, ihre verstorbenen Väter zu essen. Entsetzt antworteten sie, dass sie dazu um keinen Preis bereit wären. Danach fragte der König die Truppe der Kalatier[1], die ihre toten Eltern verzehren, um welchen Preis sie ihre verstorbenen Väter im Feuer verbrennen würden. Die Kalatier schrien auf und bezeichneten diesen Vorschlag als gottlos. Herodot schließt hieraus: „Wenn jemand alle Menschen auffordern wollte, sie sollten sich aus der Gesamtheit aller Gesetze und Sitten die schönsten auswählen, so würde doch schließlich jeder seine eigenen wählen, so sehr halten alle im Grunde ihre eigenen Bräuche für die schönsten und besten."

nach Herodot, S. 38

M3 Mythos oder Logos?

Von 750 bis 550 v. Chr. verließen viele Griechen ihr Mutterland und gründeten rund um das Mittelmeer Handelsstädte. Dort, in den Randgebieten der griechischen Zivilisation, wurden im 6. und 5. Jahrhundert die allgemein akzeptierten religiösen Überlieferungen von einigen wenigen Denkern in Frage gestellt. Die Philosophen Thales, Pythagoras, Anaxagoras, Demokrit und andere bezweifelten, dass natürliche Abläufe durch Gottheiten bewirkt werden. Sie folgten dem Logos[2], entwickelten rationale Theorien der Welterklärung und suchten nach Naturgesetzen. Die Ablösung der religiösen durch die wissenschaftliche Sicht auf die Welt führte zu Konflikten. Ein Beispiel:

Im Mythos[3] beleuchtet der Sonnengott Helios die Erde, wenn er mit seinem Pferdegespann über den Himmel zieht. Dem widersprach der in Athen lebende Philosoph Anaxagoras. Er nahm an, dass der große Meteor, der um 468 v. Chr. in Griechenland eingeschlagen war, ein Teil der Sonne sei und folgerte, die Sonne müsse eine glühend heiße Gesteinsmasse und größer als die Halbinsel Peloponnes sein. Diese Behauptung führte 432 v. Chr. dazu, dass er wegen Gottlosigkeit angeklagt wurde, worauf die Todesstrafe stand. Da der mächtige Politiker Perikles sich für ihn einsetzte, wurde er nur zu einer hohen Geldstrafe verurteilt und aus Athen verbannt. Anaxagoras' riskanter Versuch, den Mythos durch rationale Erklärungen abzulösen, hätte ihn fast das Leben gekostet.

Ingeborg Arnold

1 Kalatier = indischer Volksstamm

2 Logos = Sprache, Vernunft

3 Mythos = hier: Erzählung über Gottheiten

Aufgaben

1. Beschreiben und beurteilen Sie die Argumentationen, die Herodot den drei Verschwörern in den Mund legt. Welchen „Trick" wenden alle drei an? ➜ M1
2. Vergleichen Sie Herodots Auffassung von der Geltung menschlicher Gesetze mit der Einstellung der befragten Griechen und Kalatier. ➜ M2
3. Spielen Sie den Prozess gegen Anaxagoras nach. Folgende Rollen sind zu besetzen: Anaxagoras, Perikles, Ankläger, eine möglichst große Zahl an Richtern. Das athenische Recht kannte keine Verteidiger. ➜ M3
4. Religion und wissenschaftliches Denken können auch heute in Widerspruch geraten. Fundamentalistische Christen, die alle Aussagen der Bibel wörtlich nehmen, bekämpfen Darwins Evolutionslehre. Andererseits gibt es auch gläubige Naturwissenschaftler. Benennen Sie die Voraussetzungen, unter denen Religion und Wissenschaft vereinbar sind. ➜ M3

▶ Glossar: Anaxagoras, Dareios I., Demokrit, Despot, Fundamentalismus, Herodot, Perikles, Pythagoras, Thales, Tyrann

3 Die Sophisten

M1 Der Sophist Protagoras und seine Schüler

Platon lässt Sokrates berichten, wie er Protagoras und seine Begleiter, angesehene junge Männer aus Athen und anderen Städten, angetroffen hat:

„Diesen Chor nun betrachtend, ergötzte ich mich besonders daran, wie artig sie sich in Acht nahmen, niemals dem Protagoras vorn im Wege zu sein, sondern, wenn er mit seinen Begleitern umwendete, wie ordentlich und geschickt diese Hörer zu beiden Seiten sich teilten und sich dann im Kreise herumschwenkten, um fein artig immer hinten zu sein."

Platon, Protagoras 315b

M2 Was ein Sophist zu verkaufen hat

Die Sophisten (Lehrer der Weisheit) waren überregional bedeutende Persönlichkeiten. Als gewandte Dozenten tourten sie durch die griechischen Stadtstaaten, um den Bürgern gegen gute Bezahlung die nötigen Kompetenzen für eine politische Karriere zu vermitteln – solche Fähigkeiten waren in den demokratischen Poleis wie Athen besonders wichtig. Auf dem Lehrplan der Sophisten stand an erster Stelle die Kunst des „guten Sprechens", also das kluge Argumentieren unter dem Einsatz rhetorischer Mittel. Ihre Schüler sollten durch die „Streitkunst" lernen, sich in politischen Diskussionen durchzusetzen, und sie sollten die Zuhörer in den Volksversammlungen durch ihre Redekunst in die gewünschte Richtung lenken; nicht zuletzt diente das gute Sprechen auch dazu, vor Gericht zu bestehen.

Ingeborg Arnold

M3 Wie ein Sophist sein Honorar aushandelt

Euathlos, ein Schüler des Sophisten Protagoras, sollte diesem die Hälfte seines Honorars erst dann bezahlen, wenn er einen Prozess gewonnen hätte. Er führte aber keinen Prozess, bezahlte also nicht. Da sagte Protagoras: „Ich verklage dich; gewinnst du diesen Prozess, so bezahlst du mich kraft unseres Vertrages; verlierst du ihn aber, so bezahlst du mich kraft des richterlichen Urteils."

Florian Roth, S. 1

M4 sophistisch

Der Fremdwörterduden übersetzt „sophistisch" mit spitzfindig, wortklauberisch, es handelt sich also um einen abwertenden Begriff, der sich auf die zum Teil haarspalterischen Beweise bezieht, zu denen die Sophisten gern griffen. Tatsächlich brachten ihnen ihre rhetorischen Glanznummern auch in der Antike nicht nur Bewunderer ein. Die Philosophen warfen ihnen vor, kein Interesse an der Wahrheit zu haben, denn manche Sophisten sprachen erst für eine These und danach mit ebenso starken Argumenten dagegen.

„Es heißt, ein Meister dieser Kunst habe sich einmal in Rom dem Publikum gestellt. Am Ende seiner ersten Rede wurde er herzlich beklatscht, als er dann aber anfing, die Gegenthese aufzustellen, wurde er kurzerhand niedergeschlagen. Die Römer waren einfache Leute und machten nicht viele Worte; gewisse griechische Feinheiten waren noch nicht bis zu ihnen gedrungen." (Luciano De Crescenzo, S. 207)

Ingeborg Arnold

M5 Was wollten die Sophisten?

Der Journalist Reinhard Jellen und der Altphilologe Wilfried Stroh würdigten in einem Interview vom 1.4.2010 die Stellung der Sophisten in der Philosophiegeschichte.

Reinhard Jellen: Man kann sagen, dass mit dem Aufkommen der Sophisten im antiken Griechenland die Rhetorik ihren Höhepunkt erlebte. Anders als ihr Klischee waren die Sophisten nicht ausschließlich Irrationalisten und Propagandisten der Macht wie z. B. Kallikles, sondern zum Teil Aufklärer, insofern sie die Menschen zu rational denkenden, urteilsfähigen und redegewandten Staatsbürgern erziehen wollten, welche fähig waren, gesellschaftliche Hierarchien, religiöse Traditionen sowie kulturelle Mythen und soziale Dogmen kritisch zu untersuchen. Man kann also die Rhetorik mit einigem Recht als eine Frühform des Humanismus und der Aufklärung bezeichnen.

Wilfried Stroh: Sie haben ein Sophistenbild gegeben, wie es heute von vielen Philosophen vertreten wird. Hier wird die griechische Geschichte als eine Entwicklung von einem mythischen Denken zum logisch-rationalen Denken geschildert, und in dieser Entwicklung nehmen die Sophisten dann eine zentrale Stellung ein. Das haben Sie sehr schön geschildert. Als die Quellen prüfender Altphilologe muss ich aber sagen, dass ich dies für falsch halte. Zunächst etwas Einfaches: Kritik an den Mythen spielt bei den Sophisten des späten 5. Jahrhunderts kaum eine Rolle. Was waren nun die Sophisten? Sie waren Lehrer und boten als solche eine Art Warenhaus für interessantes Wissen, wobei sie je verschieden spezialisiert waren. Eines war ihnen aber gemeinsam: Sie haben den jungen Leuten vor allem in Athen, wo es die vielen demokratischen Institutionen gab, die Rhetorik vermittelt. Warum haben also die Sophisten Rhetorik gelehrt? Weil Rhetorik in Athen gefragt war. Man hatte die demokratischen Institutionen, das Volksgericht, die Volksversammlung, und wer in der Gesellschaft tonangebend sein wollte, musste sich dort durchsetzen. In Athen selber gab es dafür keine Lehrer, also sind alle zu den Sophisten gegangen, die versprachen, ihre Schüler für den gesellschaftlichen und politischen Erfolg tüchtig zu machen. Das haben sie wohl auch hingebracht. Platon macht alle Sophisten schlecht. In seinem Dialog *Gorgias* zollt er Kallikles mit seinen radikalen Ansichten sogar relativ viel Respekt, insofern er ihn wenigstens als intelligent darstellt: Er ist ja auch gar kein Sophist, sondern nur Schüler des Gorgias, den man zu den Sophisten rechnen konnte. Die eigentlichen Sophisten stellt Platon meist als etwas beschränkt hin, da sie sich kaum zu verteidigen wissen, wenn Sokrates ein bisschen an ihrem Lack kratzt. An Kallikles stellt Platon die Gefährlichkeit der Rhetorik dar. Schließlich wird durch Kallikles das Sittliche total verworfen und eine brutale Philosophie der Macht vorgestellt. Wobei ich nicht mal weiß, ob überhaupt ein Sophist die Lehre des Kallikles, der, wie gesagt, kein Sophist war, vertreten hat.
Immerhin sagt dann Thrasymachos im ersten Buch von Platons *Politeia* Ähnliches. Der war in der Tat ein Sophist, aber sogar bei ihm zweifle ich sehr, dass er in seinem Unterricht so etwas wie das Recht des Stärkeren vertreten hätte. Das sind Gedanken, die so stark von der üblichen Meinung der Menschen in Athen abweichen, dass man sich kaum vorstellen kann, wie sie jemand jungen Leuten im Ernst als Wahrheit vermittelt haben soll, wenn er von ihnen bezahlt wurde, um ihnen das Reden beizubringen.

Reinhard Jellen

Aufgaben

1 Spielen Sie die von Platon geschilderte Szene im Klassenzimmer nach. ➜ M1

2 Teilen Sie einander mit, wie Sie sich in der Rolle des Protagoras oder in der Rolle eines Schülers gefühlt haben. ➜ M1

3 Sophisten als Lehrkräfte am Gymnasium? Das „gute Sprechen" als Unterrichtsfach? Sammeln Sie Argumente dafür und dagegen. ➜ M2

4 Ergänzen Sie den folgenden Satz mit einer passenden Argumentation: Euathlos war ein begabter Schüler, deshalb konnte er erwidern, dass er keinesfalls zahlen werde, denn ... ➜ M3

5 Vergleichen Sie die Bedeutung des englischen Begriffs „sophisticated" mit dem deutschen „sophistisch" und interpretieren Sie die Unterschiede. ➜ M4

6 Überprüfen Sie mithilfe des Redebeitrags von Wilfried Stroh die Bewertung „Sophistik ist etwas Schlechtes". ➜ M5

▶ Glossar: Aufklärung, Dogma, Gorgias, Hierarchie, Humanismus, Kallikles, Platon, Protagoras, Rhetorik, Sokrates, Sophist, Thrasymachos

4 Der Sophist Protagoras: Alles ist relativ

M1 Protagoras steht Rede und Antwort

Moderator: Herr Protagoras, Sie werden als der „Weiseste" der Sophisten verehrt, die jungen Leute reißen sich darum, von Ihnen belehrt zu werden. Worauf führen Sie diesen Erfolg zurück?

Protagoras: Bei mir lernen die jungen Männer keine Mathematik, sondern das, was sie als Erwachsene wirklich brauchen werden: wie sie ihr Hauswesen klug verwalten und vor allem wie sie die richtigen politischen Entscheidungen treffen und diese auch rhetorisch geschickt vertreten.

●

Sie machen Ihre Schüler also fit für die Demokratie?

Genau.

●

Sind Sie der Meinung, dass jeder junge Mann diese politische Kompetenz erwerben kann – oder sind es nur wenige, die hierfür begabt sind?

Jeder kann das! Ich erzähle zur Begründung gerne eine kleine Geschichte: Als die Götter die Tiere und Menschen erschufen, bekam der Titan Epimetheus den Auftrag, alle Lebewesen mit den ihnen nötigen Fähigkeiten auszustatten. Er machte seine Sache gut, fing aber bei den Tieren an und hatte, als er sich den Menschen zuwenden wollte, keine Gaben mehr übrig. Ratlos wandte er sich an seinen Bruder Prometheus. Der löste das Problem, indem er den nackten und unbewaffneten Menschen zuerst das Feuer vom Olymp stahl und sie dann die Handwerkskünste lehrte. Nun konnten die Menschen sich alles Nötige selbst schaffen und behaglich leben. Allerdings blieben sie vereinzelt, denn sobald sie sich versammelten, begannen sie zu streiten und mussten sich wieder trennen, wodurch sie zur leichten Beute der Raubtiere wurden. Deshalb schickte Göttervater Zeus den Menschen Recht und Scham. Diese bürgerlichen Tugenden wurden allen Menschen verliehen, denn nur so konnte Kultur entstehen, nur so konnten die Menschen friedlich in Städten zusammenleben. Wenn es um Gerechtigkeit im Staat geht, muss jeder mitreden können.

●

Mich wundert, dass Sie in Ihrer kleinen Geschichte behaupten, die Titanen und Zeus hätten die Menschen beschenkt. Denn in Ihrer Schrift *Von den Göttern* begründen Sie den Agnostizismus, indem Sie schreiben: „Von den Göttern vermag ich nichts festzustellen, weder, dass es sie gibt, noch, dass es sie nicht gibt, noch, was für eine Gestalt sie haben; denn vieles hindert ein Wissen hierüber: die Dunkelheit der Sache und die Kürze des menschlichen Lebens."

Ein wunderbarer Satz, ich bin stolz auf ihn!

●

Aber der Widerspruch zu der Erzählung von den Göttern!

Was haben Sie gegen Widersprüche? Gibt es nicht zu jeder Sache zwei gegensätzliche Aussagen?

●

Wo bleibt denn da die Wahrheit?

Wahrheit, ein großes Wort! Ich schlage vor, bescheiden zu bleiben. Gegenüber Menschen, die von sich behaupten, die Wahrheit zu kennen, bin ich skeptisch. Die Welt erscheint jedem von uns anders, weil wir immer nur Teilaspekte der Außenwelt wahrnehmen. Sie schmecken z. B. das Bittere in dieser Orange, ich hingegen das Süße. Die Orange ist beides – bitter und süß. Unsere Empfindungen und damit unser Wissen sind subjektiv! Also gibt es so viele „wahre" Sätze, wie es Individuen gibt. Ich vertrete den Relativismus.

●

Ihre Gegner werfen Ihnen vor, auch auf dem Gebiet der Moral einen Relativismus zu vertreten. Sie haben angeblich gesagt, dass die Bürger verschiedener Staaten sich auf verschiedene Definitionen des Guten, Gerechten und Frommen einigen, und dass diese Einigungen dann jeweils „wahr" seien, da in diesen Dingen kein Mensch und kein Staat weiser als ein anderer sein könne.

Stimmt.

●

Also ist es die Vereinbarung der Bürger, die Werte aufstellt und gültig macht.

Ja. Für die Spartaner ist die monarchische, für die Athener die demokratische Verfassung richtig. Ich selbst bevorzuge die Demokratie, wie wir ja schon festgestellt haben, aber es gibt kein Kriterium, das entscheiden ließe, was wirklich gerecht, gut, richtig oder schön ist. Das absolut Gültige gibt es nicht.

●

Aber hat nicht Zeus allen Menschen Recht und Scham eingepflanzt? Das sind Ihre eigenen Worte!

Ich habe nicht gesagt, welches Recht oder Scham worüber! Denn das hängt jeweils von den historischen Umständen ab. Das ist – wie alles andere auch – relativ.

Ingeborg Arnold

M2 Der Homo-mensura-Satz

Der Mensch ist das Maß aller Dinge – wie ein Brennglas erfasst dieser Satz die neue geistige Situation der Zeit. Vollständig lautet er:

Der Mensch ist das Maß aller Dinge, dessen, was ist, dass/wie es ist, dessen, was nicht ist, dass/wie es nicht ist.

Für diesen Ausspruch – man nennt ihn auch den *Homo-mensura-Satz* – ist Protagoras bekannt und berühmt. Wie er ihn genau verstanden hat, ist wegen der beiden unterschiedlichen Übersetzungsmöglichkeiten umstritten; neuerdings meint man auch, dass Protagoras keine der beiden Bedeutungen ausgeschlossen hätte und dass man übersetzen müsste mit „dass/wie es wirklich ist". Jedenfalls kommt hier ein grundlegender philosophischer Relativismus zum Ausdruck, sowohl für den Bereich des menschlichen Erkennens als auch des Handelns, d. h. die Wahrheit von Erkenntnis bzw. die Gültigkeit der Normen des Handelns wird hier immer bezogen auf den, der wahrnimmt bzw. eine Entscheidung treffen muss. Und dieselbe Sache, dasselbe Problem kann von verschiedenen Menschen jeweils sehr verschieden beurteilt werden. Es gibt keine Instanz – etwa einen allwissenden Gott –, die letztlich darüber entscheiden könnte, ob das, was wir für wahr oder richtig halten, auch wirklich wahr oder richtig ist. *Der Mensch ist das Maß aller Dinge.* Protagoras scheint sie als Erster gedanklich scharf gefasst und verallgemeinert zu haben: Von jeder Sache gibt es zwei einander widersprechende Auffassungen.

nach Christoph Helferich, S. 16

INFO

Protagoras (480 – 410 v. Chr.)

Zeitgenosse des Sokrates, gilt als Hauptvertreter der Sophistik. Er lehrte in vielen Städten, oft auch in Athen. Wegen seiner Aussagen über die Götter wurde er allerdings gegen Ende seines Lebens in Athen angeklagt und zum Tode verurteilt. Er konnte zwar rechtzeitig fliehen, ertrank aber angeblich auf der Überfahrt nach Sizilien. Alle seine Schriften wurden sofort verboten und öffentlich verbrannt. Daher blieben nur wenige Fragmente erhalten.

Ingeborg Arnold

Aufgaben

1 Soeben ist in Athen die Nachricht vom Tod des Protagoras eingetroffen. Schreiben Sie zwei Nachrufe auf ihn: den ersten Nachruf für eine seriöse Athener Wochenzeitschrift, die ihm immer freundlich gesonnen war; den zweiten Nachruf für ein Athener Boulevardblatt, das immer gegen ihn gehetzt hat. Geben Sie auch an, wie Sie die verschiedenen Nachrufe illustrieren würden.
Ein Nachruf ist die positive oder negative Darstellung von Werk und Leben einer kürzlich verstorbenen berühmten Person. Ein Nachruf geht auch auf die Umstände ihres Todes ein. ➜ M1, M2

2 Der Homo-mensura-Satz steht am Beginn eines auch heute noch vertretenen Relativismus, der die Begründbarkeit moralischer Forderungen bestreitet. Diskutieren Sie für oder gegen den Relativismus. ➜ M1, M2

▶ Glossar: Agnostizismus, Epimetheus, Prometheus, Protagoras, Relativismus, Rhetorik, Sokrates, Sophist, Titanen

5 | Sokrates

INFO

Sokrates (470 – 399 v. Chr.)

ist vielleicht die rätselhafteste Person in der gesamten Geschichte der Philosophie. Er hat keine einzige Zeile hinterlassen. Trotzdem gehört er zu denen, die den allergrößten Einfluss auf das europäische Denken ausgeübt haben. Wir wissen, dass er in Athen geboren wurde, und dass er dort sein Leben vor allem auf Marktplätzen und Straßen verbrachte, wo er mit allen möglichen Leuten redete. Fest steht, dass er potthässlich war. Er war klein und dick und hatte Glubschaugen und eine Himmelfahrtsnase. Aber sein Inneres war „vollkommen herrlich", wie es hieß. Trotzdem wurde er wegen seiner philosophischen Aktivitäten zum Tode verurteilt. Sokrates unterscheidet sich in einem wichtigen Punkt von den Sophisten. Er betrachtete sich selber nicht als gelehrte oder weise Person. Im Gegensatz zu den Sophisten ließ er sich deshalb auch für seine Lehrtätigkeit nicht bezahlen. Nein, Sokrates nannte sich *Philosoph*. Ein „Philo-Soph" ist eigentlich ein „Liebhaber der Weisheit", jemand, der danach strebt, Weisheit zu erlangen. Ein Philosoph weiß genau, dass er im Grunde sehr wenig weiß. Eben deshalb versucht er immer wieder, zu wirklicher Erkenntnis zu gelangen. Sokrates war so ein seltener Mensch. Es quälte ihn geradezu, dass er so wenig wusste. Sokrates selber sagte, er wisse nur eins – nämlich, dass er nichts wisse. Selbst unter Philosophen ist dieses Eingeständnis eine seltene Ware.

nach Jostein Gaarder, S. 80; 85f

M1 Zwei Quellen zu Sokrates

Unser Wissen über Sokrates' Persönlichkeit und Philosophie stammt von zweien seiner Schüler: Xenophon, einem Offizier ohne besondere philosophische Begabung, und Platon, einem der größten Philosophen der Geschichte. Xenophon zeichnet einen frommen, alltäglichen, fast langweiligen Sokrates, dem völlig zu Unrecht der Prozess gemacht worden sei.

Auch Platon spricht seinen Lehrer von allen Vorwürfen der Anklage frei, beschreibt ihn aber als eine hochinteressante Persönlichkeit und macht ihn zur Hauptfigur seiner Werke. Es wird unterschiedlich bewertet, inwieweit er hierbei den historischen Sokrates nachzeichnet, um die Erinnerung an dessen herausragendes Denken der Nachwelt zu bewahren, oder ob ihm Sokrates nur als Sprachrohr für seine eigene Philosophie dient.

Ingeborg Arnold

M2 Sokratische Ironie

Diejenigen, die vorgaben, etwas zu wissen, waren die bevorzugten Gesprächspartner des Sokrates. Den Priester Euthyphron befragte er über das Fromme, den Feldherrn Laches über die Tapferkeit, die gefeierten Sophisten mussten ihm über das Wesen der Gerechtigkeit Rede stehen. Hierbei blamierten sich die angeblichen Fachleute regelmäßig, denn Sokrates setzte seine gefürchtete Ironie ein. Mit der Behauptung: „Ich weiß, dass ich nichts weiß, daher suche ich Wissen bei dir, dem Fachmann" lockte Sokrates seine Dialoggegner in die Falle und entlarvte im Verlauf des Gesprächs ihre Unwissenheit. Die Dialoge enden daher in der Ratlosigkeit (Aporie), da Sokrates, der Nichtwissende, natürlich auch keine Antwort gibt. Dieses Vorgehen verschaffte ihm keine Freunde. So ruft Thrasymachos: „Beim

Herakles, da ist sie wieder, die gewohnte Verstellung des Sokrates; ich wusste ja und sagte es den Anwesenden voraus, dass du wieder den Unwissenden spielen und alles andere eher tun als beantworten würdest, was wir dich fragen." (Platon, Politeia 337a)

Ingeborg Arnold

M3 Der Orakelspruch

In seiner Verteidigungsrede vor Gericht berichtet Sokrates, wie er zu dieser Tätigkeit kam und was es mit dem „Nichtwissen" auf sich hat.

Ihr kennt ja wohl den Chairephon. Der war von Jugend an mein Freund, und er ist, als eurer, des Volkes, Freund, mit vielen von euch in die Verbannung gegangen und von dort wieder zurückgekehrt. Und ihr wisst auch, was der Chairephon für ein Mann war, wie energisch bei allem, was er sich vorgenommen hatte. Ja, und als er einmal nach Delphi kam, da scheute er sich nicht, das Orakel zu befragen, ob wohl jemand weiser sei als ich. Da gab ihm die Pythia den Bescheid, niemand sei weiser. Was mag der Gott wohl meinen? Ich weiß nämlich ganz genau, dass ich nicht weise bin, weder viel noch wenig. Der Gott wollte wohl sagen: „Der, ihr Menschen, ist unter euch der weiseste, der wie Sokrates erkannt hat, dass er, recht betrachtet, nichts wert ist, was seine Weisheit betrifft."

Platon, Apologie 8–11

M4 Sokrates' Antworten auf die großen Fragen

Welche Verfassung ist die beste?

Die beste Verfassung wird in Platons *Politeia* als die Herrschaft der Philosophen definiert. Auch hier spricht Platon durch die Figur Sokrates; ob der historische Sokrates den platonischen Idealstaat für gut befunden hätte, wissen wir nicht. Was wir wissen, ist sein Widerstand gegen die 30 Tyrannen, die einige Monate lang in Athen ein Terrorregime errichteten. Er weigerte sich, einen politischen Gegner der Tyrannen, den diese hinrichten wollten, ins Land zu locken. Nur dem rechtzeitigen Sturz der „Dreißig" verdankte er es, seine Befehlsverweigerung nicht mit dem Leben bezahlen zu müssen.

•

Welche Gesetze sind die richtigen?

Die richtigen Gesetze waren für Sokrates die seiner Heimatstadt Athen, denen er in Krieg und Frieden loyal diente. Er hatte gerade ein wichtiges Regierungsamt als Prytane, da klagte die Volksversammlung gegen siegreiche Feldherren, die nach der Schlacht in einen Sturm geraten waren und Schiffbrüchige nicht gerettet hatten. Obwohl die Angeklagten ihre Unschuld beweisen konnten, beantragte das Volk in aufgeheizter Atmosphäre eine verfassungswidrige Abstimmung und bedrohte die Prytanen, die sich dem widersetzten. Eingeschüchtert gaben Sokrates' Kollegen nach. Nur Sokrates verweigerte seine Zustimmung, da sie nicht mit den Gesetzen in Einklang stand. Die Feldherren wurden durch das ungesetzliche Urteil für schuldig befunden und hingerichtet, was das Volk schon kurze Zeit später bereute.

•

Mythos oder Logos?

Sokrates war auch auf dem Gebiet der Religion ein pflichtgetreuer Bürger der Polis. Er befolgte die Riten und opferte den Göttern. Vor Gericht, der Gottlosigkeit bezichtigt, berief er sich auf den Gott Apollon, in dessen Dienst sein ganzes Leben stehe. Sein Leben stand aber zugleich im Dienst des Logos. „Logos im Sinne Sokrates' bedeutet das, was aus einem gemeinsamen Gespräch an vernünftiger Einsicht herauskommt. Dabei umfasst der Logos einerseits den lebendigen Dialog selbst, das unmittelbare Sprechen, und andererseits das im Dialog richtig Gedachte." (Volker Spierling, S. 45f)

Ingeborg Arnold

Aufgaben

1 Sie haben Sokrates in einem sozialen Netzwerk registrieren lassen. Erstellen Sie nun sein persönliches Profil. Recherchieren Sie nach den Informationen, die Ihnen fehlen. → M1–M4

2 Bilden Sie drei Gruppen. Jede Gruppe verfasst einen Artikel über Sokrates:
Gruppe 1: Sokrates, die Nervensäge
Gruppe 2: Sokrates, der Kämpfer für das Recht
Gruppe 3: Sokrates, der Philosoph → M1–M4

3 Erklären Sie Ihrer Banknachbarin bzw. Ihrem Banknachbarn, was der Satz meinen könnte: „Ich weiß, dass ich nichts weiß." Beachten Sie dabei, dass Sokrates ja durchaus etwas weiß. → M2, M4

▶ Glossar: Apollon, Delphi, Platon, Polis, Prytane, Pythia, Sokrates, Sophist, Tyrann

6 Unrecht leiden ist besser als Unrecht tun

M1 Fliehen – ja oder nein?

Sokrates wurde wie Anaxagoras und Protagoras von den Athenern, die seiner Kritik überdrüssig waren, wegen Gottlosigkeit angeklagt. Das Volksgericht verurteilte ihn zum Tode durch den Giftbecher – zu Unrecht. Seine reichen und einflussreichen Freunde arrangierten für ihn eine gefahrlose Möglichkeit, aus dem Gefängnis zu entkommen. In Platons Dialog „Kriton" spricht Sokrates mit seinem Freund Kriton, der ins Gefängnis gekommen ist, um ihn zur Flucht aufzufordern. Hier geht es Sokrates nicht darum, seinen Gesprächspartner in seiner Unwissenheit zu entlarven, sondern darum, Kriton an die gemeinsamen sittlichen Überzeugungen zu erinnern.

SOKRATES Sagen wir, dass man in keinem Falle Unrecht tun darf, oder in einem Falle wohl, im anderen aber nicht? Oder ist nie und nimmer das Unrechttun etwas Gutes noch Schönes, wie wir auch in der früheren Zeit oft übereinkamen? Sind etwa jene sämtlichen früheren Ergebnisse in diesen wenigen Tagen zerronnen, und sollten wir, Kriton, wir alten Männer, seit vielen Jahren miteinander verhandelt haben, ohne zu bemerken, dass wir immer noch den Kindern gleichen? Oder verhält es sich unbedingt so, wie es unter uns damals gesagt wurde, mag nun die Menge zustimmen oder nicht, dass Unrechttun für den Täter unbedingt schlecht und hässlich ist. Bejahen wir das oder nicht?

> **Moralische Prinzipien gelten immer und können nicht beliebig außer Kraft gesetzt werden.**

> **Für moralische Urteile gilt das Mehrheitsprinzip nicht, denn was die Mehrheit für richtig hält, kann moralisch falsch sein.**

KRITON Wir bejahen es.

SOKRATES Niemals also darf man Unrecht tun?

KRITON Nein.

SOKRATES Also auch nicht, wer Unrecht leidet, darf wieder Unrecht tun, wie die Menge glaubt, da man ja niemals Unrecht tun darf.

KRITON Offenbar nicht.

SOKRATES Man darf also an keinem der Menschen mit Unrecht oder Übel vergelten, was man auch immer von ihnen erleidet. Aber zwischen denen, die solche Überzeugung haben, und denen, die sie nicht haben, zwischen solchen gibt es keine gemeinsame Planung, sondern mit Notwendigkeit müssen sie sich gegenseitig verachten. Also prüfe auch du von Grund aus, ob du zur Gemeinschaft gehörst und diese Überzeugung teilst und ob wir bei unserer Beratung davon ausgehen sollen, dass es niemals das Richtige ist, Unrecht zu tun oder Unrecht wieder zu tun oder, wenn man Übel erduldet, sich durch üble Vergeltung zu erwehren. Oder sonderst du dich ab und hast nichts gemein mit diesem Grundsatz? Ich allerdings bin seit frühester Zeit und auch heute noch dieser Überzeugung, du aber, wenn du anderer Überzeugung wurdest, sage es und belehre mich. Bleibst du aber bei der früheren, so höre, was daraus folgt.

> **Die moralische Grundnorm, niemals Unrecht zu tun, gilt uneingeschränkt.**

> **Wer das Prinzip „Unrecht leiden ist besser als Unrecht tun" nicht teilt, mit dem ist Verständigung über moralische Fragen nicht möglich.**

KRITON Ich bleibe dabei und teile diese Überzeugung. Also sprich.

SOKRATES Überlege danach Folgendes: Wenn wir von hier entweichen, ohne die Zustimmung der Stadt erlangt zu haben, handeln wir dann übel an jemandem und zwar an einem, an dem wir es am wenigsten dürfen – oder nicht?

> **Sokrates hat sich versichert, dass Kriton seine moralische Grundnorm teilt. Auf dieser Basis kann er nun argumentieren.**

KRITON Ich habe keine Antwort auf deine Frage, Sokrates, denn ich verstehe sie nicht.

SOKRATES Betrachte es einmal so: Wenn im Augenblick, da wir uns anschicken, von hier zu entlaufen, die Gesetze oder der Gemeinsinn der Stadt uns entgegenträte und fragte: „Sage mir, Sokrates, was hast du im Sinn zu tun? Planst du etwas anderes mit diesem Werk, in das du dich einlässt, als uns, die Gesetze und die ganze Stadt, an deinem Teil zugrunde zu richten? Oder hältst du es für möglich, dass eine Stadt weiterbestehe und nicht zusammenstürze, in welcher die gerichtlichen Entscheide keine Wirkung haben, sondern von Privatleuten aufgehoben und vernichtet werden?“ Was können wir antworten, Kriton, auf solche und andere Fragen? Oder sollen wir ihnen antworten: „Unrecht tat uns ja die Stadt, und nicht richtig war das Urteil, das sie fällte?“ Sollen wir dies antworten oder was sonst?

Sokrates' Flucht wäre Unrecht gegenüber Athen.

Es gilt nicht: „Wer Unrecht leidet, darf wieder Unrecht tun“.

KRITON Ja dies, beim Zeus, Sokrates.

SOKRATES Aber wenn dann die Gesetze erwidern: „Haben nicht zuerst wir dich erschaffen, und hat nicht durch uns dein Vater die Mutter gefreit und dich gezeugt? Sage also, hast du an diesen unter uns, den Gesetzen über die Ehe, etwas zu rügen, das nicht schön sei?“ Ich rüge sie nicht, würde ich sagen. „Und an den Gesetzen über die Aufzucht und Bildung des Kindes, in der auch du gebildet wurdest? Oder war es nicht schön, dass diese unter uns Gesetzen, die damit beauftragt sind, deinem Vater vorschrieben, dich in musischer Kunst und in Leibesübung bilden zu lassen?“ Es ist schön, würde ich sagen. „Gut. Nachdem du aber geboren und aufgezogen und gebildet worden bist, bist du dann ernstlich imstande zu sagen, dass du nicht unser Sohn und Knecht geworden bist, du selbst, wie deine Ahnen.“ Was werden wir darauf antworten, Kriton? Dass es die Wahrheit ist, was die Gesetze sagen, oder nicht?

KRITON Mir scheint es wahr zu sein.

Weil Sokrates die Gesetze Athens anerkennt, ist er ihnen verpflichtet.

SOKRATES Sie könnten ja sagen: „Sokrates, wir haben bedeutungsvolle Zeugnisse dafür, dass wir und die Stadt dir gefallen haben. Denn du wärest wohl nicht mehr als alle Athener in der Heimat geblieben, wenn sie dir nicht ganz besonders gefallen hätte. Nein, wir waren dir genug und unsere Stadt. So unbedingt zogst du uns vor und verpflichtetest dich, in unserem Sinn ein Bürger zu sein. Aber auch in diesem Prozess selbst stand es dir noch frei, die Verbannung gegen dich zu beantragen, wenn du das wolltest, und damals mit Einwilligung der Stadt das zu tun, was du jetzt gegen ihren Willen versuchst. Du aber tatest damals groß, als würde es dich nicht verdrießen, wenn du sterben müsstest, und du zogst, wie du sagtest, der Verbannung den Tod vor. Nein, Sokrates, sei uns gehorsam, die wir dich aufgezogen haben, und achte nicht Kinder, nicht das Leben und nicht irgendein etwas anderes höher als das Gerechte, damit du beim Eintritt in den Hades mit alledem dich rechtfertigen kannst vor den Herrschern dort. Also höre nicht auf Kriton und seinen Rat mehr als auf uns …“
Versteh mich wohl, Kriton, mein lieber Gefährte, dies glaube ich zu vernehmen. Wisse aber, wenn du etwas dagegen sagst, so wirst du, soweit ich in diesem Augenblick überzeugt bin, vergeblich sprechen. Gleichwohl, wenn du nicht etwas zu fördern glaubst, so rede.

Sokrates ist vollkommen von der Richtigkeit seiner Beweisführung überzeugt und akzeptiert keine Gegenargumente.

KRITON Nein, Sokrates, ich habe nichts zu sagen.

SOKRATES Also gib dich darein, Kriton, und lass uns so handeln, denn ein Gott führt uns diesen Weg.

Sokrates blieb folglich im Gefängnis und leerte den Giftbecher im Kreise seiner Freunde.

Platon, Kriton 48c-54

Aufgaben

1 In diesem Teil des Dialogs spielt Kriton keine große Rolle. Platon lässt ihn allerdings zu Beginn wichtige Argumente für Sokrates' Flucht vorbringen:
· Das Urteil ist ein Fehlurteil.
· Sokrates hat eine Familie mit unmündigen Söhnen.
· Sokrates' Freunde könnten beschuldigt werden, ihm nicht beigestanden zu haben.
Versetzen Sie sich in Kritons Rolle und argumentieren Sie in seinem Sinn. ➜ M1

2 Hat sich Sokrates richtig entschieden? Diskutieren Sie über die Behauptung, es sei besser, Unrecht zu leiden als Unrecht zu tun.

▶ Glossar: Anaxagoras, Hades, Platon, Protagoras, Sokrates

7 Platons Höhlengleichnis – der Aufstieg

In Platons Dialog *Politeia* erläutert Sokrates seine Alternative zum Bildungskonzept der Sophisten. Anhand eines Gleichnisses veranschaulicht er, welche Art der Bildung Menschen wirklich brauchen:

SOKRATES Stell dir vor, Menschen wohnen in einer unterirdischen Höhle. In der Höhle gibt es einen langen Gang. Er zieht sich durch die ganze Höhle und führt nach oben zum Tageslicht. Die Menschen sind seit ihrer Kindheit an Beinen und Hals gefesselt und bleiben deshalb immer an derselben Stelle. Sie können nur geradeaus schauen, weil die Fesseln sie daran hindern, den Kopf zu drehen. Hinter ihnen leuchtet von oben das Licht eines weit entfernten Feuers. Zwischen Feuer und Gefesselten verläuft ein Weg. Entlang dieses Weges ist eine niedrige Mauer errichtet vergleichbar mit einer Wand, die Puppenspieler vor ihren Zuschauern aufstellen, um über sie hinweg ihre Kunststücke zu zeigen.

GLAUKON Das kann ich mir alles vorstellen.

SOKRATES An dieser Mauer entlang tragen Menschen alle möglichen Gegenstände, die über die niedrige Mauer hinausragen: Statuen von Menschen, Figuren aus Stein und Holz und viele andere Objekte.

GLAUKON Ein merkwürdiges Gleichnis – und merkwürdige Gefangene!

SOKRATES Das sind Menschen wie wir. Aber sag mir: Glaubst du, dass die Gefesselten etwas anderes von sich selbst oder von ihren Mitgefangenen gesehen haben als die Schatten, die das Feuer auf die Höhlenwand wirft, die ihnen gegenüberliegt?

GLAUKON Wie soll das gehen, wenn sie ihren Kopf nicht bewegen können?

SOKRATES Und was ist mit den Sachen, die vorbeigetragen werden?

GLAUKON Auch davon haben sie natürlich nur die Schatten gesehen.

SOKRATES Wenn die Gefesselten sich unterhalten könnten, würden sie doch glauben, dass das, worüber sie sprechen, wirkliche Dinge sind, oder? Und wenn es

in dem Gefängnis ein Echo gäbe, dann würden doch die Gefesselten – immer dann, wenn einer der Vorbeigehenden etwas sagt – glauben, dass die Worte von dem Schatten kommen, der gerade vorbeigeht. Das heißt die Gefangenen würden die Schatten für die Wahrheit halten – und nichts anderes?

GLAUKON Notwendigerweise.

SOKRATES Stell dir jetzt vor, wie die Gefangenen befreit und von ihrer Dummheit geheilt werden könnten: Einer der Gefangenen wird von seinen Fesseln befreit. Man zwingt ihn aufzustehen, den Kopf zu drehen, zu laufen und zum Licht hochzuschauen. All das kann er nur unter Schmerzen tun. Er ist vom Licht geblendet und kann deshalb nicht die Dinge erkennen, deren Schatten er vorher gesehen hat: Was würde er antworten, wenn ihm jemand sagen würde, dass das, was er zuvor gesehen hat, nur eine Illusion war und dass er jetzt näher an die Wirklichkeit herangekommen ist und jetzt klarer sieht? Und wenn man ihm außerdem noch jede einzelne Sache, die vorbeigetragen wurde, zeigen und man ihn fragen würde, was das für Sachen sind: In dem Moment wäre er völlig ratlos und würde glauben, dass das, was er früher gesehen hat, wirklicher ist als das, was man ihm jetzt zeigt, oder?

GLAUKON Auf jeden Fall!

SOKRATES Wenn man ihn auffordern würde, direkt zum Licht hinzuschauen, würden ihm die Augen wehtun. Er würde wegschauen und lieber ganz schnell zu den Dingen zurückkehren, die er erkennen kann.

GLAUKON Ja.

SOKRATES So, und wenn ihn nun jemand mit Gewalt von da wegzerrt und ihn auf dem holprigen, steilen Weg bis nach oben zum Tageslicht bringt: Würde er sich nicht mit Händen und Füßen gegen diese Gewaltanwendung sträuben? Draußen im Tageslicht wäre er völlig geblendet von den Sonnenstrahlen. Er könnte überhaupt nichts von dem erkennen, was man ihm jetzt als Wirklichkeit präsentiert, nicht wahr?

GLAUKON Nein, jedenfalls nicht sofort.

SOKRATES Er müsste sich erst daran gewöhnen. Als erstes würde er wahrscheinlich nur Schattenumrisse erkennen können; danach könnte er auf der Wasseroberfläche die Spiegelbilder von Menschen und anderen Dingen erkennen; und später die Dinge selbst. Dann würde er sich nachts das Funkeln der Sterne und das Mondlicht anschauen. Das wäre leichter für ihn, als tagsüber die Sonne und das Sonnenlicht anzuschauen.

GLAUKON Klar.

SOKRATES Und zum Schluss, denke ich, könnte er die Sonne betrachten – nicht nur als Spiegelung auf der Wasseroberfläche oder wo auch immer, sondern sie selbst an ihrem richtigen Standort und ihre wirkliche Beschaffenheit.

GLAUKON Notwendigerweise.

SOKRATES Dann würde er nachdenken und zum Schluss kommen, dass die Sonne alle Dinge in der sichtbaren Welt lenkt, und dass sie letztendlich auch die Ursache von allem ist, was in der Höhle zu sehen war. Und wenn er sich nun an seinen früheren Wohnort erinnert und an das, was man dort für Weisheit hält, und an seine Mitgefangenen, dann wäre er doch glücklich über die Veränderung, die mit ihm selbst stattgefunden hat, und er hätte Mitleid mit seinen Mitgefangenen, oder?

GLAUKON Sicherlich.

Platon, Politeia 514a – 516c, gekürzt

Aufgaben

1 Gliedern Sie mithilfe der Illustration das Gleichnis in drei Abschnitte und formulieren Sie zu jedem eine passende Überschrift.

2 Bestimmen Sie Platons Bildungskonzept, indem Sie die einzelnen Metaphern des Gleichnisses interpretieren. Wofür stehen: Höhle, Schatten, Fesseln, Trennwand, Echo, holpriger, steiler Weg, Sonne, Blendung usw.?

▶ Glossar: Gleichnis, Platon, Sokrates, Sophist

8 Platons Höhlengleichnis – der Abstieg

Derjenige, der unter Zwang und Schmerzen die Höhle verlassen hat, erkennt allmählich, dass die wirkliche Welt außerhalb der Höhle liegt. Sokrates setzt sein Gleichnis fort:

SOKRATES Glaubst du, dass er Sehnsucht nach der Höhle haben wird? Oder würde er lieber alles Mögliche über sich ergehen lassen, um nicht noch einmal so wie damals denken und leben zu müssen?

GLAUKON Ich denke, dass er lieber alles andere ertragen würde, als noch einmal so zu leben.

SOKRATES Stell dir vor: Er geht runter in die Höhle und setzt sich wieder auf seinen alten Platz. Er sieht nichts als absolute Dunkelheit, denn er kommt ja gerade erst aus dem Tageslicht zurück, nicht wahr?

GLAUKON Ganz genau.

SOKRATES Er muss jetzt wieder zusammen mit denen, die immer in der Höhle gefangen waren, die Schatten an der Höhlenwand interpretieren, obwohl sich seine Augen noch nicht an die Dunkelheit gewöhnt haben: Er würde sich in dieser Situation lächerlich machen. Man würde sagen, dass er sich bei seinem Ausflug zur Oberwelt die Augen verdorben hat und dass es sich nicht lohnt, selbst einmal nach da oben zu gehen, oder? Und wenn er versuchen sollte, die anderen loszubinden und sie nach oben zu führen – würden sie nicht versuchen, ihn zu packen und zu töten?

GLAUKON Allerdings.

SOKRATES Dieses ganze Gleichnis, mein lieber Glaukon, musst du nun im Zusammenhang mit dem sehen, was wir bereits gesagt haben. Die Welt, die wir mit unseren Sinnen wahrnehmen, kannst du mit dem Wohnort der Gefesselten vergleichen; das Feuer in der Höhle mit der Kraft der Sonne. Den Weg nach oben und die Betrachtung der Dinge, die sich da oben befinden, kannst du mit dem Aufstieg der Seele zum Ort des reinen Denkens vergleichen. An diesem Ort sieht man als letztes und nur, wenn man sich sehr anstrengt, das Wesen des Guten. Wenn man dies einmal gesehen hat, kommt man dahinter, dass das Wesen des Guten die Ursache von allem ist, was richtig und schön ist. In der sichtbaren Welt bringt es Licht und Sonne hervor; und in der Welt des Denkens ist es die eigentliche Quelle der Wahrheit und der Vernunft, das heißt: Man muss das Wesen des Guten betrachtet haben, wenn man vernünftig handeln will, egal ob im privaten oder im öffentlichen Bereich.

GLAUKON Da stimme ich zu, wenn ich das überhaupt beurteilen kann.

SOKRATES Die, die es geschafft haben, dahin zu kommen, haben keine Lust mehr, sich mit normalen Alltagsdingen zu beschäftigen, nein, ihre Seelen wollen sich auf jeden Fall immer da oben aufhalten.

GLAUKON Kein Wunder!

Sokrates kommt nun zu einer abschließenden Deutung des Gleichnisses:

SOKRATES Wenn es richtig ist, was wir gesagt haben, muss man die Sache so sehen: Bildung ist nicht das, was gewisse Leute versprechen. Diese Leute behaupten, dass sie in die Seele ein Wissen, das nicht in ihr vorhanden ist, einsetzen können; so als würde man blinden Augen Sehkraft einpflanzen. Unser bisheriges Gespräch hat aber etwas anderes gezeigt: Wenn man seine Augen von der Dunkelheit abwenden und zum Licht richten will, muss man den ganzen Körper drehen; und ganz genauso muss man die Fähigkeit, die in jeder Seele vorhanden ist, und das Organ, mit dem der Mensch lernt und versteht, zusammen mit der ganzen Seele von der gewöhnlichen Welt wegdrehen, bis sie in der Lage ist, die Betrachtung der Wirklichkeit auszuhalten – vor allem die Betrachtung der hellsten Wirklichkeit, und das ist das Gute, nicht wahr?

GLAUKON Ja.

SOKRATES Bildung ist also eine Kunst der Umorientierung, d. h. die Technik, wie man jemanden am einfachsten und wirksamsten in eine andere Richtung lenkt, und nicht die Kunst, ihm das Sehen einzupflanzen; diese Fähigkeit besitzt er schon, aber sein Blick geht nicht in die richtige Richtung; und die Kunst besteht darin, das hinzubekommen.

Sokrates erläutert nun, welche Bildungsgegenstände am besten zu dieser Umorientierung der Seele beitragen: Mathematik, Geometrie, Astronomie, Musik und Dialektik. Diese Fächer beschäftigen sich mit abstrakten Inhalten und schulen deshalb am intensivsten das philosophische Denken. Sokrates und Glaukon kehren nun zum eigentlichen Thema des Dialogs zurück, dem Gedankenexperiment „Wie ist der ideale Staat beschaffen?". Diejenigen, die sich bei der Beschäftigung mit der Philosophie besonders bewähren, müssen im idealen Staat in die Pflicht genommen werden, die politische Macht zu übernehmen:

SOKRATES Wenn ihnen der Aufstieg gelungen ist und sie das Wesen des Guten intensiv genug betrachtet haben, dürfen wir ihnen nicht mehr erlauben, was ihnen jetzt noch erlaubt ist.

GLAUKON Was denn?

SOKRATES Dass sie dort oben bleiben und keine Lust haben, wieder zu den Gefesselten hinunterzugehen.

GLAUKON Aber das würde ja bedeuten, dass wir ihnen Unrecht tun. Wir würden ihnen ein schlechteres Leben zumuten, als sie eigentlich führen könnten!

SOKRATES Du hast schon wieder vergessen, mein Lieber, dass es nicht das Ziel von Gesetzgebung ist, einen bestimmten Stand im Staat besonders glücklich zu machen, nein, der ganze Staat soll glücklich werden. Das erreicht das Gesetz, indem es die Bürger durch Überredung und Zwang zu einer harmonischen Einheit macht; jeder muss – ganz nach seinen persönlichen Fähigkeiten – einen nützlichen Beitrag für die Gemeinschaft leisten. Und die, die in unserem Staat Philosophen geworden sind, haben die Pflicht, für die anderen zu sorgen und über sie zu wachen. Sie müssen abwechselnd zum Wohnort der anderen hinuntergehen; denn sobald sie sich an die dortige Dunkelheit gewöhnt haben, werden sie tausendmal besser als die da unten die ganzen Schattenbilder beurteilen können und verstehen, was sie bedeuten und was dahintersteckt; denn die Philosophen haben ja die Wahrheit gesehen, das wahrhaft Schöne, Gerechte und Gute.

Den Großteil ihrer Zeit werden sie sich mit Philosophie beschäftigen; aber daneben müssen sie dem Staat zuliebe die Anstrengungen der politischen Tätigkeit abwechselnd auf sich nehmen, und zwar nicht, weil es schön ist zu regieren, sondern weil es notwendig ist.

Und so wird der Staat von uns gewissermaßen im Wachzustand geleitet, nicht, wie die meisten heutigen Staaten, die wie in einem dunklen Traum regiert werden.

Platon, Politeia 516d – 520c; 540a-b, gekürzt

Aufgaben

1 Führen Sie Gründe dafür an, warum sich ein Höhlenbewohner in Lebensgefahr begibt, wenn er nach erfolgreichem Aufstieg wieder in die Höhle hinabsteigt. Denken Sie dabei auch an das historische Beispiel des Sokrates.

2 Sokrates spricht über den grundsätzlichen Unterschied zwischen seinem Bildungskonzept und dem der Sophisten. Um welches Wissen geht es den Sophisten, um welches Wissen geht es Platon / Sokrates?

3 Philosophen werden zu einem „Glücksopfer" verpflichtet und müssen in die Höhle zurückkehren. Bestimmen Sie die Aufgaben, die sie dort zu erfüllen haben.

4 Benennen Sie diejenigen Elemente in Platons Gedankenexperiment, die nicht mit den Prinzipien eines modernen demokratischen Staates vereinbar sind.

5 Setzen Sie Platons Gedankenexperiment fort: Was würde passieren, wenn es den Philosophen gelingen würde, alle, die in der Höhle gefangen sind, ans Licht zu bringen?

▶ Glossar: Gleichnis, Platon, Sokrates, Sophist

9 Grunderfahrungen der Neuzeit

M1 Die Bartholomäusnacht

Paris während der Bartholomäusnacht. Zeitgenössisches Gemälde von François Dubois von 1595. Am 24. August 1572 wurden in der sogenannten Bartholomäusnacht Tausende von Reformierten im Auftrag der Königin ermordet.

M2 Der Schrecken der Religionskriege

Im 16. Jahrhundert führte die Aufspaltung des Christentums in Katholiken und Anhänger der Reformatoren (Luther, Calvin, Zwingli und Hus) in den europäischen Staaten zu großen Spannungen, Verfolgungen und Bürgerkriegen. Der Dreißigjährige Krieg verwüstete Deutschland. Frankreich wurde sogar 36 Jahre lang von insgesamt acht Konfessionskriegen zwischen Katholiken und Reformierten erschüttert. Die französischen Religionskriege des 16. Jahrhunderts werden in der Forschung als eine Schlüsselepoche der europäischen Geschichte gesehen. Die Erfahrung des immer wieder aufbrechenden religiösen Bürgerkriegs, den ein schwaches Königtum nur unvollkommen und schließlich gar nicht mehr einzudämmen vermochte, hat den Grund zur Errichtung der „absoluten Monarchie“ gelegt.

nach Rainer Babel

M3 Monarchie und Bürgertum

Heinrich IV. beendete 1598 durch das Edikt von Nantes die Religionskriege, indem er den Reformierten die freie Ausübung ihrer Konfession gewährte. Er gilt als Begründer der absolutistischen Herrschaft in Frankreich. Seinen Nachfolgern gelang es, die Machtansprüche der Stände immer mehr zurückzu-

drängen, bis schließlich Ludwig XIV. (1638 – 1715) als unumschränkter „Sonnenkönig" regieren konnte. Machtgrundlage der absoluten Monarchien, die sich auch im übrigen Europa etablierten, war das Steuermonopol des Herrschers, das die Finanzierung von stehenden Heeren und einer effizienten Verwaltung erlaubte. Mit der Auffassung, Gott selbst habe den König als seinen Stellvertreter zum unbeschränkten Souverän erwählt, legitimierte die Lehre vom Gottesgnadentum die Konzentration aller Macht in einer Hand.

Im 17. und 18. Jahrhundert erstarkte das Bürgertum – zunächst in England, später auch auf dem Kontinent – infolge des Überseehandels und des Gewerbeaufschwungs. Bankiers, Kaufleute, Manufaktur- und Bergwerksbesitzer erwirtschafteten große Reichtümer, bürgerliche Juristen und Ökonomen übernahmen wichtige Posten in den Staatsverwaltungen. Dadurch stieg das Selbstbewusstsein dieses Besitz- und Bildungsbürgertums und mündete in Unzufriedenheit angesichts der gesellschaftlichen Missachtung durch den Adel und der politischen Unmündigkeit im absolutistischen Herrschaftssystem.

Ingeborg Arnold

M4 Die Entstehung der Naturwissenschaften

Zu Beginn der Neuzeit geriet das von der Antike übernommene geozentrische Weltbild ins Wanken. Kopernikus behauptete, die Sonne bilde den Mittelpunkt des Universums, während die Planeten – darunter auch die Erde – um sie kreisen. Diese kopernikanische Wende, die von Galilei durch Beobachtungen untermauert wurde, stürzte nicht nur das durch die Bibel gestützte Weltbild, sondern erschütterte auch die Sonderstellung des Menschen als Mittelpunkt des Universums.

Überdies machte die Physik die große Entdeckung, dass sich die unübersehbare Vielfalt der natürlichen Erscheinungen auf Gesetzmäßigkeiten zurückführen lässt, die mathematisch darstellbar sind. Die Welt im Ganzen wurde nun vorgestellt als große Maschine, die man berechnen und sich zunutze machen kann.

Ingeborg Arnold

M5 Die Entwicklung der Philosophie

„Ich denke, also bin ich" (*Cogito ergo sum*) – mit diesem Satz stellte René Descartes (1596 – 1650) ein radikal neues Prinzip der Philosophie auf, das von nun an unwiderruflich neuzeitliches Denken prägte. Sein Ausgangspunkt war die unerschütterliche Tatsache, dass er es ist, der denkt, zweifelt und sich seines Denkens und Zweifelns bewusst ist. Damit begründete Descartes den Rationalismus der Neuzeit, der als Grundlage der Erkenntnis nur den Verstand als ein von allen äußeren Einflüssen unabhängiges Erkenntnisorgan akzeptiert.

Der Empirismus der Neuzeit, wie ihn etwa John Locke (1632 – 1704) vertrat, ging dagegen von der Erfahrung als Basis allen Wissens aus. Das menschliche Bewusstsein sei wie ein leeres Blatt (*tabula rasa*), das durch äußere und innere Erfahrungen erst beschrieben werden müsse. Der Verstand könne diese Erfahrungen dann ordnen, vergleichen, kombinieren und weiterentwickeln.

Rationalismus und Empirismus akzeptierten also weder Bibel noch kirchliche Lehren als Quellen der Wahrheit und emanzipierten dadurch die Philosophie endgültig aus der Bevormundung durch die christliche Religion. Die Epoche der Aufklärung brach an.

Ihre Vertreter wollten durch die Verbreitung kritischen Denkens die Menschen aus falschen Abhängigkeiten befreien und zu autonomen, mündigen Bürgern einer toleranten, gerechten und friedlichen Welt erziehen. Voraussetzung für die Verbreitung solcher Ideen waren ein Minimum an Pressefreiheit und ein aufnahmewilliges Publikum.

Ingeborg Arnold

Aufgaben

1 Informieren Sie sich im Geschichtsunterricht über die Bartholomäusnacht und interpretieren Sie die einzelnen Szenen des Bildes. ➜ M1

2 Stellen Sie in einem Schaubild die vier Grunderfahrungen der Neuzeit zusammen. ➜ M2–M5

▶ Glossar: Absolutismus, Aufklärung, Autonomie, Bartholomäusnacht, Descartes, Empirismus, geozentrisches Weltbild, Locke, Ludwig XIV., Monopol, Rationalismus, Souverän

10 Thomas Hobbes: der Mensch im Naturzustand

M1 Der Mensch als Maschine

Der große englische Philosoph Thomas Hobbes (1588 – 1679) gehört zu den Begründern der Philosophie der Neuzeit. Unter dem Einfluss des naturwissenschaftlichen Denkens seiner Epoche konstruierte er ein vollkommen mechanisches Modell des Universums und des Menschen, für das die Uhr exemplarisch ist. In diesem Weltbild ist menschliches Handeln ebenso berechenbar wie das Funktionieren einer Maschine.

Ingeborg Arnold

Naturzustand

INFO

Als Naturzustand bezeichnet man die fiktive Vorstellung eines Zustandes ohne staatliche Gewalt, der für den Einzelnen entweder unerträglich und kriegerisch ist – wie bei Hobbes – oder paradiesisch und friedlich – wie bei Rousseau. Das Ausmalen des Naturzustands ist ein Gedankenexperiment, das den Philosophen der Neuzeit dazu dient, die Errichtung der Staatsgewalt zu rechtfertigen. Voraussetzung der Idee „Naturzustand" ist eine neue Definition des Menschen. Die Anlage zur Vergesellschaftung, welche die antiken und mittelalterlichen Philosophen als Wesensmerkmal des Menschen vorausgesetzt haben, fehlt den unverbundenen Individuen des Naturzustands. Daher muss der Staat durch einen Willensakt erst hergestellt werden. *nach Monika Sänger, S. 89*

M2 Der Mensch – eine Bestie?

Die „Maschine Mensch" ist darauf programmiert, unter allen Umständen am Leben zu bleiben. Selbsterhaltung ist ihr höchstes Ziel, folglich wird sie den Tod als größtes Übel meiden. Wenn die Mitmenschen diesem Streben im Wege stehen, muss es zu Konflikten und Gewaltanwendung kommen. Hobbes zitiert in diesem Zusammenhang den römischen Komödiendichter Plautus, wenn er sagt: homo homini lupus (Der Mensch ist ein Wolf für den Menschen).

Was die Körperstärke betrifft, so ist der Schwächste stark genug, den Stärksten zu töten – entweder durch Hinterlist oder durch ein Bündnis mit anderen, die sich in derselben Gefahr wie er befinden. Aus dieser Gleichheit der Fähigkeiten entsteht eine Gleichheit der Hoffnung, unsere Absichten erreichen zu können. Und wenn daher zwei Menschen nach demselben Gegenstand streben, den sie jedoch nicht zusammen genießen können, so werden sie Feinde und sind in Verfolgung ihrer Absicht, die grundsätzlich Selbsterhaltung und bisweilen nur Genuss ist, bestrebt, sich gegenseitig zu vernichten oder zu unterwerfen. Daher kommt es auch, dass, wenn jemand ein geeignetes Stück Land anpflanzt, einsät, bebaut oder besitzt und ein Angreifer nur die Macht eines Einzelnen zu fürchten hat, mit Wahrscheinlichkeit zu erwarten ist, dass andere mit vereinten Kräften anrücken, um ihn von seinem Besitz zu vertreiben und ihn nicht nur der Früchte seiner Arbeit, sondern auch seines Lebens und seiner Freiheit zu berauben. Und dem Angreifer droht die gleiche Gefahr von einem anderen.

Thomas Hobbes, Leviathan, S. 94f

M3 Der Krieg eines jeden gegen jeden

Thomas Hobbes stellte sich vor, wie das Leben der Menschen aussähe, wenn es keine staatliche Gewalt, damit auch keine Gesetze und keine Sicherheit gäbe. Diesen rein fiktiven Zustand nannte er „Naturzustand". Aufgrund seiner Annahme, dass die Menschen ihren egoistischen Wünschen ausgeliefert sind und einander in „wölfischer" Aggression begegnen, muss der Naturzustand ein Kriegszustand sein.

So liegen also in der menschlichen Natur drei hauptsächliche Konfliktursachen: erstens Konkurrenz, zweitens Misstrauen, drittens Ruhmsucht. Die erste führt zu Übergriffen der Menschen des Gewinnes, die zweite der Sicherheit und die dritte des Ansehens wegen. Die ersten wenden Gewalt an, um sich zum Herrn über andere Männer und deren Frauen, Kinder und Vieh zu machen, die zweiten, um dies zu verteidigen, und die dritten wegen Kleinigkeiten wie ein Wort, ein Lächeln, eine verschiedene Meinung oder jedes andere Zeichen von Geringschätzung, das entweder direkt gegen sie selbst gerichtet ist oder in einem Tadel ihrer Verwandtschaft, ihrer Freunde, ihres Volkes, ihres Berufs oder ihres Namens besteht. Daraus ergibt sich klar, dass die Menschen während der Zeit, in der sie ohne eine allgemeine, sie alle im Zaum haltende Macht leben, sich in einem Zustand befinden, der Krieg genannt wird, und zwar in einem Krieg eines jeden gegen jeden (*bellum omnium contra omnes*). In einer solchen Lage ist für Fleiß kein Raum, da man sich seiner Früchte nicht sicher sein kann; und folglich gibt es keinen Ackerbau, keine Schifffahrt, keine Waren, die auf dem Seeweg eingeführt werden können, keine bequemen Gebäude, keine Künste, keine Literatur, keine gesellschaftlichen Beziehungen, und es herrscht, was das Schlimmste von allem ist, beständige Furcht und Gefahr eines gewaltsamen Todes – das menschliche Leben ist einsam, armselig, ekelhaft, tierisch und kurz.

Thomas Hobbes, Leviathan, S. 95f

M4 Bericht aus der Zukunft

Stellen Sie sich vor: Menschen ohne Moral, ohne Recht, ohne Staat – wie würden sie miteinander umgehen? Vielleicht wie in dem 1987 erschienenen Roman „Das Land der letzten Dinge" des amerikanischen Schriftstellers Paul Auster, der in einer namenlosen Großstadt spielt, die sich im letzten Stadium des Untergangs befindet.

Wenn du durch die Straßen läufst, fuhr sie fort, musst du jeden einzelnen Schritt sorgfältig bedenken. Andernfalls ist ein Sturz unausbleiblich. Du musst ständig die Augen offen halten, nach unten, nach vorne und nach hinten sehen, stets auf der Hut vor anderen Leuten und auf das Unvorhersehbare gefasst. Ein Zusammenstoß kann tödlich enden. Zwei prallen zusammen und schlagen gleich mit Fäusten aufeinander ein. Oder sie stürzen zu Boden und versuchen gar nicht mehr aufzustehen. Früher oder später kommt der Augenblick, da man nicht mehr aufzustehen versucht. Der Körper ist nun einmal schmerzempfindlich, dagegen hilft nichts.

Wo immer Gebäude eingestürzt sind oder sich Müll angesammelt hat, stehen riesige Barrikaden, mitten auf der Straße und versperren jeglichen Durchgang. Diese Sperren werden von Männern gebaut, wann immer Material dazu vorhanden ist, und dann stehen sie da oben, mit Keulen, Gewehren oder Steinen bewaffnet, und lauern Passanten auf. Sie haben die Straße in ihrer Gewalt. Wenn man vorbei will, muss man den Wächtern geben, was sie verlangen. Manchmal ist es Geld; manchmal ist es Essen; manchmal ist es Sex. Prügel sind an der Tagesordnung, und hin und wieder hört man von einem Mord.

Paul Auster, S. 13f

Aufgaben

1. Sie legen sich eine Karteikarte an mit dem Titel *Hobbes' Menschenbild.* Welche Begriffe notieren Sie sich? ➜ M1, M2
2. Benennen und beurteilen Sie die Prämissen, die Hobbes zur Schlussfolgerung des Krieges aller gegen alle im Naturzustand führen. ➜ M3
3. Setzen Sie den Romanauszug von Paul Auster fort, indem Sie ein glückliches oder ein tragisches Ende ansteuern. ➜ M4

▶ Glossar: Hobbes, Naturzustand, Plautus, Prämisse Rousseau

11 Thomas Hobbes: der Leviathan

M1 Suche Frieden und halte ihn

In seinem Werk Leviathan schreibt Hobbes, der Krieg eines jeden gegen jeden sei so angsteinflößend, dass die Menschen zu großen Opfern bereit seien, um ihn zu beenden.

Die Leidenschaften, die die Menschen friedfertig machen, sind Todesfurcht, das Verlangen nach Dingen, die zu einem angenehmen Leben notwendig sind, und die Hoffnung, sie durch Fleiß erlangen zu können. Und die Vernunft legt die geeigneten Grundsätze des Friedens nahe, aufgrund derer die Menschen zur Übereinstimmung gebracht werden können. Diese Gebote sind das, was sonst auch Gesetze der Natur genannt wird:

Suche Frieden und halte ihn ein.

Aus diesem grundlegenden Gesetz der Natur, das den Menschen befiehlt, sich um Frieden zu bemühen, wird das zweite Gesetz der Natur abgeleitet:

Jedermann soll freiwillig, wenn andere ebenfalls dazu bereit sind, auf sein Recht auf alles verzichten, soweit er dies um des Friedens und der Selbstverteidigung willen für notwendig hält, und er soll sich mit so viel Freiheit gegenüber anderen zufrieden geben, wie er anderen gegen sich selbst einräumen würde.

Aus dem Gesetz der Natur, das uns verpflichtet, auf einen anderen solche Rechte zu übertragen, deren Beibehaltung den Frieden der Menschheit verhindert, folgt ein drittes, nämlich:

Abgeschlossene Verträge sind zu halten.

Ohne dieses Gesetz sind Verträge unwirksam und nur leere Worte, und wenn das Recht aller auf alles bleibt, befinden wir uns immer noch im Naturzustand.

Thomas Hobbes, Leviathan, S. 98, 100

M2 Der Gesellschaftsvertrag

Auf die Frage, wie sich politische Herrschaft rechtfertigen lässt, griffen die Philosophen der Aufklärung auf das wichtigste Rechtsgeschäft der bürgerlichen Kaufleute, den Vertrag, zurück. So wie ein Kauf durch einen Vertragsabschluss rechtskräftig wird, sollte auch die staatliche Herrschaft durch einen Vertrag legitimiert werden. Diesem Vertrag geht der Naturzustand voraus, in dem politische Institutionen noch nicht bestehen, die Menschen also frei und gleich sind. Aus freiem Entschluss beenden sie den Naturzustand, indem sie miteinander den Gesellschaftsvertrag oder Urvertrag schließen. In ihm geben sie sich eine Verfassung und legen die künftige Herrschaftsform ihres Staates fest. Hobbes preist den Gesellschaftsvertrag, wenn er sagt, im Staat sei der Mensch „ein Gott für den Menschen. Dort nähert man sich durch Gerechtigkeit und Liebe der Ähnlichkeit mit Gott.“ (Thomas Hobbes, Vom Bürger, S. 59)

Der alleinige Weg zur Errichtung einer allgemeinen Gewalt, die in der Lage ist, die Menschen vor dem Angriff Fremder und vor gegenseitigen Übergriffen zu schützen und ihnen dadurch eine solche Sicherheit zu verschaffen, dass sie sich durch eigenen Fleiß und von den Früchten der Erde ernähren und zufrieden leben können, liegt in der Übertragung ihrer gesamten Macht und Stärke auf einen Menschen oder eine Versammlung von Menschen, die ihre Einzelwillen durch Stimmenmehrheit auf einen Willen reduzieren können.
Dies ist mehr als Zustimmung oder Übereinstimmung: Es ist eine wirkliche Einheit aller in ein und derselben Person, die durch Vertrag eines jeden mit jedem zustande kam, als hätte jeder zu jedem gesagt: Ich autorisiere diesen Menschen oder diese Versammlung von Menschen und übertrage ihnen mein Recht, mich zu regieren, unter der Bedingung, dass du ihnen ebenso dein Recht überträgst und alle ihre Handlungen autorisierst. Ist dies geschehen, so nennt man diese zu einer Person vereinte Menge Staat. Dies ist die Erzeugung des großen Leviathan oder besser, um es ehrerbietiger auszudrücken, jenes sterblichen Gottes, dem wir unter dem unsterblichen Gott unseren Frieden und Schutz verdanken.
Wer diese Person verkörpert, wird Souverän genannt und besitzt, wie man sagt, höchste Gewalt, und jeder andere daneben ist sein Untertan.

Thomas Hobbes, Leviathan, S. 110; 134-136

M3 Leviathan

Ausschnitt aus dem Titelblatt der Erstausgabe des Leviathan (1651). Das Bild zeigt eine aus Menschen zusammengesetzte riesenhafte Gestalt, die die Zeichen weltlicher und geistlicher Macht in den Händen hält. Sie symbolisiert den Staat, der durch sein unumschränktes Machtmonopol die Menschen zum Frieden zwingt und gleichzeitig vor inneren und äußeren Feinden schützt.

M4 Der starke Staat

Im Hinblick auf das oberste Ziel menschlichen Lebens – das Überleben – ist die Unterwerfung unter eine starke Staatsgewalt ein Akt natürlicher Vernunft. Dabei gilt:

Je stärker der Staat, desto besser kann er das Leben seiner Bürger schützen.

Am stärksten, meint Hobbes, ist die absolute Monarchie. Hier ist alle Macht in einer Hand vereint, dem anarchistischen Streben der Menschen ist keine Chance gelassen, für Ordnung und Sicherheit ist bestmöglich gesorgt. Die absolute Gewalt des Staates soll sich hierbei auch auf die Religion erstrecken. Nur durch die Kontrolle des Staates über die Lehren und Diener der Kirche können staatsspaltende und friedensstörende Glaubensstreitigkeiten vermieden werden.

nach Arnold Bergstraesser, S. 163f

Aufgaben

1 Stellen Sie die Motive und Gründe dar, die die Menschen bewegen, den Naturzustand zu verlassen, und erläutern Sie, welche Rolle die Vernunft bei diesem Prozess spielt. ➜ M1, M2

2 Den Gesellschaftsvertrag können Sie in einem Verfassungsspiel selbst erproben, indem Sie folgendes Gedankenexperiment durchführen: Sie sind auf einer einsamen Insel gestrandet und wollen gemeinsam überleben. Bilden Sie Gruppen und entwerfen Sie eine vernünftige Gesellschaftsordnung. Versetzen Sie sich in die vertragschließenden Personen und halten Sie dabei auf Kärtchen fest:
- Was muss jeder zunächst aufgeben?
- Welchen Entschluss muss man für sich fassen?
- Formulieren Sie mit eigenen Worten, was „jeder zu jedem" sagen muss.
- Welche Vorteile ergeben sich aus dieser Übereinkunft für jeden?
- Welche Nachteile gibt es?

Vergleichen Sie nun die Ergebnisse und ordnen Sie sie in einem Wandplakat.

3 Beschreiben Sie das Titelblatt der Erstausgabe des Leviathan und vergleichen Sie die Darstellung mit dem Ungeheuer der Bibel. ➜ M3

4 Bilden Sie zwei Gruppen: Eine Gruppe verteidigt in der Debatte den in M4 hervorgehobenen Satz „Je stärker der Staat, desto besser kann er das Leben seiner Bürger schützen". Die andere Gruppe vertritt die Auffassung „Je stärker der Staat, desto tyrannischer kann er seine Bürger unterdrücken". ➜ M4

5 Hobbes fordert die Unterordnung der Religion unter den Staat. Formulieren Sie eine kurze Meinungsäußerung zu dieser Auffassung. ➜ M4

▶ Glossar: Anarchie, Aufklärung, Gesellschaftsvertrag, Hobbes, Leviathan, Naturzustand, Souverän, Tyrann

12 Jean-Jacques Rousseau: der wilde und der zivilisierte Mensch

M1 Gut oder schlecht?

> Die Menschen sind schlecht.
> Eine traurige und lange Erfahrung enthebt uns des Beweises.
> Jedoch der Mensch ist von Natur gut.
>
> *Jean-Jacques Rousseau, Diskurs über die Ungleichheit, S. 111*

M2 Der Mensch des Naturzustands

Jean-Jacques Rousseau (1712 – 1778) widersprach in seinem „Diskurs über den Ursprung und die Grundlagen der Ungleichheit unter den Menschen" Hobbes' Auffassung vom Menschen und vom Naturzustand:

O Mensch, höre! Ich beschreibe dir sozusagen den Lebenslauf deiner Gattung. Indem ich das menschliche Wesen betrachte, wie es aus den Händen der Natur hervorgegangen sein musste, sehe ich ein Tier, weniger stark als die anderen, aber, alles in allem genommen, am vorteilhaftesten von allen ausgerüstet. Ich sehe es, wie es sich unter einer Eiche sättigt, im ersten besten Bach seinen Durst löscht und sein Bett zu Füßen desselben Baumes findet, der ihm seine Nahrung lieferte. Damit sind seine Bedürfnisse befriedigt. Da die Menschen in diesem Zustand untereinander weder irgendeine Art sozialer Beziehung noch bewusster Verpflichtung besaßen, ist es zunächst einmal offensichtlich, dass sie weder gut noch schlecht zu sein vermochten und weder Tugenden noch Laster besaßen.

Schließen wir vor allem nicht mit Hobbes, der Mensch sei von Natur böse. Auch nicht, dass er sich törichterweise einbildet, er sei der alleinige Besitzer des ganzen Weltalls. Denn dazu fehlt ihm die Anlage, die egoistische, rücksichtslose Selbstsucht (*amour-propre*).

Man darf nicht die Selbstsucht und die Eigenliebe (*amour de soi*) durcheinanderbringen. Die Eigenliebe ist ein natürliches Gefühl. Es hält jedes Tier dazu an, über seine Erhaltung zu wachen. In uns Menschen wird es von der Vernunft geleitet und vom Mitleid gemildert und bringt Menschlichkeit und Tugend hervor. Die Selbstsucht ist nur ein relatives, künstliches, in der Gesellschaft entsprungenes Gefühl. Sie gibt dem Menschen all die Übel ein, die sie sich gegenseitig antun.

Ich spreche dem Menschen eine einzige natürliche Tugend zu, das Mitleid, eine Anlage, die so schwachen

und vielen Schmerzen ausgelieferten Wesen wie uns gemäß ist. Das Mitleid wird umso stärker sein, je inniger sich das zuschauende Tier mit dem leidenden Tier identifiziert. Nun liegt auf der Hand, dass diese Einfühlung im Naturzustand unendlich viel tiefer als im Zustand der Verständigkeit sein musste. Es ist demnach gewiss, dass das Mitleid ein natürliches Gefühl ist, das in jedem Individuum die Gewalt der Eigenliebe mäßigt und zur wechselseitigen Erhaltung der gesamten Gattung beiträgt. Gerade das Mitleid gibt allen Menschen jene Maxime der natürlichen Güte ein: „Sorge für dein Wohl mit so wenig Schaden wie möglich für den anderen.“ *Jean-Jacques Rousseau, Diskurs über die Ungleichheit, S. 81; 175f*

M3 Der Mensch in der Zivilisation

Der erste, der ein Stück Land eingezäunt hatte und dreist sagte: „Das ist mein“ und so einfältige Leute fand, die das glaubten, wurde zum wahren Gründer der bürgerlichen Gesellschaft. Wie viele Verbrechen, Kriege, Morde, Leiden und Schrecken würde einer dem Menschengeschlecht erspart haben, hätte er die Pfähle herausgerissen und seinesgleichen zugerufen: „Hört ja nicht auf diesen Betrüger. Ihr seid verloren, wenn ihr vergesst, dass die Früchte allen gehören und die Erde keinem!“

Doch das geschah nicht. Das Eigentum war eingeführt, die Arbeit wurde nötig und die weiten Wälder verwandelten sich in lachende Felder, die mit dem Schweiß des Menschen begossen werden mussten. Die Sklaverei und das Elend entsprossen bald auf ihnen und wuchsen mit den Ernten. Die Metallbearbeitung und der Ackerbau waren die zwei Künste, deren Einführung diese große Umwälzung hervorbrachte.

Es erhob sich zwischen dem Recht des Stärkeren und dem Recht des ersten Besitzers ein dauernder Konflikt, der nur durch Kämpfe und Morde zu beenden war. Das ruhige Werden der Gesellschaft machte dem schrecklichsten Kriegszustand Platz. *Jean-Jacques Rousseau, Diskurs über die Ungleichheit, S. 191-224*

▶ Glossar: Gesellschaftsvertrag, Hobbes, Naturzustand, Rousseau

M4 Der faktische Vertrag

Der Krieg, der nun zwischen den Landbesitzern und ihren neidischen Nachbarn ausbricht, lässt die Besitzenden ihres Eigentums nicht froh werden. Sie beschließen daher, durch einen Gesellschaftsvertrag den Staat zu gründen. Seine Gesetze sollen ihren Besitz schützen. Um die Zustimmung der Armen zum Gesellschaftsvertrag zu bekommen, gaukeln die Reichen ihnen vor, der Staat würde auch ihnen nützen.

„Wir wollen uns vereinen, um die Schwachen vor der Unterdrückung zu beschützen, die Ehrgeizigen im Zaum zu halten und jedem den Besitz zuzusichern, der ihm gehört.“ Alle liefen auf ihre Ketten zu in dem Glauben, sie würden ihre Freiheit sichern. So vollzog sich die Entstehung der Gesellschaft sowie der Gesetze, die dem Schwachen neue Fesseln und dem Reichen neue Macht gaben. Sie zerstörten unwiderruflich die angeborene Freiheit, setzten für immer das Gesetz des Eigentums und der Ungleichheit fest und zwangen von nun an das gesamte Menschengeschlecht für den Gewinn einiger Ehrgeiziger zur Arbeit, zur Knechtschaft und zum Elend. *Jean-Jacques Rousseau, Diskurs über die Ungleichheit, S. 227f*

Aufgaben

1 Setzen Sie das Plakat zu dem Rousseau-Zitat in Beziehung. ➜ M1

2 Rousseau geht historisch vor, indem er den Naturzustand nicht als Gedankenexperiment, sondern als geschichtliche Epoche beschreibt. Vorbild für den „Wilden“ Rousseaus waren die indigenen Völker, über die er aus Reiseberichten seiner Zeitgenossen erfahren hat. Informieren Sie sich über diese Völker und vergleichen Sie Ihre Ergebnisse mit den Annahmen Rousseaus. ➜ M2

3 Die private Aneignung von Ackerland und die Gewinnung von Metallen sind für Rousseau die Auslöser allen Übels und führen schließlich in den von Hobbes beschriebenen Krieg eines jeden gegen jeden. Verfassen Sie eine Entgegnung, indem Sie die positiven Folgen von Landwirtschaft und Metallbearbeitung hervorheben. ➜ M3

4 Rousseau beschreibt die Staatsgründung durch einen Vertrag, den die Reichen den Armen aufschwatzen, um sie künftig noch besser ausbeuten zu können. Überprüfen Sie, ob es Staaten gibt, auf die der Vorwurf zutrifft, nur den Reichen zu dienen. Dabei hilft Ihnen ein Blick auf die „Liste der Länder nach Einkommensverteilung“ bei Wikipedia. ➜ M4

13 Jean-Jacques Rousseau: der gerechte Staat

M1 Zurück zur Natur?

Aus der niederschmetternden Analyse der bürgerlichen Gesellschaft zieht Rousseau nicht die Folgerung, man müsse in den Naturzustand zurückkehren. Dies wäre auch gar nicht möglich, da der Mensch nicht nur durch ***Eigenliebe*** *und* ***Mitleid****, sondern auch durch einen* ***freien Willen*** *und die* ***Vervollkommnungsfähigkeit*** *definiert ist. Letztere führen dazu, dass er sich notwendigerweise vom Wilden zum Zivilisierten entwickelt.*

Was nun? Muss man die Gesellschaften zerstören, Mein und Dein beseitigen, zu einem Leben mit den Bären im Walde zurückkehren? Das ist eine Folgerung in der Art meiner Gegner. Was Menschen wie mich angeht, in denen die Leidenschaften für immer die ursprüngliche Einfalt untergraben haben, die sich nicht mehr von Gras und Eicheln nähren können noch auf Gesetze und Vorgesetzte verzichten können, so gilt: Sie werden die heiligen Bande der Gesellschaft achten, deren Mitglieder sie sind, sie werden ihresgleichen lieben und ihnen mit aller Kraft dienen.

nach Jean-Jacques Rousseau, Diskurs über die Ungleichheit, S. 125

M2 Der gerechte Staat

Statt die Rückkehr zur Natur zu fordern, zeigt Rousseau in seinem Werk „Der Gesellschaftsvertrag" (Contrat Social) von 1762, dass es unter bestimmten Bedingungen möglich ist, anstelle des ausbeuterischen einen gerechten Staat zu gründen:

Erstens wäre weitgehende, wenn auch nicht völlige soziale Gleichheit unter den Menschen nötig. Rousseau verlangt, dass niemand so viel besitzen dürfe, um einen anderen kaufen zu können, niemand so wenig, um sich an einen anderen verkaufen zu müssen.

Zweitens muss das Staatsvolk so klein sein, dass direkte Gesetzgebung durch Volksversammlungen möglich ist.

Drittens darf die Selbstliebe (*amour de soi*) noch nicht zur hemmungslos egoistischen Selbstsucht (*amour-propre*) herabgesunken sein. Sie muss sich vielmehr durch patriotische Erziehung zur Vaterlandsliebe steigern lassen.

Ingeborg Arnold

M3 Der allgemeine Wille als Garant der Freiheit

Rousseau stellt die Frage: Wie muss ein Staat aufgebaut sein, in dem jeder Einzelne nur sich selbst gehorcht und also frei bleibt?

Die Antwort liegt im Abschluss eines Gesellschaftsvertrages, der nur eine Klausel enthält: **„Jeder von uns stellt gemeinschaftlich seine Person und seine ganze Kraft unter die oberste Leitung des allgemeinen Willens."** (Jean-Jacques Rousseau, Der Gesellschaftsvertrag, S. 32)

Wer dem allgemeinen Willen (*volonté générale*) folgt, bleibt frei, denn er gehorcht sich selbst. Der allgemeine Wille wird durch Volksabstimmungen ermittelt, entspricht aber nicht immer dem Willen aller (*volonté de tous*) als der Summe der Einzelwillen.

Beim *Willen aller* sind die Einzelwillen auf unterschiedliche, vielleicht sogar sich ausschließende private Ziele der Bürger gerichtet. Politische Parteien können diese Privatinteressen zu einander widersprechenden politischen Zielen bündeln und so die Gesellschaft spalten. Bei Abstimmungen setzt sich dann jeweils eine Parteimeinung durch, die Minderheit hat das Nachsehen.

Der *allgemeine Wille* dagegen bezweckt immer das Glück aller Bürger, das Gemeinwohl. Er entsteht, wenn die Staatsbürger sich nicht in Interessengruppen oder Parteien organisieren, wenn sie politisch reif, informiert und vernünftigen Argumenten zugänglich sind. Zieht man dann bei einer Abstimmung, die den Willen aller abbildet, **„das Mehr und Minder, das sich gegenseitig aufhebt, ab, so bleibt als Differenzsumme der allgemeine Wille übrig. Um eine klare Darlegung des allgemeinen Willens zu erhalten, ist es deshalb von Wichtigkeit, dass es im Staat möglichst keine besonderen Gesellschaften geben und jeder Staatsbürger nur für seine eigene Überzeugung eintreten soll."** (Jean-Jacques Rousseau, Der Gesellschaftsvertrag, S. 32f)

Ingeborg Arnold

M4 Direkte Demokratie

„Es gibt nur ein einziges Gesetz, das seiner Natur nach eine einstimmige Genehmigung verlangt, den Gesellschaftsvertrag; denn die staatsbürgerliche Vereinigung ist die freiwilligste Handlung von der Welt. Außer diesem grundlegenden Vertrag ist die Stimmenmehrheit für alle verbindlich. Man wird jedoch die Frage aufwerfen: Wie kann ein Mensch frei sein und doch gezwungen, sich Willensmeinungen zu fügen, die nicht die seinigen sind? Ich antworte darauf, dass die Frage schlecht gestellt ist. Der Staatsbürger gibt zu allen Gesetzen seine Einwilligung. Wenn meine Ansicht unterliegt, so beweist dies nichts anderes als dass ich mich geirrt habe, und dasjenige, was ich für den allgemeinen Willen hielt, es nicht war. Dies setzt allerdings voraus, dass die Stimmenmehrheit noch alle Kennzeichen des allgemeinen Willens an sich trägt. Sind diese im Schwinden begriffen, so gibt es keine Freiheit mehr, welche Partei man auch ergreift." (Jean-Jacques Rousseau, Der Gesellschaftsvertrag, S. 107)

Da der freie Wille das entscheidende Merkmal ist, das den Menschen vom Tier unterscheidet, darf diese Willensfreiheit auch im Staat nicht eingeschränkt werden. Als radikaler Vertreter der Volkssouveränität lehnt Rousseau Parlamente mit gesetzgebender Gewalt folglich ab: „Die Staatshoheit kann nicht vertreten werden; sie besteht wesentlich im allgemeinen Willen, und der Wille lässt sich nicht vertreten. Jedes Gesetz, das das Volk nicht selbst persönlich bestätigt hat, ist null und nichtig; es ist kein Gesetz. Das englische Volk wähnt frei zu sein; es täuscht sich außerordentlich; nur während der Wahlen der Parlamentsmitglieder ist es frei; haben diese stattgefunden, dann lebt es wieder in Knechtschaft, ist es nichts." (Jean-Jacques Rousseau, Der Gesellschaftsvertrag, S. 107)

Laut Rousseau zeigt sich die Volkssouveränität im unveräußerlichen legislativen Recht der Volksversammlungen, die regelmäßig tagen und „unter keinen Umständen abgeschafft oder vertagt werden dürfen." (Jean-Jacques Rousseau, Der Gesellschaftsvertrag, S. 103)

Ingeborg Arnold

M5 Demokratie in Deutschland

Hinter dem Omnibus sieht man das Reichstagsgebäude in Berlin, den Sitz des Deutschen Bundestags.

Aufgaben

1. Überprüfen Sie, ob die vier hervorgehobenen Begriffe den Menschen definieren können. → M1
2. Niemand soll so viel besitzen, um einen anderen kaufen zu können, niemand so wenig, um sich an einen anderen verkaufen zu müssen.
   Beschreiben Sie eine Gesellschaft, in der diese Bedingung erfüllt wird, und vergleichen Sie Ihr Ergebnis mit den heute existierenden Gesellschaften. → M2
3. Weisen Sie nach, dass der allgemeine Wille nur zu Stande kommen kann, wenn die drei genannten Bedingungen erfüllt sind. → M2, M3
4. Überprüfen Sie die Auffassung, Rousseaus Idealstaat sei nur in einer weit zurückliegenden Vergangenheit realisierbar gewesen, er sei folglich eine rückwärtsgewandte Utopie. → M2, M3
5. Zeigen Sie die Gefahren für den einzelnen Staatsbürger, wenn gilt, dass nur er selbst sich irren kann, nicht aber der allgemeine Wille. → M4
6. Diskutieren Sie Rousseaus Verurteilung der repräsentativen (indirekten) Demokratie, in der gewählte Abgeordnete im Parlament (z. B. dem Deutschen Bundestag) Gesetze beschließen. → M4
7. Die Begründer der Initiative *Direkte Demokratie für Deutschland* befürworten die Einführung von Volksabstimmungen auf Bundesebene. Verfassen Sie einen offenen Brief Rousseaus an die Initiative. Ein offener Brief wird auch an die Medien zur Veröffentlichung versandt. → M1–M5

▶ Glossar: Gesellschaftsvertrag, Naturzustand, Rousseau, Vervollkommnungsfähigkeit, Volkssouveränität

14 | Immanuel Kant: Wege zur Vernunft

M1 Der Ballhausschwur

Der Ballhausschwur. Federzeichnung von Jacques-Louis David, 1791. Die Abgeordneten des Dritten Standes erklären sich am 17. Juni 1789 zur Nationalversammlung. Sie schwören, sich nicht zu trennen, ehe nicht eine gerechte Verfassung ausgearbeitet ist. Damit beginnt die Französische Revolution.

M2 Die moralische Evolution

Den deutschen Philosophen Immanuel Kant (1724 – 1804) beschäftigte wie Hobbes und Rousseau die Frage: „Was ist der Mensch? Ist er von Natur böse oder gut?" Seine Antwort lautet: Es gibt eine moralische Anlage im Menschen, die es unserer Gattung ermöglicht, vom Bösen zum Guten, zur Vernunft emporzustreben. Dass der Mensch von Natur neben seiner moralischen auch böse Anlagen hat, sagt Kant immer wieder unmissverständlich. Er nennt ihn ein „Tier, das einen Herrn nötig hat", oder ein Wesen, das aus so „krummem Holze" gemacht ist, dass daraus „nichts ganz Gerades gezimmert werden" kann. Wie gelingt solchen Geschöpfen das Emporstreben zur Vernunft?

Kant zeigt zwei ineinander mündende Wege. Der erste Weg ist der Weg der Aufklärung des Einzelnen, der sich anstrengen muss, um die Autoritäten abzuschütteln, die ihn an seiner Autonomie hindern: „Aufklärung ist der Ausgang des Menschen aus seiner selbst verschuldeten Unmündigkeit. Unmündigkeit ist das Unvermögen, sich seines Verstandes ohne Leitung eines anderen zu bedienen. Selbstverschuldet ist diese Unmündigkeit, wenn die Ursache derselben nicht am Mangel des Verstandes, sondern der Entschließung und des Mutes liegt, sich seiner ohne Leitung eines anderen zu bedienen. Sapere aude! Habe Mut dich deines eigenen Verstandes zu bedienen! ist also der Wahlspruch der Aufklärung.

Faulheit und Feigheit sind die Ursachen, warum ein so großer Teil der Menschen, nachdem sie die Natur längst von fremder Leitung freigesprochen, dennoch gerne zeitlebens unmündig bleiben; und warum es anderen so leicht wird, sich zu deren Vormündern aufzuwerfen. Es ist so bequem, unmündig zu sein. Habe ich ein Buch, das für mich Verstand hat, einen Seelsorger, der für mich Gewissen hat, einen Arzt, der für mich die Diät beurteilt, u. s. w. so brauche ich mich ja nicht selbst zu bemühen. Ich habe nicht nötig zu denken, wenn ich nur bezahlen kann; andere werden das verdrießliche Geschäft schon für mich übernehmen. Dass der bei weitem größte Teil der Menschen (darunter das ganze schöne

Geschlecht) den Schritt zur Mündigkeit, außer dem, dass er beschwerlich ist, auch für sehr gefährlich halte: dafür sorgen schon jene Vormünder, die die Oberaufsicht über sie gütigst auf sich genommen haben. Nachdem sie ihr Hausvieh zuerst dumm gemacht haben und sorgfältig verhüteten, dass diese ruhigen Geschöpfe ja keinen Schritt außer dem Gängelwagen, darin sie sie einsperrten, wagen durften, so zeigen sie ihnen nachher die Gefahr, die ihnen droht, wenn sie es versuchen allein zu gehen. Nun ist diese Gefahr zwar eben so groß nicht, denn sie würden durch einigemal Fallen wohl endlich gehen lernen; allein ein Beispiel von der Art macht doch schüchtern und schreckt gemeiniglich von allen ferneren Versuchen ab.

Es ist also für jeden einzelnen Menschen schwer, sich aus der ihm beinahe zur Natur gewordenen Unmündigkeit herauszuarbeiten. Er hat sie sogar lieb gewonnen, und ist vor der Hand wirklich unfähig, sich seines eigenen Verstandes zu bedienen, weil man ihn niemals den Versuch davon machen ließ. Daher gibt es nur wenige, denen es gelungen ist, durch eigene Bearbeitung ihres Geistes sich aus der Unmündigkeit herauszuwickeln und dennoch einen sicheren Gang zu tun.

Dass aber ein Publikum sich selbst aufkläre, ist eher möglich; ja es ist, wenn man ihm nur Freiheit lässt, beinahe unausbleiblich. Denn da werden sich immer einige Selbstdenkende finden, welche, nachdem sie das Joch der Unmündigkeit selbst abgeworfen haben, den Geist einer vernünftigen Schätzung des eigenen Werts und des Berufs jedes Menschen selbst zu denken um sich verbreiten werden." (Immanuel Kant, Was ist Aufklärung? S. 35f)

Der zweite Weg ist der Weg der Gattung Mensch hin zur Vernunft. Er wird in der Aufklärungsschrift schon angedeutet, wenn dort vom Publikum, das sich selbst aufklärt, die Rede ist. Da Kant, anders als Hobbes und Rousseau, ein Zeitgenosse der Französischen Revolution von 1789 war, hat sein Geschichtsoptimismus eine empirische Basis. 1798 schreibt er zwar mit Blick auf die Terrorherrschaft der Jakobiner, diese Revolution habe so viel „Elend und Gräueltaten" hervorgebracht, dass ein „wohldenkender Mensch" sie nicht noch einmal auslösen würde, ja Kant gesteht sogar das mögliche Scheitern der Revolution ein. Trotzdem deutet er sie als „Vorzeichen" des Fortschritts der Menschheit zum Besseren. Dieses „Vorzeichen" sei nicht die Revolution selbst, sondern die Reaktion der Bürger Europas. Sie, die unbeteiligten „Zuschauer", hätten das Freiheitsprogramm der Revolution enthusiastisch begrüßt, obwohl sie sich dadurch selbst in Gefahr brachten, denn die absolutistischen Herrscher bedrohten solche Sympathisanten mit Kerkerstrafen. Da die „Zuschauer" trotzdem ihre Begeisterung für Menschenrechte und Demokratie ausdrückten, so könne nur „die moralische Anlage im Menschengeschlecht" hierfür die Ursache gewesen sein. Kants Fazit über die Französische Revolution lautet: „Ein solches Phänomen vergisst sich nicht mehr, weil es die Anlage der menschlichen Natur zum Besseren aufgedeckt hat." (Immanuel Kant, Streit der Fakultäten, S. 85f)

Ingeborg Arnold

Aufgaben

1 Kants politische Philosophie reagiert auf die Französische Revolution, die in der europäischen Geschichte eine neue Epoche einleitete. Beschreiben Sie, welches Menschenbild das Gemälde Jacques-Louis Davids vermittelt. Mit welchen Mitteln drückt der Maler seine Zustimmung zur Französischen Revolution aus? ➜ M1

2 Vergleichen Sie Kants Definition des Menschen mit den Auffassungen Hobbes' und Rousseaus. Wo gibt es Übereinstimmungen, wo nicht? ➜ M2

3 Schreiben Sie für eine Schülerzeitung einen Essay zum Thema *Was ist Aufklärung heute?*. Orientieren Sie sich dabei an Kants berühmter Schrift *Beantwortung der Frage: Was ist Aufklärung?* und überlegen Sie, von welchen „Vormündern" man sich heute befreien muss. ➜ M2

4 Kant schreibt, es gebe „nur wenige, denen es gelungen ist, durch eigene Bearbeitung ihres Geistes sich aus der Unmündigkeit herauszuwickeln". Vergleichen Sie diese „wenigen" und ihre Aufgabe mit dem einen, der in Platons Höhlengleichnis ans Sonnenlicht kommt, und seinem Auftrag (S. 20-23). ➜ M2

5 Führen Sie eine Debatte über die Frage, ob die Geschichte der Menschheit eine Tendenz zum Besseren oder zum Schlechteren hat. Berücksichtigen Sie auch die dritte Möglichkeit, dass sich im Prinzip nichts ändert. ➜ M1, M2

▶ Glossar: Absolutismus, Aufklärung, Autonomie, empirisch, Gleichnis, Hobbes, Jakobiner, Kant, Rousseau

15 Immanuel Kant: Freiheit und Frieden

M1 Naturzustand und Gesellschaftsvertrag

Kant beschreibt den Naturzustand weder als einen lebensgefährlichen Krieg zwischen rücksichtslosen Egoisten wie Hobbes noch als das Paradies friedliebender „Wilder“ wie Rousseau. Für ihn gilt: Unabhängig davon, ob man sich die Menschen gewalttätig oder friedlich denkt, muss der Naturzustand verlassen werden. Denn selbst wenn man sich die Menschen als gutartig vorstellt, kann in einem Zustand ohne geltendes Recht nicht ausgeschlossen werden, dass Einzelne gewalttätig werden, da jeder das Recht hat, alles zu tun, was ihm richtig erscheint.

Da die unbeschränkte Freiheit des Naturzustands Unsicherheit schafft, bedarf es gar nicht des Krieges eines jeden gegen jeden; es reicht der Zustand der Rechtlosigkeit, um die Menschen zur Staatsgründung durch einen Gesellschaftsvertrag zu verpflichten. In ihm geben alle die „wilde, gesetzlose Freiheit“ des Naturzustandes auf, um eine neue Freiheit im rechtlichen Zustande zu gewinnen. Diese Freiheit im demokratischen Staat entspringt dem „eigenen gesetzgebenden Willen“ der Bürger. (vgl. Immanuel Kant, Metaphysik der Sitten, S. 315) *Ingeborg Arnold*

M2 Der Staat

Der Gesellschaftsvertrag, darauf beharrt Kant, ist erst dann vollständig erfüllt, wenn die „einzig rechtmäßige Verfassung“, die „Republik“, verwirklicht wird. Darunter versteht er eine repräsentative Demokratie, in der gewählte Abgeordnete Gesetze erlassen und die Rechte des Volkes vertreten. Diese „Republik“ nennt Kant die „das Recht verwaltende bürgerliche Gesellschaft“, sie bildet das Ziel der Geschichte. Erst in ihr können sich die natürlichen Anlagen der Menschen zum Guten endgültig entfalten, darunter auch diejenige Anlage, die „nur in der Gattung, nicht aber im Individuum“ vollständig entwickelt werden kann: die Vernunft.

Der in Kants Republik erreichte „bürgerliche Zustand“ gründet auf drei Prinzipien:

1. der Freiheit eines jeden, sein Glück auf seinem eigenen Weg zu suchen
2. der Gleichheit der Bürger vor dem Gesetz und der daraus folgenden Chancengleichheit im Hinblick auf den sozialen Aufstieg
3. der Selbstständigkeit, die Besitz oder Beruf verleihen

Kant orientiert sich an Montesquieus (1689 – 1755) Werk „Vom Geist der Gesetze“, wenn er für die zu gründende Republik Gewaltenteilung fordert:

* Die Gesetzgebung muss Sache des Volkes sein, das durch seine Abgeordneten selbst über sich beschließt. Allerdings schränkt Kant das Wahlrecht für das Parlament auf „selbstständige Personen“ ein. Alle Frauen und diejenigen Männer, die von einem privaten Arbeitgeber abhängig sind (zu Kants Zeiten waren das z. B. Diener, Handwerksgesellen oder Verkäufer), dürfen am staatlichen Leben nicht aktiv teilnehmen. Mit dieser Diskriminierung folgt Kant den Vorurteilen seiner Zeit.
* Die Regierung hat sich an die vom Volk erlassenen Gesetze zu halten.
* Die Rechtsprechung liegt allein bei unabhängigen Richtern. *Ingeborg Arnold*

M3 Das Völkerrecht

Kein Theoretiker vor Kant hat mit vergleichbarer Schärfe gesehen, dass die bis in alle bewohnbaren Gebiete besiedelte sowie durch Handel und wechselseitigen Verkehr immer stärker kultivierte Erde einer alle Menschen verbindenden Rechtsordnung bedarf. Die dabei leitende realistische Prämisse ist, dass dies im Interesse aller Völker ist. Denn kein Volk kann auf Beziehungen zu anderen Völkern verzichten. Also brauchen die existierenden staatlichen Gemeinschaften auf der Erde eine wechselseitig abgesicherte Ordnung, die ihnen die Chance zu eigenen Handlungen lässt.

Auf der Ebene internationaler Beziehungen wiederholt sich somit der ideelle Gründungsakt, der im Verhältnis benachbarter Individuen die Legitimität des Staates fundiert. Im Völkerrecht werden die in gegenseitiger Beziehung stehenden Staaten wie einzelne Individuen betrachtet, die durch ihr je eigenes Interesse an Schutz und Sicherheit dazu genötigt sind, in rechtlich geregelte Beziehungen zu treten.

nach Volker Gerhardt, S. 237

M4 Vom Krieg zum Frieden

Kant wendet den Dreischritt *Naturzustand – Gesellschaftsvertrag – Staat* auch auf das Völkerrecht an. Er geht davon aus, dass sich die Staaten untereinander in einem gesetzlosen Zustand befinden, in dem das Recht des Stärkeren herrscht und zum Krieg führt. Diesen Naturzustand müssen die Staaten verlassen, indem sie miteinander einen Vertrag schließen, der einen Völkerbund begründet. In ihm sollen alle Konflikte durch Recht statt durch Gewalt gelöst werden. Die Schaffung des Friedens ist eine Forderung der Vernunft, die ein „unwiderstehliches Veto" ausspricht:

> **„Es soll kein Krieg sein;
> weder zwischen mir und dir im Naturzustande,
> noch zwischen uns als Staaten."**

Auf die Frage, ob der ewige Friede herstellbar sei oder nicht, lässt sich Kant nicht ein. Er ist davon überzeugt, dass wir keine Wahl haben, dem „heillosen Kriegführen" muss ein Ende gemacht werden.

nach Volker Gerhardt, S. 354

M5 Im Sinne Kants?

Am 22.9.2011 sprach sich die brasilianische Präsidentin Dilma Rousseff in der Vollversammlung der Vereinten Nationen in New York für eine Welt ohne Atomwaffen aus.

Aufgaben

1 Übertragen Sie die Tabelle in Ihr Heft und vervollständigen Sie sie. ➜ M1–M3

	Hobbes	Rousseau	Kant
Menschenbild:	egoistisch		
Auffassung vom Naturzustand			Rechtlosigkeit
Gesellschaftsvertrag		ungerechter faktischer Vertrag vs. gerechter Vertrag	
Staat	Souveränität des Herrschers	direkte Demokratie	Gewaltenteilung
...			

2 Losen Sie vier Schülerinnen oder Schüler Ihres Ethikkurses aus, die in einer Podiumsdiskussion die Rollen von Hobbes, Rousseau, Kant und eines Moderators oder einer Moderatorin einnehmen. Das Thema der Runde lautet: Wie ist der Mensch und wie soll sein Staat sein?

3 Vergleichen Sie die Verfassung der Bundesrepublik Deutschland mit den Vorstellungen Kants, die Sie kennengelernt haben. ➜ M2

4 Recherchieren Sie im Internet, beispielsweise auf den Seiten der Bundeszentrale für politische Bildung, über den aktuellen Stand des Völkerrechts. ➜ M3

5 Informieren Sie sich über die Zusammensetzung und die Aufgaben der Vereinten Nationen und diskutieren Sie, ob diese Organisation sich an Kants Ideen vom Völkerrecht und ewigen Frieden orientiert. ➜ M3, M4, M5

▶ Glossar: Gesellschaftsvertrag, Hobbes, Kant, Legitimität, Montesquieu, Naturzustand, Prämisse, Rousseau, Völkerrecht

Grundwissen

Was wir wissen

Die Entstehung der Philosophie im antiken Griechenland

In den Stadtstaaten des antiken Griechenland gaben sich die ersten Philosophen nicht mit religiösen Weltdeutungen zufrieden, sie suchten nach wissenschaftlichen Erklärungen für Naturereignisse und vollzogen so den Schritt vom Mythos zum Logos, zur Vernunft. Auch auf dem Gebiet der Politik strebten die Bürger nach vernünftigen Entscheidungen.

Protagoras (ca. 490 v. Chr. – 411 v. Chr.)

Der Sophist Protagoras lehrte nicht nur Rhetorik, er äußerte sich auch zu Fragen der Moral. Als Erster vertrat er den ethischen Relativismus, indem er behauptete: Der Mensch ist das Maß aller Dinge (*Homo-mensura-Satz*). Es gibt daher keine moralischen Normen, die für alle gelten.

Sokrates (470 – 399 v. Chr.)

Gegen den ethischen Relativismus trat der Athener Sokrates auf. Er lehrte in Dialogen mit seinen Mitbürgern, dass es besser ist, Unrecht zu leiden als Unrecht zu tun. Gemäß dieser Überzeugung floh er auch nicht aus der Stadt, als ihm die Todesstrafe bevorstand, die seine Gegner über ihn verhängt hatten. Feinde hatte er sich genug gemacht durch seine Gewohnheit, seine Gesprächspartner als unwissend zu entlarven, indem er sie geschickt in Widersprüche verwickelte.

Platon (427 – 347 v. Chr.)

Platon beschreibt im Höhlengleichnis, wie schwer es ist, das Gute zu erkennen: Der Weg zum Wissen gleicht einem mühevollen Aufstieg aus einer Höhle, in der die Menschen in Täuschung befangen sind. Der Philosoph, der sich hinauswagt und die Sonne – das Gute – schaut, darf dort nicht bleiben, sondern muss wieder hinabsteigen zu den Unwissenden, um sie zu belehren. Allerdings riskiert er hierbei, von den Höhlenbewohnern verspottet oder gar getötet zu werden.

Das Zeitalter der Aufklärung

Im 17. und 18. Jahrhundert wandten sich europäische Philosophen erneut von der Religion ab und dem freien Denken zu. In ihrer politischen Philosophie gingen sie von einem erdachten Naturzustand aus, in dem die Menschen ohne gesellschaftliche und staatliche Institutionen als Freie und Gleiche leben.

Thomas Hobbes (1588 – 1679)

Der Engländer Thomas Hobbes beschrieb die Menschen als von Natur aus aggressiv: Der Mensch ist ein Wolf für den Menschen (*homo homini lupus*). Daher müssen alle Menschen auf ihre natürliche Freiheit und Gleichheit verzichten und im Gesellschaftsvertrag einen absolutistischen Herrscher einsetzen, der für Frieden zwischen seinen Untertanen sorgt.

Jean-Jacques Rousseau (1712 – 1778)

Rousseau widersprach Hobbes' Menschenbild: Von Natur aus sind die Menschen gut, erst die Einführung des Privateigentums und die Machtergreifung der Reichen haben die bösen Eigenschaften geweckt. In einem idealen Staat müssen daher alle Bürger gleichen Besitz haben. Nur so lässt sich der auf das Gemeinwohl zielende allgemeine Wille (*volonté générale*) durch Volksabstimmungen ermitteln. Rousseaus Idealstaat ist folglich eine direkte Demokratie.

Immanuel Kant (1724 – 1804)

Für den deutschen Philosophen Immanuel Kant hat der Mensch Anlagen zum Guten wie zum Bösen, daher ist es wichtig, ihn zur Vernunft – und damit zum Guten – zu erziehen. Dies geschieht im Prozess der Aufklärung. Kant beschreibt, unter welchen politischen Rahmenbedingungen sich die Bürger gegenseitig aufklären können. Der Staat muss eine repräsentative Demokratie sein, in der Gewaltenteilung zwischen Gesetzgebung, Regierung und Rechtsprechung herrscht. Zwischen den Staaten soll der Naturzustand des Krieges durch einen den Frieden garantierenden Völkerbund beendet werden.

Was wir können

Der Schweizer Autor Friedrich Dürrenmatt (1921 – 1990) beschreibt, wie Überlebende des Dritten Weltkriegs die Inschrift eines Soldaten, der dem Atomkrieg entkommen konnte, finden. Er hat folgenden Text in eine Felswand geritzt:

Ich stelle mir nämlich Menschen in einer Höhle vor, Menschen, die von Jugend auf an Schenkeln und Hals in Fesseln eingeschmiedet sind, so dass sie unbeweglich sitzen bleiben und nur vorwärts, auf die Wand der Höhle, zu schauen vermögen. In den Händen halten sie Maschinenpistolen. Über ihnen scheint ein Feuer. Zwischen dem Feuer und den Gefesselten ist ein Querweg. Längs diesem stelle ich mir eine kleine Mauer vor. Auf dieser Mauer würden von mächtigen Gefängniswärtern Menschen vorgeführt, die ebenfalls gefesselt wären und ebenfalls Maschinenpistolen in den Händen hätten. Aber dann […] frage ich mich, ob ich wohl von mir und von anderen je etwas anderes zu sehen bekomme als die Schatten, die das Feuer auf die Höhlenwand wirft […] und ob ich wohl nichts anderes als die Schatten jener Gestalten für wahr hielte. Ja, und wenn eine Stimme von irgendwoher mir zuriefe, diese Schatten, die ja auch die Schatten von Maschinenpistolen aufweisen, seien meine Feinde, ob ich da nicht auf die Schatten auf der Wand der Höhle vor mir schießen und auf diese Weise, weil die Kugeln von der Wand zurückprallten, gewissermaßen jene töten würde, die wie ich an Schenkeln und Hals gefesselt wären; und ob nicht die, weil sie ja das gleiche glaubten und handelten wie ich, mich auch töten würden. Wenn ich aber entfesselt und genötigt würde, plötzlich aufzustehen, den Kopf zu drehen, herumzugehen, […] wäre ich da nicht der Meinung, die vorher geschauten Schattengestalten hätten mehr Realität als die, welche ich jetzt gezeigt bekomme? Und wenn man mich zwänge, in das Licht zu sehen, so würde ich vor Schmerzen davonlaufen und mich wieder jenen Schattenbildern zuwenden, die ich ansehen konnte; und ich bliebe dabei, diese seien wirklich […], denn diese seien meine Feinde; und würde ich nicht wieder zu schießen beginnen, um sie wieder zu töten und mich von ihnen wieder töten zu lassen?

Friedrich Dürrenmatt, S. 172-178

1 Vergleichen Sie Dürrenmatts mit Platons Höhlengleichnis.

2 Zeigen Sie, dass in Dürrenmatts Text auch das Menschenbild Thomas Hobbes' Eingang gefunden hat.

Lösungen:
Zu 1)
Gemeinsamkeiten:
Höhle, Fesselung, Feuer, Mauer, Schattenbilder, die für wahr gehalten werden. Befreiung eines Gefesselten, schmerzhafte Wahrnehmung der Realität.
Unterschiede:
Maschinenpistolen auch der Schattenbilder, Schüsse auf Befehl, Tod der Gefesselten durch zurückprallende Kugeln.
Der Befreite wagt nicht den Aufstieg aus der Höhle, sondern begibt sich wieder in die Täuschung und den Krieg.
Fazit: Gemäßigter Optimismus bei Platon: Erkenntnis ist prinzipiell möglich, Pessimismus bei Dürrenmatt: Aus dem Krieg eines jeden gegen jeden gibt es kein Entrinnen.

Zu 2)
Hobbes' Menschenbild lautet: Der Mensch ist dem Menschen ein Wolf, im Naturzustand führt der Überlebenswille zu Krieg und Tod. Dürrenmatt beschreibt einen neuen „Naturzustand" nach einem vernichtenden Atomkrieg, in dem wieder jeder jeden bekämpft. Ein Mensch ohne Maschinenpistole kommt im Gleichnis nicht vor.

Religionsphilosophie

Die abrahamitischen Religionen

Religionskritik

Theodizee

1 Haben Juden und Christen ein gemeinsames Bild vom Menschen?

M1 Ein Rabbiner spricht über den Glauben

Julien Chaim Soussan (1968) wurde nach dem Studium der Volkswirtschaft und Judaistik in Jerusalem zum Rabbiner ausgebildet. Seit 2012 ist er orthodoxer Rabbiner der jüdischen Gemeinde Mainz. Soussan ist Mitglied des Beirats der Orthodoxen Rabbinerkonferenz Deutschland (ORD) und Mitglied des Gesprächskreises „Juden und Christen" des Zentralkomitees der Deutschen Katholiken.*

●

Herr Rabbiner, was unterscheidet einen gläubigen Juden von einem Christen?

Zunächst Jesus. Christen glauben an ihn als den Messias. Wir glauben: Wenn der Messias kommt, hört das Schlechte in der Welt auf, Frieden wird herrschen, das Böse als solches wird ausgemerzt. Im Hinblick auf Jesu Tod und die folgenden Jahrtausende bezweifeln wir ernsthaft, dass ein solcher Zustand eingetreten ist.

●

Wie ist das Verhältnis von Körper und Geist?

Wir alle wissen, dass der Mensch in dieser Dualität auf die Welt gekommen ist. Weite Teile von Christentum und Islam gehen allerdings davon aus, dass die Seele im Körper gefangen ist. Daraus folgt die Ansicht, dass alles, was dem Körper Spaß und Freude bereitet, a priori negativ sein müsse.

●

Der Geist ist willig, das Fleisch ist schwach.

Genau. Das Judentum will Lustempfinden nicht unterbinden, sondern mit dem Dienst an Gott verbinden. Es gebietet beispielsweise den Genuss eines guten Essens als Teil jedes Schabbats. Aber es ist ein Genuss mit Einschränkungen. Fleisch essen wir – allerdings nicht alles. Wein – aber nicht jeden.

●

Das Gesetz anstelle des Ideals, das Nichtbefolgen anstelle der Sünde ist eine andere Grundwesenheit des Judentums.

Die Tora, das heiligste Buch des Judentums, verstehen wir vor allem als Sammlung jener Gesetze, die Gott Moses diktiert hat. Insgesamt sind es 613: 365 Verbote und 248 Gebote. Jeder Mensch hat aber nur eine gewisse Anzahl zu erfüllen. Für Priester etwa gelten manche nicht, für Männer andere als für Frauen, für Nicht-Israeli wieder andere, für Nicht-Juden nur die sieben Noachidischen Gebote der Zivilisation.

●

Ich dachte immer, es seien nur zehn gewesen.

Da übernehmen Sie den Fehler christlicher Überlieferung. Selbst demnach stehen auf den zwei Tafeln 13 Gebote. Im Satz „Ich bin der Ewige, Dein Gott" steckt nach unserer Vorstellung bereits ein Gebot. Gott gab uns ein detailliertes Regelwerk. Unser Ziel ist, durch Erfüllung der Gebote das Kommen der messianischen Zeit zu ermöglichen. Dies wird dann kein exklusiv jüdisches Reich sein, sondern eins aller Völker.

●

Das Böse ist also kein Faktum per se, das nur mittels Gesetzen zu bändigen wäre, sondern durchaus eliminierbar. Anders etwa als die Sünden-Ideen der Christen, insbesondere der Protestanten.

Zur Zeit vor der Sünde, also im Paradies Adams und Evas, war das Böse passiv in der Welt – angelegt zwar, aber noch nicht passiert. Als Adam und Eva das Böse aktivierten, erlitt die Welt einen Abfall, seither kann das Böse jederzeit zuschlagen. Die Gebote – als objektive Instanz zur Erkennung des Falschen – sollen uns davor bewahren.

●

Christen nennen das Begehen von Fehlern Sünde. Katholiken pflegen zu beichten, Protestanten betrachten Sünde als unabdingbar. Was tun Juden?

Jeweils zum jüdischen Neujahr ziehen wir Bilanz. Gott schreibt uns in das Buch der Lebenden ein, eine Art persönliche Buchhaltung jedes Einzelnen. Wir neigen zu der Vorstellung, das Verhältnis richtiger und falscher Taten stehe bei uns allen etwa bei 50:50. Das heißt, jede gute Tat zählt, sie kann die Welt zum Guten auspendeln und dem paradiesischen Zustand zuführen. Wir kennen keine Heiligen zu Lebzeiten, niemand macht alles richtig, jeder kann mehr tun. Aber wir kennen Menschen, die mehr Richtiges als Falsches tun. Sie sind die Gerechten.

Das Interview in ungekürzter Form finden Sie unter: www.ccbuchner.de/m

Wie kann ich Fehler wiedergutmachen?

Wir unterscheiden zwei Sorten von Fehlern – gegenüber Menschen und Gott. Wenn ich etwa den Schabbat falsch feiere oder unkoscher esse, ist das eine Sache zwischen mir und Gott. Wenn ich meinen Nachbarn bestehle, ist das zunächst mal eine Sache zwischen mir und ihm. Wenn ich also ein Gesetz breche gegenüber Gott, kann ich dies auf verschiedene Weise wiedergutmachen: durch Gebet oder Fasten etwa. Am Jom Kippur, dem jüdischen Feiertag der Versöhnung, essen wir nicht, trinken nicht, beten fast nur, haben keinen ehelichen Kontakt, kurz: geben dem Körper keine Chance, Falsches zu tun. Es ist ein Symbol, Gott zu sagen: Tut mir leid. Eine Art von Tschuwa, von Rückkehr auf den richtigen Weg. Wenn ich einem Menschen gegenüber fehle, ist es meine erste Pflicht, mich mit ihm zu versöhnen. Wir haben hierzu eine praktische Faustregel – sich dreimal ernsthaft zu entschuldigen reicht. Ein frommer Mensch probiert es natürlich öfter.

•

Die Helden des Judentums, von Abraham, Moses und David bis Esra, begehen jede Menge Fehler. Der Fleisch gewordene Übermensch Jesus Christus hingegen ist ohne Fehl und Tadel. Welche Folgen hat das für die Religion selbst?

Es trägt unter anderem dazu bei, dass das Christentum eine idealistischere, das Judentum eine realistischere Religiosität ausprägt. Indem ich mich an Figuren orientiere, die in ihrem Leben zweifelten, gestrauchelt sind, aber trotzdem am Ende das Richtige getan haben, fühlen wir uns als Juden nie außen vor. Es gibt immer ein Zurück. Bis zum Tag des Todes besteht die Fähigkeit zur Tschuwa. An eine Überfigur hingegen reiche ich nie heran.

•

Nach protestantischer Sichtweise ist der Mensch zur Sünde verdammt.

Das Judentum umfasst als Lebensplan alle Bereiche und ist als solches sehr praktisch. Ich persönlich achte genau darauf, in welcher Reihenfolge ich mir die Schuhe binde. Erst den rechten, dann den linken, dann mache ich den linken zu und dann den rechten. Der Grund liegt in der Kabbala – rechts und links bezeichnen gewisse Aspekte von Gott. Dieser alltägliche Übertrag fehlt mir im Christentum. Es ist solchermaßen idealisiert, dass seine Forderungen oft unerfüllbar erscheinen. „Liebe Deinen Nächsten wie Dich selbst" etwa ist eine so unglaublich hohe Anforderung, dass ich ohne Beiblatt gar nicht weiß, wie ich sie bewältigen kann. Was bedeutet das Gebot? Wie geht ein Masochist damit um? Soll er den anderen prügeln?

•

Ist das christliche Friedensideal zu abstrakt?

In seiner üblichen Weise ist ein solch hehres Ideal nicht realisierbar. Das Judentum ist da, wenn Sie so wollen, viel kantianischer: Was Du nicht willst, dass man Dir tu, das füg auch keinem anderen zu, steht schon im Talmud. Bei Kant verläuft diese Handlungsanweisung horizontal, im Judentum auch vertikal, indem sie Gott als Ursprung des Gebotes mit einschließt. Das Hauptprinzip der Tora ist der Frieden. Man grüßt mit Schalom, Frieden, jedes Gebet schließt mit diesem Wunsch. Allein den Begriff nenne ich pro Tag mindestens zehnmal. *nach Jochen Förster, S. 19ff*

Aufgaben

1 Wiederholen Sie Ihr Grundwissen zum Judentum, indem Sie alle Wörter nachschlagen, die die jüdische Religion charakterisieren, wie beispielsweise koscher, Schabbat, Mitzwa ... → M1

2 Erarbeiten Sie das Menschenbild im Judentum und im Christentum. Halten Sie Ihr Ergebnis in Form einer Tabelle fest und ergänzen Sie die Spalte der Merkmale. → M1

	Judentum	Christentum
Verhältnis Gott – Mensch		
Verhältnis Mensch zu Mensch		
Verhältnis Körper und Geist		
...		

3 Lesen Sie das gesamte Interview und benennen Sie Ursachen und Gründe, warum das Verhältnis zwischen Judentum und Islam in besonderer Weise schwierig und auch belastet ist.

▶ Glossar: Abraham, a priori, David, Esra, Jesus von Nazareth, Jom Kippur, Kabbala, Kant, koscher, Messias, Mitzwa, Moses, Noachidische Gebote, orthodox, Rabbiner, Schabbat, Talmud, Tora, Tschuwa, Zehn Gebote

2 Judentum und Islam aus christlicher Sicht

M1 Menschen fragen – Religionen antworten

Die Menschen erwarten von den verschiedenen Religionen Antwort auf die ungelösten Rätsel des menschlichen Daseins, die heute wie von je die Herzen der Menschen im Tiefsten bewegen: Was ist der Mensch? Was ist Sinn und Ziel unseres Lebens? Was ist das Gute, was die Sünde? Woher kommt das Leid, und welchen Sinn hat es? Was ist der Weg zum wahren Glück? Was ist der Tod, das Gericht und die Vergeltung nach dem Tode? Und schließlich: Was ist jenes letzte und unsagbare Geheimnis unserer Existenz, aus dem wir kommen ... und wohin wir gehen?

2. Vatikanisches Konzil: Nostra Aetate

INFO

Konzilium, Konzilien (Pl.)

(lat. „Zusammenkunft", „Versammlung") In den christlichen Kirchen die Versammlung kirchlicher Repräsentanten zur Beratung und Entscheidung gesamtkirchlicher Angelegenheiten. Besondere Bedeutung haben die ersten sieben Konzilien, deren Teilnehmer die noch ungeteilte Glaubensgemeinschaft repräsentierten und deren Beschlüsse noch heute von allen großen christlichen Kirchen anerkannt werden.

Seit dem 1. Konzil von Nikaia (325 n. Chr.) fanden insgesamt 21 Konzilien statt. Das bislang letzte war das sogenannte 2. Vatikanische Konzil (1962 - 1965). Sein erklärtes Ziel war die Erneuerung der Lehre und des Lebens der Kirche, verbunden mit der Öffnung der katholischen Kirche zur modernen Welt.

Auf dem 2. Vatikanischen Konzil bestimmte die katholische Kirche in der Erklärung *Nostra Aetate* (lat. „In unserer Zeit") ihr Verhältnis zu den nichtchristlichen Religionen.

nach Schülerduden Religion und Ethik, S. 204, 206

M2 Das Judentum aus katholischer Sicht

Was sie trennt

Wie die Schrift bezeugt, hat Jerusalem die Zeit seiner Heimsuchung nicht erkannt, und ein großer Teil der Juden hat das Evangelium nicht angenommen, ja nicht wenige haben sich seiner Ausbreitung widersetzt. Nichtsdestoweniger sind die Juden nach dem Zeugnis der Apostel immer noch von Gott geliebt um der Väter willen; sind doch seine Gnadengaben und seine Berufung unwiderruflich. Mit den Propheten und mit demselben Apostel erwartet die Kirche den Tag, der nur Gott bekannt ist, an dem alle Völker mit einer Stimme den Herrn anrufen und ihm „Schulter an Schulter dienen" (Soph 3,9).

2. Vatikanisches Konzil: Nostra Aetate

Was sie eint

Christen stehen von Gott her in einer einzigartigen Beziehung zu den Juden, die für sie nicht Angehörige einer anderen Religion sind, da sie mit Gott in einem ungekündigten Bund stehen, der auch für uns Christen unaufgebbare Basis unseres Glaubens bleibt. Die Bibel Israels wurde für die Kirche in weitgehender Übereinstimmung zum ersten Teil ihrer zweigeteilten Bibel, dem „Alten" Testament. So sehen Juden und Christen in denselben heiligen Büchern Gottes Wort. Der geschichtliche Weg Israels gehört zur christlichen Geschichte mit Gott. Die Christen sind und bleiben nach Paulus Zweige des „wilden Ölbaums", die auf den edlen Ölbaum aufgepfropft worden sind, um durch ihn Anteil an der Kraft der Wurzel, d. h. an Abraham und den Verheißungen für Israel, zu erhalten (vgl. Röm 11,17).

Arbeitshilfen Nr. 170, S. 12

M3 Der Islam aus katholischer Sicht

Was sie trennt

Die Christenheit in Europa blickt auf eine lange Geschichte ihrer Beziehungen zum Islam zurück. Kontakte zwischen Muslimen und Christen gab es seit dem Auftreten Muhammads, des Propheten des Islam (ca. 570 – 632 n. Chr.), der selbst Beziehungen zu Christen hatte. Mit dem wachsenden Erfolg des Islam nach der Auswanderung nach Medina (622 n. Chr.) grenzte er sich immer mehr von Judentum und Christentum ab.

Der Kern der Lehre des Islam ist die Einzigkeit des einen Gottes, dessen letzter Prophet für die ganze Menschheit Muhammad ist. Im Koran hat Gott für alle Menschen sein ewiges Wort endgültig zum verbindlichen „Buch" werden lassen. Der Islam reiht „Jesus, den Sohn Mariens", als vorletztes Glied in die Reihe der koranischen Propheten ein. Diese Reihe beginnt mit Adam und wird durch Muhammad, „das Siegel der Propheten", ein für allemal abgeschlossen. Trotz der Betonung der besonderen Nähe der Muslime zu den Christen erhebt der Islam bis zum heutigen Tag gegen das Christentum den Vorwurf der Schriftverfälschung und des Tritheismus, den er als Blasphemie qualifiziert. Er weist den Wahrheitsanspruch der christlichen Offenbarung und zentrale Aussagen des christlichen Glaubens zurück, denn in seiner Sicht widersprechen sie dem reinen Monotheismus des Korans.

Was sie eint

„Der Heilswille umfasst aber auch die, welche den Schöpfer anerkennen, unter ihnen besonders die Muslime, die sich zum Glauben Abrahams bekennen und mit uns den einen Gott anbeten, den barmherzigen, der die Menschen am Jüngsten Tag richten wird." (Vatikanum II, Lumen gentium) So sieht die Kirche ihre Verbundenheit mit dem Islam durch die Anbetung eines einzigen Gottes, durch die Hochschätzung Jesu, die Erwartung des Gerichts sowie die sittliche Lebenshaltung und Frömmigkeitspraxis gegeben. *Arbeitshilfen Nr. 170, S. 16f; S. 21*

M4 Annäherung mit Schwierigkeiten

Christine Schirrmacher ist Islamwissenschaftlerin und arbeitet für verschiedene Gremien der evangelischen Kirche.

Natürlich kann die Bibel, da der Islam erst im 7. Jahrhundert n. Chr. von Muhammad verkündigt wurde, selbst kein explizites Urteil über den Islam enthalten. Christen beurteilen den Islam damit gewissermaßen immer nur in Ableitung ihres Schriftverständnisses, was zu einer erheblichen Bandbreite an Auffassungen und Positionen zum Thema innerhalb und außerhalb der Kirchen führt. Im Gegensatz zum Christen, der erst seine Standortbestimmung zum Islam finden muss, ist das muslimische Bild des Christentums und des christlichen Glaubens meist bereits relativ festgelegt: Festgelegt vor allem durch die Aussagen des Korans, der als nachchristliche Offenbarungsschrift etliche Aussagen über die Christen und den christlichen Glauben macht, die später von der umfangreichen islamischen Überlieferung (hadith) im Großen und Ganzen unterstrichen und bestätigt werden. Da es im Islam keine „islamische Aufklärung" im europäischen Sinne gegeben hat und keine offizielle historisch-kritische Koranexegese und -analyse existiert, ist der Spielraum für die Auslegung und Interpretation dieser als normativ verstandenen Texte entsprechend gering.

Christine Schirrmacher, S. 1

Aufgaben

1 Die Erklärung *Nostra Aetate* geht davon aus, dass alle Religionen zwar einen gemeinsamen Fragehorizont teilen, aber keine gemeinsamen Antworten auf diesen Fragehorizont geben. Bestimmen Sie anhand der einzelnen Fragen, was hier unter Religion verstanden wird. → M1

2 Stellen Sie aus der Sicht der katholischen Kirche die Antworten zusammen, was Christentum und Judentum miteinander teilen und voneinander trennt. → M2, M3

3 Bestimmen Sie für eine weitere christliche Kirche, das in ihr vertretene Verhältnis zum Judentum und zum Islam. → M4

▶ Glossar: Abraham, Apostel, Blasphemie, Evangelium, Exegese, Jesus von Nazareth, Koran, Monotheismus, Muhammad, Paulus, Prophet, Schirrmacher, Tritheismus

3 Der Islam – Es gibt keinen Zwang im Glauben

M1 Wer sind die „Leute der Schrift"?

Gott hat alle Menschen aus der gleichen Substanz geschaffen. Wir alle sind seine Geschöpfe und von ihm angenommen. So unterschiedlich wie Gott uns geschaffen hat, so unterschiedlich sind auch die Wege und Beziehungen zu ihm. Im Laufe der Jahrhunderte haben sich viele verschiedene Vorstellungen von Gott entwickelt, vor allem deshalb, weil er sich den Menschen immer wieder neu offenbart hat. Da es unterschiedliche Möglichkeiten gibt, Gott näherzukommen, gibt es verschieden Religionen.

Gott hat seine Worte immer wieder auf andere Weise wiederholt. Deshalb bezieht sich der Koran auch stets auf die Offenbarungen, die bereits vor ihm vorhanden waren. Die Menschen, die diese Offenbarungen erhalten haben, werden im Koran „Leute der Schrift" genannt. Gott fordert die „Leute der Schrift" auf, sich an das zu halten, was er ihnen offenbart hat.

Es gibt viele Menschen, die die Offenbarung des Korans nicht akzeptieren können. Dennoch darf kein Mensch von einem anderen dazu gezwungen werden, etwas anzuerkennen, zu dem er nicht wirklich in seinem Inneren „Ja" sagen kann. Gott behält sich vor, selbst darüber zu entscheiden, wie das zu bewerten ist, was die Menschen aus seinen Offenbarungen gemacht haben.

Da kein Mensch die wirklichen Absichten und Gefühle eines anderen kennt, dürfen wir uns auch nicht gegenseitig als ungläubig bezeichnen. Ein Ungläubiger ist nach dem Koran auch nicht jemand, der etwas anderes glaubt, sondern jemand, der eine Wahrheit zwar erkannt hat, sie aber nicht wahrhaben will. Das arabische Wort für „Ungläubiger" ist von dem Verb kafara, „etwas bedecken", abgeleitet. Ein Ungläubiger ist wörtlich genommen jemand, der die Wahrheit bewusst verdeckt. Weil nur Gott allein über den Glauben der Menschen urteilen kann, wird in der Sure „Die Ungläubigen" (al-kāfirūn) erklärt, dass es am besten ist, die verschiedenen Meinungen einfach nebeneinander stehen zu lassen und die Bewertung Gott zu überlassen. *Lamya Kaddor; Rabeya Müller, S. 48ff*

M2 Die Toleranz des Korans

Sure 2, 256

Es gibt keinen Zwang im Glauben. Der richtige Weg ist gegenüber dem unrichtigen klar erkennbar geworden. Wer nicht an Götzen, sondern an Gott glaubt, der hat den sichersten Halt, bei dem es kein Zerreißen gibt. Gott ist der Hörende und der Wissende.

Sure 4, 94

Ihr Gläubigen, wenn ihr auf dem Weg Gottes wandert, sammelt erst einmal genug Wissen, und sagt zu keinem, der euch friedlich grüßt: „Du bist kein Glaubender." Ihr trachtet nach Reichtümern in diesem Leben, doch bei Gott gibt es das Gute im Übermaß. So seid auch ihr gewesen, dann aber hat Gott euch seine Freundlichkeit geschenkt. Darum sammelt erst einmal genügend Wissen. Seht, Gott weiß, was er tut.

Sure 109, 1–6

Sag: „Ihr Ungläubigen! Ich verehre nicht, was ihr verehrt. Und ihr verehrt nicht, was ich verehre. Nochmals: Ich verehre nicht, was ihr verehrt, und ihr verehrt nicht, was ich verehre. Ihr habt eure Religion, und ich habe meine Religion."

M3 Das Schiff des Glaubens

Zu den religiösen Kunstformen des Islam gehört die Kalligrafie (Schönschreibkunst). Ein Beispiel ist das „Schiff des Glaubens". Der Rumpf und die Ruder stellen – von rechts nach links – die sechs Glaubensartikel dar: 1) „Ich glaube an Gott und 2) seine Engel, 3) seine Offenbarung, 4) seine Propheten, 5) an die Auferstehung nach dem Tode am Jüngsten Tag, 6) die Vorherbestimmung des Guten und Bösen." Das Segel enthält die Kurzform des Glaubens: „Es gibt keinen Gott außer Gott und Muhammad ist der Gesandte Gottes."

M4 Drei Forderungen an die Gläubigen

Forderungen an die Juden – Sure 5, 44–45

5, 44 Siehe, wir haben die Tora herabgesandt, in welcher Rechtleitung ist und Licht. Danach richteten die Propheten, die sich ergeben hatten, für die Juden; und die Rabbinen und die Schriftgelehrten nach dem, was ihnen von Gottes Buch zum Bewahren anvertraut wurde. Dafür waren sie Zeugen. So fürchtet nicht die Menschen, sondern fürchtet mich! Verkauft nicht meine Zeichen um einen geringen Preis! Wer nicht danach richtet, was Gott herabgesandt hat, das sind die Ungläubigen.

5, 45 Wir schrieben ihnen darin vor: Leben um Leben, Auge um Auge, Nase um Nase, Ohr um Ohr, Zahn um Zahn und auch für Verletzungen Wiedervergeltung. Wenn jemand dafür Almosen gibt, so gilt das für ihn als Sühne. Wer nicht danach richtet, was Gott herabgesandt hat, das sind die Frevler.

Forderungen an die Christen – Sure 5, 46–47

5, 46 In ihren Spuren ließen wir Jesus folgen, Marias Sohn; er bestätigte, was vor ihm von der Tora bestand. Ihm gaben wir das Evangelium. Darin ist Rechtleitung und Licht, und es bestätigt, was vor ihm von der Tora bestand, und ist Rechtleitung und Mahnung für die Gottesfürchtigen.

5, 47 Die Leute des Evangeliums sollen nach dem richten, was Gott in ihm herabgesandt hat. Wer nicht nach dem richtet, was Gott herabgesandt hat, das sind die Verruchten.

Forderungen an die Muslime – Sure 5, 48

5, 48 Und auf dich sandten wir herab das Buch mit der Wahrheit; es bestätigt, was von dem Buch schon vorher da war, und gibt darüber Gewissheit. So richte zwischen ihnen nach dem, was Gott herabgesandt hat, und folge ihren Neigungen nicht, wenn es von dem abweicht, was von der Wahrheit zu dir kam! Für einen jeden von euch haben wir Bahn und Weg gemacht. Hätte Gott gewollt, er hätte euch zu einer einzigen Gemeinde gemacht – doch wollte er euch mit dem prüfen, was er euch gab. Wetteifert darum um das Gute! Euer aller Rückkehr ist zu Gott, er wird euch dann kundtun, worin ihr immer wieder uneins wart.

M5 Zwei Klassen von Bürgern

Das traditionelle Rechtssystem des Islam, das auf dem Koran basiert, sieht die Bildung einer Gesellschaft mit zwei Klassen von Bürgern vor. Die einen, die Muslime, sind die eigentlichen Bürger; die anderen werden toleriert, ihnen wird ein Lebensraum verschafft, aber ihre Rechte sind nur die, die ihnen der islamische Staat gewährt. Und diese gewährten Rechte gehen von einer grundsätzlichen Ungleichheit und Ungleichwertigkeit von Muslimen und Schutzbürgern aus. Muslime und Nicht-Muslime sind nicht alle Träger der gleichen Grundrechte und der gleichen Grundpflichten. Sie sind auch nicht grundsätzlich gleichgestellt vor dem Gesetz. Die Nicht-Muslime sind zwar in den Augen des Islam nicht recht- und schutzlos, sie werden den Muslimen nicht als freie Beute preisgegeben. Dennoch werden sie im eigenen Land als Bürger zweiter Klasse behandelt.

nach Adel Theodor Khoury, S. 336

Aufgaben

1. Informieren Sie sich über das Toleranzverständnis des Korans und formulieren Sie mithilfe der drei Suren drei konkrete Forderungen, die der Koran an alle Muslime stellt. → M1, M2
2. Wiederholen Sie zentrale Glaubensinhalte des Islam. → M3
3. Erstellen Sie aus den Vorgaben des Koran eine Liste der Forderungen an die Juden, Christen und Muslime. → M4
4. Bestimmen Sie am Beispiel der zwei Bürgerrechte den Unterschied zwischen Toleranz und Religionsfreiheit. → M5

ossar: Evangelium, Jesus von Nazareth, Koran, Muhammad, Prophet, Rabbiner, Sure, Tora

4 Anfang der Toleranz – die Ringparabel

M1 Toleranz – höher als jeder Glaube

Daniel Chodowiecki fertigte im Jahr 1791 diesen Kupferstich an. Er zeigt die Toleranz in Form einer allegorischen Darstellung: Die Religionen versammeln sich in Eintracht unter den schützenden Armen der Minerva, der Göttin der Weisheit.

M2 Nathan der Weise – die Ringparabel

Was zuvor geschah: Der Sultan Saladin ist in Geldnöten und möchte mithilfe einer List den reichen Juden Nathan um Geld pressen. Darum befiehlt er Nathan an seinen Hof. Dort stellt er ihm eine Frage, von der er denkt, dass Nathan sie unmöglich beantworten kann: „Welche Religion ist die wahre Religion?" Kann Nathan darauf nicht antworten, muss er dem Sultan sein Vermögen geben. Hier Nathans Antwort:

NATHAN Vor grauen Jahren lebt' ein Mann in Osten,
Der einen Ring von unschätzbarem Wert'
Aus lieber Hand besaß. Der Stein war ein
Opal, der hundert schöne Farben spielte,
Und hatte die geheime Kraft, vor Gott
Und Menschen angenehm zu machen, wer
In dieser Zuversicht ihn trug. Was Wunder,
Dass ihn der Mann in Osten darum nie
Vom Finger ließ; und die Verfügung traf,
Auf ewig ihn bei seinem Hause zu
Erhalten? Nämlich so. Er ließ den Ring
Von seinen Söhnen dem geliebtesten;
Und setzte fest, dass dieser wiederum
Den Ring von seinen Söhnen dem vermache,
Der ihm der liebste sei; und stets der liebste,
Ohn' Ansehn der Geburt, in Kraft allein
Des Rings, das Haupt, der Fürst des Hauses werde. –
Versteh mich, Sultan.
SALADIN Ich versteh dich. Weiter!
NATHAN So kam nun dieser Ring, von Sohn zu Sohn,
Auf einen Vater endlich von drei Söhnen;
Die alle drei ihm gleich gehorsam waren,
Die alle drei er folglich gleich zu lieben
Sich nicht entbrechen konnte. Nur von Zeit
Zu Zeit schien ihm bald der, bald dieser, bald
Der dritte, – so wie jeder sich mit ihm
Allein befand, und sein ergießend Herz
Die andern zwei nicht teilten, – würdiger
Des Ringes; den er denn auch einem jeden
Die fromme Schwachheit hatte zu versprechen.
Das ging nun so, so lang es ging. – Allein
Es kam zum Sterben, und der gute Vater
Kömmt in Verlegenheit. Es schmerzt ihn, zwei
Von seinen Söhnen, die sich auf sein Wort

Verlassen, so zu kränken. – Was zu tun? –
Er sendet in geheim zu einem Künstler,
Bei dem er, nach dem Muster seines Ringes,
Zwei andere bestellt, und weder Kosten
Noch Mühe sparen heißt, sie jenem gleich,
Vollkommen gleich zu machen. Das gelingt
Dem Künstler. Da er ihm die Ringe bringt,
Kann selbst der Vater seinen Musterring
Nicht unterscheiden. Froh und freudig ruft
Er seine Söhne, jeden ins besondre;
Gibt jedem ins besondre seinen Segen, –
Und seinen Ring, – und stirbt. – Du hörst doch, Sultan?

SALADIN *der sich betroffen von ihm gewandt*
Ich hör, ich höre! – Komm mit deinem Märchen
Nur bald zu Ende. – Wirds?

NATHAN Ich bin zu Ende.
Denn was noch folgt, versteht sich ja von selbst. –
Kaum war der Vater tot, so kömmt ein jeder
Mit seinem Ring', und jeder will der Fürst
Des Hauses sein. Man untersucht, man zankt,
Man klagt. Umsonst; der rechte Ring war nicht
Erweislich; –
nach einer Pause, in welcher er des Sultans Antwort erwartet
Fast so unerweislich, als
Uns itzt – der rechte Glaube. […]

SALADIN Und nun, der Richter? – Mich verlangt zu hören,
Was du den Richter sagen lässest. Sprich!

NATHAN Der Richter sprach: wenn ihr mir nun den Vater
Nicht bald zur Stelle schafft, so weis' ich euch
Von meinem Stuhle. Denkt ihr, dass ich Rätsel
Zu lösen da bin? Oder harret ihr,
Bis dass der rechte Ring den Mund eröffne? –
Doch halt! Ich höre ja, der rechte Ring
Besitzt die Wunderkraft beliebt zu machen;
Vor Gott und Menschen angenehm. Das muss
Entscheiden! Denn die falschen Ringe werden
Doch das nicht können! – Nun; wen lieben zwei
Von euch am meisten? – Macht, sagt an! Ihr schweigt?
Die Ringe wirken nur zurück? und nicht
Nach außen? Jeder liebt sich selbst nur
Am meisten? – O so seid ihr alle drei
Betrogene Betrieger! Eure Ringe
Sind alle drei nicht echt. Der echte Ring
Vermutlich ging verloren. Den Verlust
Zu bergen, zu ersetzen, ließ der Vater
Die drei für einen machen.

SALADIN Herrlich! herrlich!

NATHAN Und also; fuhr der Richter fort, wenn ihr
Nicht meinen Rat, statt meines Spruches, wollt:
Geht nur! – Mein Rat ist aber der: ihr nehmt
Die Sache völlig wie sie liegt. Hat von
Euch jeder seinen Ring von seinem Vater:
So glaube jeder sicher seinen Ring
Den echten. – Möglich; dass der Vater nun
Die Tyrannei des Einen Rings nicht länger
In seinem Hause dulden wollen! – Und gewiss;
Dass er euch alle drei geliebt, und gleich
Geliebt: indem er zwei nicht drücken mögen,
Um einen zu begünstigen. – Wohlan!
Es eifre jeder seiner unbestochnen
Von Vorurteilen freien Liebe nach!
Es strebe von euch jeder um die Wette,
Die Kraft des Steins in seinem Ring' an Tag
Zu legen! komme dieser Kraft mit Sanftmut,
Mit herzlicher Verträglichkeit, mit Wohltun,
Mit innigster Ergebenheit in Gott,
Zu Hülf'! Und wenn sich dann der Steine Kräfte
Bei euern Kindes-Kindeskindern äußern:
So lad' ich über tausend tausend Jahre,
Sie wiederum vor diesen Stuhl. Da wird
Ein weisrer Mann auf diesem Stuhle sitzen,
Als ich; und sprechen. Geht! – So sagte der
Bescheidne Richter.

Gotthold Ephraim Lessing, S. 276–280

Aufgaben

1 Interpretieren Sie den Kupferstich, indem Sie Thema und Aussage bestimmen, und erläutern Sie, warum hier ein klares Bekenntnis zur Aufklärung vorliegt. ➜ M1

2 Übersetzen Sie Lessings Ringparabel in eine allgemeine Definition des Begriffs Toleranz. Erarbeiten Sie die Definition in folgender Weise:
- Benennen Sie zunächst den obersten bzw. wichtigsten Wert, der Lessings Ringparabel zugrunde liegt.
- Bestimmen Sie dann das Verhältnis der religiösen Wahrheiten zum obersten Wert und erläutern Sie, was für Lessing Kern aller Religionen ist.
- Formulieren Sie abschließend den Unterschied zwischen einem Religionsverständnis mit und ohne Toleranz und benennen Sie konkrete Toleranzforderungen an die Religionen.

Fassen Sie Ihr Ergebnis in Form eines kleinen Artikels zusammen.

▶ Glossar: Allegorie, Lessing, Parabel

5 Ende der Toleranz – drei Kritiken aus jüdischer, islamischer und säkularer Sicht

M1 Rafael Seligmann

Füreinander haben die drei monotheistischen Religionen nur Verachtung übrig. Die Muslime billigen den anderen immerhin zu, Völker des Buches zu sein, die Juden aber werden als Gauner verunglimpft. Die Katholiken beten am Karfreitag für das Seelenheil der verstockten Juden. Den Hebräern wird anempfohlen, ihren Groll gegen die Gojim zu richten. Wie soll da jene gegenseitige Toleranz aufkommen, der Gotthold Ephraim Lessing als Kind der Aufklärung das Wort geredet hat?

Religion kennt keine Toleranz

Im Zeitalter der Aufklärung wurden Toleranzappelle wie der seine von vielen Gebildeten gehört. In den vergangenen Jahrzehnten dagegen haben in aller Welt, keineswegs nur im Orient, religiös-fundamentalistische Tendenzen zugenommen: 1979 eroberten im Iran schiitische Fundamentalisten die Macht. Das bedeutete ein Ende der religiösen Toleranz. Die Absicht, Israel zu zerstören, rührt ebenso daher wie die Fatwa gegen Salman Rushdie und andere „Frevler". Auch im jüdischen Staat sind die Orthodoxen auf dem Vormarsch. Sie wollen das „Ewige Jerusalem und alles Land Zion" – westlich des Jordans – besiedeln. Gegen unreligiöse Juden verhalten sie sich intolerant.

Die Aufgeklärten, die Toleranten reagieren auf diese globale, interreligiöse Bedrohung bislang vorwiegend beschwichtigend. Das ermutigt die Fundamentalisten aller Religionen – vereinigt werden sie nie sein, außer im Hass.

Wenn wir Freiheit und Toleranz bewahren wollen, müssen wir daher den Feinden der Toleranz entschlossen entgegentreten. Dies ist Voraussetzung dafür, dass jeder sich an seinem rechten Glaubens-Ring erfreue. Bringen wir diese Festigkeit nicht auf, sind Zank und Vernichtung der Freiheit unweigerlich die Folge. *Rafael Seligmann, S. 62f*

M2 Thomas Assheuer

Für Lessing war Toleranz der Preis, den die moderne Gesellschaft zahlen muss, und modern ist eine Gesellschaft, in der es zwischen Himmel und Erde mehr als nur eine Wahrheit gibt. Toleranz ist gefordert, wenn jemand eine andere Religion oder ihm fremde Lebensweise aus tiefstem Herzen ablehnt und eigentlich nichts sehnlicher wünscht, als von ihr verschont zu werden. Angesichts unserer radikalen pluralistischen Gesellschaft müsste man also sagen: Lessing ist unser Zeitgenosse und sein Nathan der Mann der Stunde.

Die Toleranz wurde Opfer ihres eigenen Erfolgs

Aber stimmt das wirklich? Hilft uns die Ringparabel beim Streit um Minarette? Eher nicht, denn der Bau von Minaretten ist weniger eine Frage der Toleranz als eine Frage des Rechts, des Rechts auf freie Religionsausübung. Toleranz kommt erst dann ins Spiel, wenn sich die Bürger vor Ort mit muslimischen Gemeinden über Bau- und Nutzungsplänen verständigen müssen und – je nachdem – gute Nachbarn sein wollen. Oder diese Frage: Müssen Muslime herabsetzende Mohammed-Karikaturen tolerieren? Nein, sie müssen sie nicht „tolerieren", sie müssen sie schlicht hinnehmen, denn die Freiheit der Kunst ist ein unaufgebbares Grundrecht.

Warum die Ringparabel in vielen Fällen nicht weiterhilft, ist einfach zu sagen: Sie wurde Opfer ihres eigenen Erfolgs. Die großen Verfassungsrevolutionen haben Lessings moralische Forderung nach Toleranz durch die rechtliche Garantie von Religionsfreiheit verwirklicht und so Nathans großmütigem Geist Gesetzeskraft verliehen. Dieses historisch erreichte Niveau kann nur noch unterboten werden, zum Beispiel durch Islamkritiker, die ernsthaft fordern, man solle Muslimen hierzulande nur so viel Toleranz einräumen, wie Juden und Christen in islamischen Diktaturen gewährt werde. Damit aber wäre das Grundrecht auf Religionsfreiheit abgeschafft: Sogar mehr noch: Es wäre die rechtliche Gleichheit aller Bürger abgeschafft. *Thomas Assheuer, S. 64f*

M3 Hilal Sezgin

Wie viel die Schule einem, ungewollt, doch verleidet. Lessings „Nathan der Weise" bekamen wir im Deutschunterricht vorgesetzt, um dessen Ringparabel als Sinnbild von „Toleranz" zu interpretieren. Und das taten wir dann auch: Der Wettstreit der Religionen lasse sich nicht entscheiden, der Wert einer Religion sich höchstens an deren Wirkung bemessen. Strebt also um die Wette: Je besser die Religion ist, desto bessere Menschen macht sie aus ihren Anhängern.

Die Ringparabel steht im Koran

Heute bin ich überrascht über diese Verengung: als ob der Wert einer Religion allein im Ethischen liegt, im äußeren Wirken, nicht in der Kontemplation und in dem für sämtliche Fragen offenen Raum! Doch noch frappierter bin ich, dass unser Lehrer damals die Idee eines religiösen Wettstreits offenbar durchaus plausibel fand – solange man ihn mit „Toleranz" ein wenig besänftigt. Dabei ging Lessing viel weiter, hat doch bereits sein Nathan von diesem ständigen Wettstreit genug. Lese ich Lessings Drama heute noch einmal, sehe ich: In der Ringparabel widerruft Gott (der König) die Vorstellung einer Superiorität komplett. Es klingt, als bereue Gott die Idee der einen Offenbarungsreligion geradezu! Ein Geschenk des Vaters wurde den Söhnen zum Verhängnis. Was als Liebesbeweis begann, hat sich in Tyrannei gewandelt.

Im Grunde macht Lessing uns auf ein Paradox aufmerksam, das möglicherweise unvermeidbar ist für ein modernes Glaubensverständnis: Nicht nach außen, in Konkurrenz mit anderen, sondern nach innen, an den eigenen Glauben, ist die Frage nach der Wahrheit zu stellen. Wir wissen, dass wir glauben, genau wie auch alle anderen Gläubigen jeweils ihre Wahrheit glauben – mit nicht weniger und nicht mehr Tiefe und Recht. Dieses Paradox wiederum ist mir aus dem Koran äußerst vertraut. Es ist geradezu ein Kernthema des Islam, der sich ja als jüngstes Geschwister anderer Religionen begreift, also einerseits als wahre und andererseits als nur eine unter vielen Religionen. Gott sandte seine Propheten zu allen Völkern, sagt uns der Koran. Zu allen! Man sollte das ruhig einmal wörtlich nehmen. Demnach sprach Gott auch zu den früheren Schamanen, zu Hindus und Buddhisten. Auch sie besitzen also Zugang zur ewigen göttlichen Wahrheit. Was lehrt uns das darüber, was es heißt, Gott ergeben zu sein?

Auch das Motiv der „vielen Wege" taucht im Koran immer wieder auf: „Jedem von euch gaben Wir ein Gesetz und einen Weg. Und wenn Gott gewollt hätte, hätte Er euch zu einer einzigen Gemeinschaft gemacht. Doch will Er euch prüfen in dem, was Er euch hat zukommen lassen. Wetteifert darum im Guten. Zu Gott werdet ihr allesamt zurückkehren, dann wird Er euch kundtun, worüber ihr uneins wart." Nichts anderes steht später in der Ringparabel: Richtet nicht, sondern praktiziert – notfalls um die Wette, bis zum Jüngsten Tag.

Hilal Sezgin, S. 63f

Aufgaben

Überprüfen Sie Ihre erarbeitete Definition des Toleranzbegriffs mithilfe der drei Kritiken und beantworten Sie die Fragen von:

a) Rafael Seligman: Darf oder muss man gegenüber gewaltbereiten Fundamentalisten intolerant sein? → M1

b) Thomas Assheuer: Ist das Toleranzkonzept heute am Ende? → M2

c) Hilal Sezgin: Was aber ist der Kern der Religion und warum ist es nicht möglich, Jude, Moslem und Christ gleichzeitig zu sein? → M3

▶ Glossar: Assheuer, Aufklärung, Fatwa, Fundamentalist, Goi, Kontemplation, Koran, Lessing, Monotheismus, orthodox, Parabel, Paradoxon, Pluralismus, Prophet, Rushdie, Schiiten, Seligman, Sezgin, Superiorität

6 Interreligiöse Dialoge führen

M1 Was glaubst Du?

Der interreligiöse Dialog setzt die Kenntnis der jeweils anderen Religion voraus. Diese Kenntnis zu vermitteln, ist das Ziel einer neuen Filmreihe des Medienprojekts Wuppertal e.V., das sich um Jugendliche und ihre Themen kümmert. In der neuen DVD-Reihe kommen junge Christen, Juden, Muslime, Hindus, Buddhisten und Nichtreligiöse zu Wort.

Initiativen für den interreligiösen Dialog:

1984 erster Weltjugendtag auf Initiative Johannes Pauls II.

1986 und 2002 Weltgebetstreffen der Religionen in Assisi

13. April **1986** Johannes Paul II. besucht die große Synagoge von Rom und betritt damit als erster Papst überhaupt eine Synagoge

30. Dezember **1993** In Jerusalem unterzeichnen Israel und der Vatikan einen Grundlagenvertrag über die Aufnahme diplomatischer Beziehungen.

16. März **1998** beklagte der Vatikan im Dokument *Nachdenken über die Shoa* die Mitschuld von Christen am Holocaust.

12. März **2000** Johannes Paul II. gesteht in einem feierlichen Schuldbekenntnis (*Mea Culpa*) die kirchlichen Verfehlungen im Zusammenhang von Glaubenskriegen, Judenverfolgungen und Inquisition ein.

2000 Auf seiner Pilgerreise nach Israel, Jordanien und in die Palästinensergebiete betet Johannes Paul II. an der Klagemauer, dem bedeutendsten jüdischen Heiligtum, und besucht die Holocaust-Gedenkstätte Yad Vashem.

6. Mai **2001** Johannes Paul II. besucht die Umayyaden-Moschee in Damaskus und betritt als erster Papst überhaupt eine Moschee.

nach http://kathspace.com/community/blog/jp-ii-interreligioser-dialog/ (17.10.2012)

Projekt In Ihrer Schule soll eine abendliche Podiumsdiskussion mit religiösen Vertretern der jüdischen, christlichen und islamischen Gemeinde stattfinden. Sie übernehmen die Rolle des Moderators und verfassen zur Vorbereitung Stichwortzettel, die Ihnen helfen, die Diskussion anzumoderieren, zu leiten, Impulse zu geben und abzuschließen. Zur Vorbereitung können Sie die Seiten 42-51 verwenden.

M2 Interreligiöser Dialog

Johannes Paul II. (1920 – 2005) setzte sich stärker als seine Vorgänger für den interreligiösen Dialog ein, insbesondere für den Dialog mit dem Judentum, dessen Vertreter er als die „älteren Geschwister der Christen" bezeichnete, und dem Islam.

Aufgabe

Welche Beiträge, Initiativen etc. haben andere Religionsgemeinschaften für einen gemeinsamen interreligiösen Dialog erbracht? Erstellen Sie für jede ein eigenes Wandplakat.

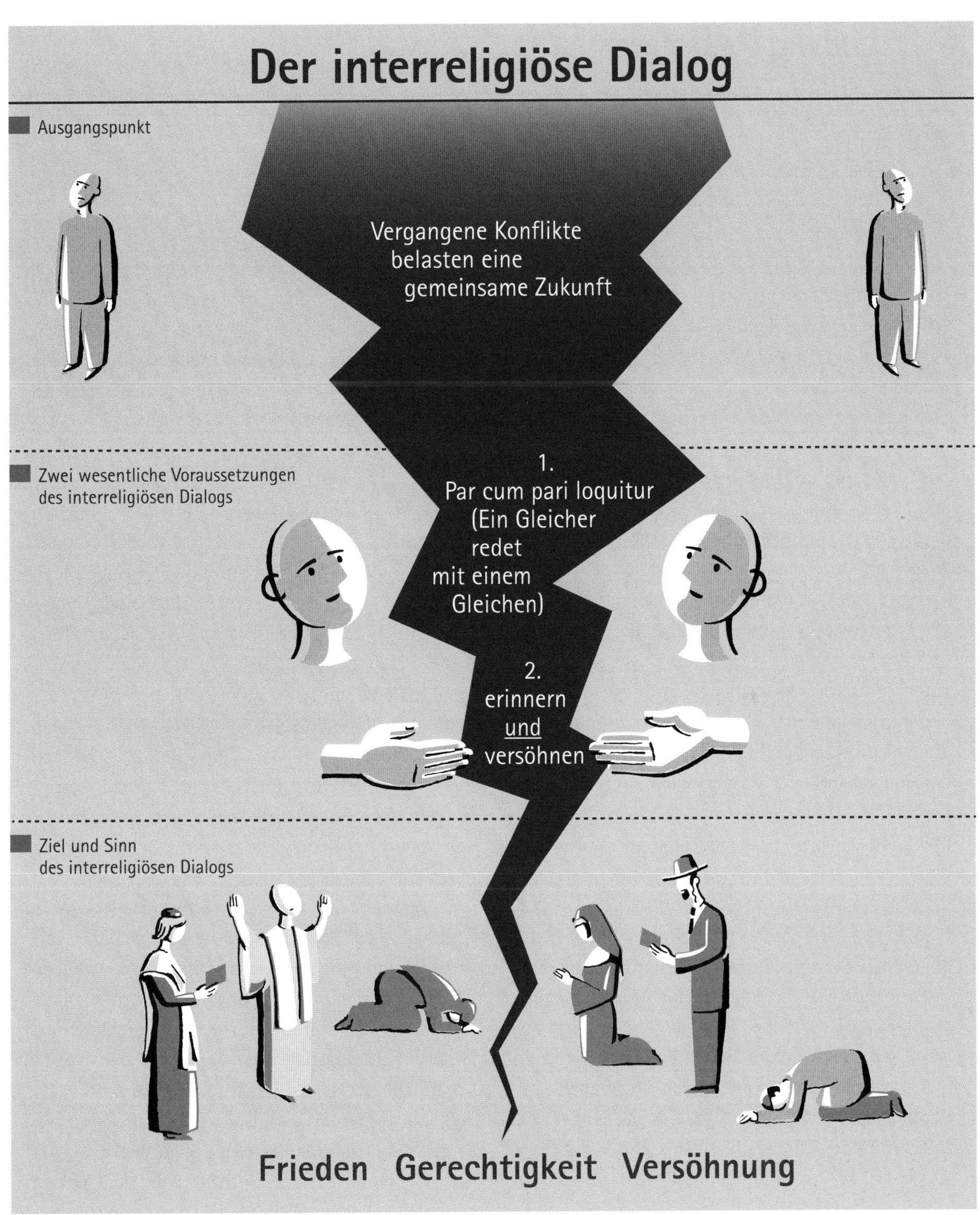

Aufgabe

Verfassen Sie mithilfe der Schautafel zehn ethische Gebote zum interreligiösen Dialog.

7 Ludwig Feuerbach

M1 Ludwig Feuerbach

** 28. Juli 1804 in Landshut*
† 13. September 1872 in Rechenberg bei Nürnberg

Ludwig Feuerbach stammt aus einer Gelehrtenfamilie. Sein Vater, Paul Johann Anselm Ritter von Feuerbach, war Jurist und Staatsmann. Auf seine Modernisierung des bayerischen Strafgesetzes geht die Abschaffung der Folter zurück. Ludwig Feuerbach besuchte aufgrund der wechselnden Tätigkeiten seines Vaters in München die Grundschule, in Bamberg (1814 – 1816) die Oberprimarschule und in Ansbach das Gymnasium (Abitur 1823). Schon während seiner Schulzeit interessierte er sich für Religion und nahm bei einem Rabbi privat Hebräischunterricht. 1823 begann er in Heidelberg mit dem Studium der Theologie und ging 1824 nach Berlin. Dort lehrte der Philosoph Georg Wilhelm Friedrich Hegel, dessen Vorlesungen er besuchte. In Hegels Philosophie fand er diejenige Orientierung, nach der er in der Theologie vergeblich gesucht hatte. Gegen den Widerstand des Vaters wechselte er 1825 ganz zur Philosophie. Da Feuerbach bayerischer Staatsstipendiat war, musste er 1826 zum Examen nach Bayern zurück. In Erlangen besuchte er zusätzlich naturwissenschaftliche Vorlesungen und promovierte 1828 zum Doktor der Philosophie. Noch im gleichen Jahr habilitierte er sich und begann als Privatdozent in Erlangen Vorlesungen über die Geschichte der Philosophie, Logik und Metaphysik zu halten. 1830 veröffentlichte Feuerbach anonym seine „Gedanken über Tod und Unsterblichkeit". In dieser Schrift greift er den Glauben an die persönliche Unsterblichkeit an und verhöhnt in Form von Xenien (bissigen Sprüchen) das religiöse Frömmlertum. Diese Schrift wurde verboten und konfisziert. Die Entschleierung seiner Autorenschaft sorgte dafür, dass Feuerbach zeit seines Lebens keine Berufung auf eine Professur erhielt und auch sonst keine Anstellung fand. 1837 heiratete er Berta Löw. Sie war Miteigentümerin einer Porzellanfabrik in Bruckberg. Dorthin zog sich Feuerbach nach der Aufgabe seiner Privatdozentur in Erlangen bis 1860 zurück. 1848 ging er nach Frankfurt, um sich dort an den Diskussionen des Paulskirchenparlaments zu beteiligen. Auf Bitten der Heidelberger Studenten hielt er im Wintersemester 1848/49 seine „Vorlesungen über das Wesen der Religion". Da die Universität Feuerbach den Zutritt verwehrte, hielt er seine Vorlesungen im Heidelberger Rathaus. In dieser Vorlesung hat er sein philosophisches Programm auf eine kurze Formel gebracht:

„Die Menschen aus Theologen zu Anthropologen, aus Theophilen zu Philanthropen, aus Kandidaten des Jenseits zu Studenten des Diesseits, zu freien, selbstbewussten Bürgern der Erde zu machen."

Nach der 48er Revolution verlor die Porzellanmanufaktur ihre Kundschaft und kam zunehmend in wirtschaftliche Schwierigkeiten, so dass sie schließlich verkauft werden musste. Darum zog Feuerbach mit seiner Frau nach Rechenberg bei Nürnberg, wo ihn Freunde finanziell unterstützten. Ab 1868 unterstützte ihn auch die SPD, der Feuerbach beitrat. Am 13.9.1872 starb er in Rechenberg. Sein Begräbnis organisierte die Nürnberger Arbeiterschaft.

nach Hartmut Zinser, S. 269f

M2 Religiöse Religionskritik

Der Tanz um das Goldene Kalb von Nicolas Poussin, um 1634/35

M3 Philosophische Religionskritik

1841 erschien „Das Wesen der Religion", ein Buch, mit dem Feuerbach weit über akademische Kreise hinaus bekannt wurde.

Feuerbach geht über die bisherige Religionskritik hinaus, indem er Religion und Theologie nicht mehr auf Irrtum und Betrug zurückführt, sondern nachzuweisen versucht, dass der Religion „ganz einfache natürliche Wirklichkeiten zugrunde liegen", dass „das Geheimnis der Theologie die Anthropologie ist". Feuerbach will nachweisen, dass der Gegensatz des Göttlichen und Menschlichen ein illusorischer und der Inhalt der christlichen Religion ein durchaus menschlicher ist. Die Religion ist die erste und zwar indirekte Selbsterkenntnis des Menschen und geht in der Geschichte der Menschheit wie des Einzelnen der Philosophie voran; denn der Mensch erkennt sich zuerst außer sich, bevor er sein Wesen in sich selbst findet. Allerdings stellt sich der Mensch in der Religion sein Wesen befreit von individuellen Schranken vor, so dass auf Gott wesentliche Prädikate der menschlichen Gattung, Vernunft, Unendlichkeit, Liebe, Allgegenwärtigkeit etc. übertragen werden. Die therapeutische Aufgabe der Philosophie ist es, den Anthropomorphismus und die Projektionen der religiösen Vorstellungen analytisch aufzulösen. Also: wenn es religiös heißt, Gott ist die Liebe, muss es philosophisch heißen: Die Liebe ist göttlich.

nach Hartmut Zinser, S. 270

M4 Philosophische Ethik ohne Gott

In unserem Verlangen nach dem Besten im Menschen, nach Liebe, Mitgefühl und Humanität haben wir ein Wesen imaginiert, das diese Eigenschaften in reiner Form verkörpert. Die Theologie (die Lehre von Gott) ist also im Grund Anthropologie (die Lehre vom Menschen). Wir ließen uns nicht nur von dem Gedanken täuschen, dass es so ein göttliches Wesen gibt. Wir hätten uns auch selbst vergessen: aus den Augen verloren, dass diese Tugenden menschlichen und nicht göttlichen Ursprungs sind. Daher sollten wir weniger auf himmlische Rechtschaffenheit als auf irdische Gerechtigkeit achten – auf die Menschen in diesem Leben und auf dieser Erde, auf Glück, das nur als sinnliches wirklich sein kann. *Das Philosophie-Buch, S. 189*

Aufgaben

1 Informieren Sie sich über Ludwig Feuerbachs Leben und Werk und ergänzen Sie die gebotenen Informationen durch eigene Recherchen. → M1

2 Lesen Sie die Bibelstelle nach (2 Mose 32) und bestimmen Sie den Unterschied zwischen religiöser und philosophischer Religionskritik. → M2, M3

3 Wenden Sie Feuerbachs analytische Methode sowohl auf das „Goldene Kalb" als auch auf den Gott der monotheistischen Religionen an. → M3, M4

4 Fertigen Sie eine Liste der ethischen Folgerungen an, die sich aus einer Ethik ohne Gott gewinnen lassen. → M4

▶ Glossar: Anthropologie, Anthropomorphismus, Feuerbach, Monotheismus, Projektion, Rabbiner

8 Karl Marx

M1 Die Bourgeoisie

M2 Das Proletariat

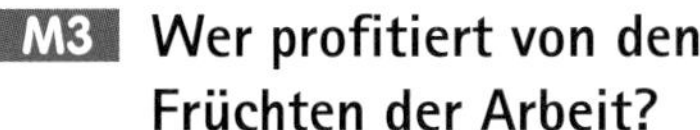

M3 Wer profitiert von den Früchten der Arbeit?

Lässt sich die komplexe Geschichte der Menschheit in eine Formel fassen? Karl Marx war dieser Meinung. Der erste Abschnitt seiner berühmtesten Schrift, „Manifest der Kommunistischen Partei", erklärt alle geschichtlichen Veränderungen zu Resultaten von Klassenkämpfen.

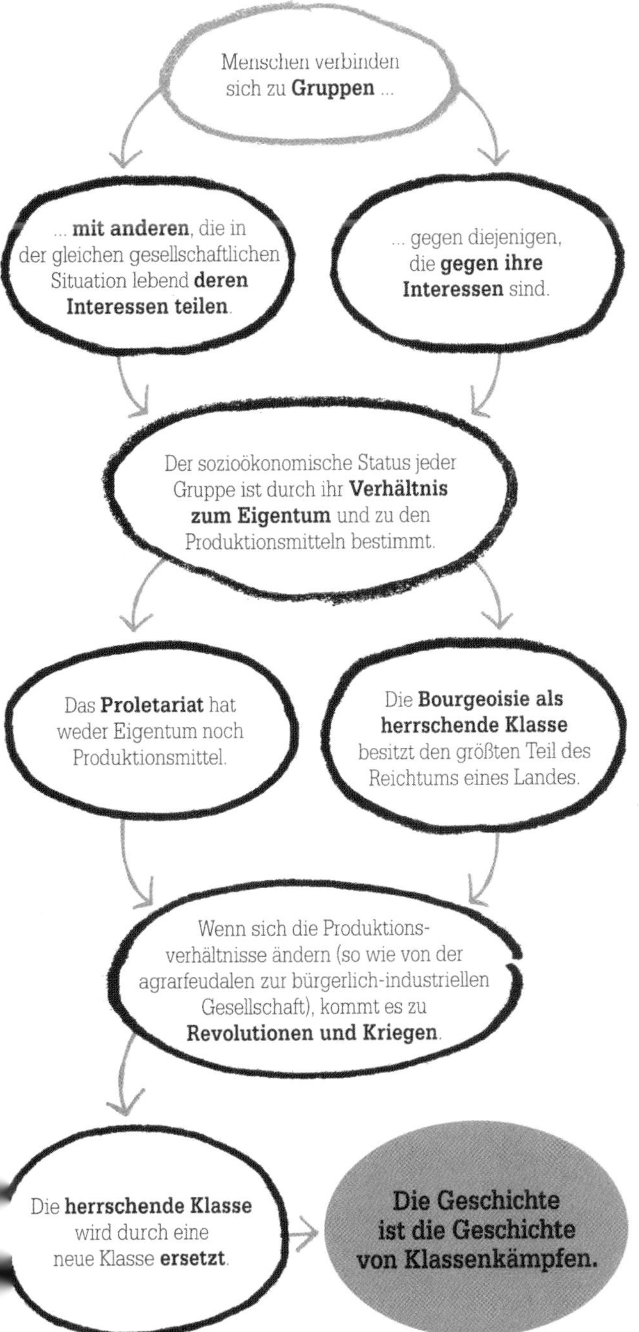

Das Philosophie-Buch, S. 199

M4 Religion – der Seufzer der bedrängten Kreatur

Der Mensch macht die Religion, die Religion macht nicht den Menschen. Und zwar ist die Religion das Selbstbewusstsein und das Selbstgefühl des Menschen, der sich selbst entweder noch nicht erworben oder schon wieder verloren hat. Aber der Mensch, das ist kein abstraktes, außer der Welt hockendes Wesen. Der Mensch, das ist die Welt des Menschen, Staat, Sozietät. Dieser Staat, diese Sozietät produzieren die Religion, ein verkehrtes Weltbewusstsein, weil sie eine verkehrte Welt sind. Die Religion ist die allgemeine Theorie dieser Welt, ihr enzyklopädisches Kompendium, ihre Logik in populärer Form, ihr allgemeiner Trost- und Rechtfertigungsgrund. Sie ist die fantastische Verwirklichung des menschlichen Wesens, weil das menschliche Wesen keine wahre Wirklichkeit besitzt. Der Kampf gegen die Religion ist also mittelbar der Kampf gegen jene Welt, deren geistiges Aroma die Religion ist.

Das religiöse Elend ist in einem der Ausdruck des wirklichen Elendes und in einem die Protestation gegen das wirkliche Elend. Die Religion ist der Seufzer der bedrängten Kreatur, das Gemüt einer herzlosen Welt, wie sie der Geist geistloser Zustände ist. Sie ist das Opium des Volks.

Karl Marx, S. 378f

Aufgaben

1 Bestimmen Sie anhand der Bilder den gesellschaftlichen Gegensatz von Bourgeoisie und Proletariat. ➜ M1, M2

2 Erarbeiten Sie anhand der Grafik den Begriff „Klassenkampf" und wenden Sie diesen Begriff auf das Verhältnis von Bourgeoisie und Proletariat an. ➜ M1-M3

3 Fassen Sie Marx' Religionskritik in Form einer These zusammen. ➜ M4

4 Bestimmen Sie die Funktion, die nach Karl Marx die Religion innehat, und erläutern Sie die Wirkung, die sich Marx von seiner Kritik an der Religion verspricht. ➜ M3, M4

5 Erarbeiten Sie die Gemeinsamkeiten der Religionskritik Feuerbachs und Marx'. ➜ M4

▶ Glossar: Bourgeoisie, Marx, Proletariat

9 Friedrich Nietzsche

M1 Friedrich Nietzsche

** 15. Oktober 1844 in Röcken*
† 25. August 1900 in Weimar

Nietzsche – Philosoph und klassischer Philologe – wurde 1844 in Röcken (damals Preußen) geboren. Vater, Onkel und die Großväter waren lutherische Geistliche. Sein Vater und sein jüngerer Bruder starben, als Nietzsche noch ein Kind war. Erzogen wurde er von seiner Mutter, der Großmutter und zwei Tanten. Von 1858 bis 1864 war Nietzsche Schüler in der königlichen Landesschule Pforta. Er studierte zunächst in Bonn, dann in Leipzig und wurde schließlich 1869 im Alter von 24 Jahren als außerordentlicher Professor der Klassischen Philologie nach Basel berufen. 1868 begegnete er dem Komponisten Richard Wagner, von dessen Musik er sich eine umfassende Kulturreform erhoffte. Allerdings führte Wagners reaktionäre Ideologie zum Ende der Freundschaft. Seit seiner Jugend war Nietzsche häufig krank und litt oft an Migräneanfällen. Die Verschlechterung seiner Gesundheit zwang ihn 1879, seine Professur endgültig aufzugeben. Anfang Januar 1889 erlitt Nietzsche in Turin (Italien) einen psychischen und geistigen Zusammenbruch, von dem er sich nicht mehr erholte. In zunehmend geistiger Umnachtung verbrachte Nietzsche seine letzten Lebensjahre zunächst in Pflege bei seiner Mutter in Naumburg, und ab 1897 bei seiner Schwester Elisabeth Förster-Nietzsche in Weimar.

Hauptwerke:

1872 Die Geburt der Tragödie aus dem Geiste der Musik
1883 – 1885 Also sprach Zarathustra. Ein Buch für alle und keinen
1886 Jenseits von Gut und Böse. Vorspiel einer Philosophie der Zukunft
1987 Zur Genealogie der Moral. Eine Streitschrift
1888 Götzen-Dämmerung oder Wie man mit dem Hammer philosophiert
1888 Ecce homo. Wie man wird, was man ist
1895 Der Antichrist. Fluch auf das Christenthum (*entstanden 1888*)
1896 Über Wahrheit und Lüge im außermoralischen Sinn (*entstanden 1873*)

nach Marco Brusotti, S. 1077f

M2 Nietzsches Kritik am Christentum

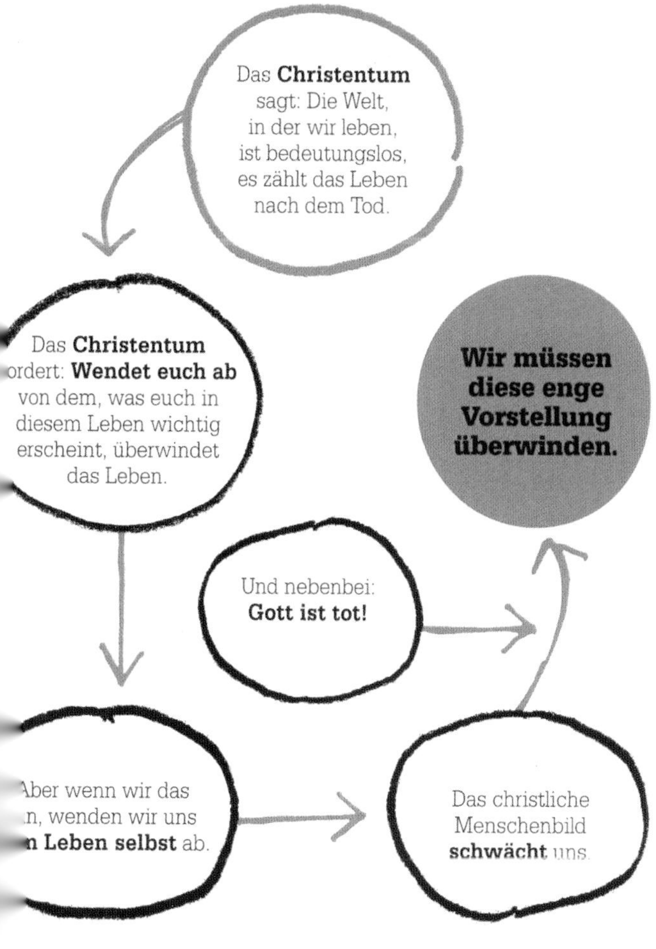

Das **Christentum** sagt: Die Welt, in der wir leben, ist bedeutungslos, es zählt das Leben nach dem Tod.

Das **Christentum** ordert: **Wendet euch ab** von dem, was euch in diesem Leben wichtig erscheint, überwindet das Leben.

Und nebenbei: **Gott ist tot!**

ber wenn wir das n, wenden wir uns **n Leben selbst** ab.

Das christliche Menschenbild **schwächt** uns.

Wir müssen diese enge Vorstellung überwinden.

Das Philosophie-Buch, S. 216

M3 Umwertung der Werte

Bestimmte Begriffe, sagt Nietzsche, sind unentwirrbar miteinander verflochten: Menschheit, Moral, Gott. Wenn Zarathustra sagt „Gott ist tot", dann ist das nicht nur ein Angriff auf die Religion, sondern ein viel gewagteres Unterfangen. „Gott" ist hier nicht nur der, über den Philosophen reden oder zu dem die Gläubigen beten, er steht vielmehr für die Summe der höchsten Werte, die wir haben. Der Tod eines Gottes ist nicht nur der Tod einer Gottheit, sondern der Tod aller sogenannten höheren Werte, die wir geerbt haben.

Nietzsche beabsichtigt eine „Umwertung der Werte", ein Infragestellen unserer Denkgewohnheiten. In ethischen Dingen und im Hinblick auf Sinn und Zweck des Lebens. Wiederholt verweist er darauf, dass er eine Philosophie der Freude im Sinn habe, die zwar alles umstoße, was wir bisher über Gut und Böse gedacht haben, das Leben aber bejahe. Vieles, was wir für „gut" hielten, schränke unser Leben nur ein oder ziehe uns von ihm ab.

Wir denken, es sei nicht „gut", wenn wir uns in der Öffentlichkeit zum Gespött machen, und so widerstehen wir etwa dem Drang, auf der Straße zu tanzen. Wir halten die Begierde des Fleisches für sündhaft, und so bestrafen wir uns, wenn sie sich regt. Wir verrichten geistestötende Arbeit, nicht weil wir müssen, sondern weil wir das für unsere Pflicht halten. Nietzsche möchte mit solchen lebensverneinenden Philosophien aufräumen: Die Menschen sollen Raum gewinnen zu lernen, sich auf eine neue Art zu sehen.

Das Philosophie-Buch, S. 218

INFO

Nihilismus

(lat. *nihil* „nichts"):
Allgemein jeder Standpunkt, der auf der absoluten Verneinung bestehender Glaubenssätze, der Möglichkeit allgemein gültiger Erkenntnis, sozialer und politischer Verhältnisse oder einer Wertordnung beruht. *Brockhaus Philosophie, S. 237*

Aufgaben

1 Informieren Sie sich über Leben und Werk Friedrich Nietzsches und fertigen Sie ein Überblicksreferat zu einem seiner Hauptwerke an. → M1
2 Begründen Sie, warum Nietzsches Position nihilistisch ist. → M2
3 Erläutern Sie, warum Nihilismus nicht mit Pessimismus gleichzusetzen ist. → M3

▶ Glossar: Nietzsche, Zarathustra

10 Sigmund Freud

M1 Sigmund Freud

** 6. Mai. 1856 in Freiberg, Příbor (Mähren, heute Tschechien)*
† 23. September 1939 in London

Freud – Arzt, Begründer der Psychoanalyse – hat von Anfang an den über die Medizin hinausgehenden Anspruch erhoben, die Aufgabe der Philosophie zu übernehmen, d. h. die Metaphysik in Metapsychologie überzuführen. Psychoanalyse ist kein Spezialfach der Medizin, sondern Psychologie, und zwar „Tiefenpsychologie" (so genannt, weil sie „hinter" das Bewusstsein auf das Unbewusste zurückgeht). In der Abhandlung „Die Frage der Laienanalyse" (1926) erwägt Freud die Möglichkeit einer „psychoanalytischen Hochschule", die außer Tiefenpsychologie, Biologie, Sexualkunde, Psychiatrie auch Kulturgeschichte, Mythologie, Religionspsychologie und Literaturwissenschaft lehren sollte. – Freud lebte von 1860 bis 1938 in Wien. 1873 begann er das Medizinstudium, besuchte aber auch Vorlesungen und Seminare des Philosophen Brentano. 1885 wurde er Privatdozent und ging zu J. M. Charcot an die Salpêtrière nach Paris zum Studium der Hypnose und Suggestion. 1886 heiratete er und eröffnete eine Privatpraxis als Neurologe. 1887 begann der für seine Selbstanalyse entscheidende Briefwechsel mit Wilhelm Fließ. 1903 kamen die ersten Schüler, 1908 fand der I. Internationale Psychoanalytische Kongress statt. 1910 wurde anlässlich des II. Kongresses die Internationale Psychoanalytische Vereinigung gegründet. Für sein kulturkritisches Schaffen erhielt Freud 1930 den Goethe-Preis der Stadt Frankfurt. 1938 musste Freud, der Jude war, nach dem sogenannten „Anschluss Österreichs" emigrieren. Er ging mit seiner Familie nach London, wo er im Jahr darauf verstarb.

nach Hermann Vetter, S. 518

M2 Kunst, Philosophie, Religion, Wissenschaft

Von den drei Mächten, die der Wissenschaft Grund und Boden bestreiten können, ist die Religion allein der ernsthafte Feind. Die Kunst ist fast immer harmlos und wohltätig, sie will nichts anderes sein als Illusion. Außer bei wenigen Personen, die, wie man sagt, von der Kunst besessen sind, wagt sie keine Übergriffe ins Reich der Realität. Die Philosophie ist der Wissenschaft nicht gegensätzlich, sie gebärdet sich selbst wie eine Wissenschaft, arbeitet zum Teil mit den gleichen Methoden, entfernt sich aber von ihr, indem sie an der Illusion festhält, ein lückenloses und zusammenhängendes Weltbild liefern zu können, das doch bei jedem neuen Fortschritt unseres Wissens zusammenbrechen muss. Methodisch geht sie darin irre, dass sie den Erkenntniswert unserer logischen Operationen überschätzt und etwa noch andere Wissensquellen wie die Intuition anerkennt. Und oft genug meint man, der Spott des Dichters (Heinrich Heine) sei nicht unberechtigt, wenn er von Philosophen sagt:

Mit seinen Nachtmützen und Schlafrockfetzen
Stopft er die Lücken des Weltenbaus.

Aber die Philosophie hat keinen unmittelbaren Einfluss auf die große Menge, sie ist das Interesse einer geringen Anzahl selbst von der dünnen Oberschicht der Intellektuellen, für alle anderen kaum fassbar. Dahingegen ist die Religion eine ungeheure Macht, die über die stärksten Emotionen der Menschen verfügt.

Sigmund Freud, Neue Folge der Vorlesungen zur Einführung in die Psychoanalyse, S. 588f

M3 Die Religion und ihre drei Funktionen

Will man sich vom großartigen Wesen der Religion Rechenschaft geben, so muss man sich vorhalten, was sie den Menschen zu leisten unternimmt. Sie gibt ihnen Aufschluss über Herkunft und Entstehung der Welt, sie versichert ihnen Schutz und endliches Glück in den Wechselfällen des Lebens, und sie lenkt ihre Gesinnungen und Handlungen durch Vorschriften, die sie mit ihrer ganzen Autorität vertritt. Sie erfüllt also drei Funktionen. In der ersten befriedigt sie die menschliche Wissbegier, tut dasselbe, was mit ihren Mitteln die Wissenschaft versucht, und tritt hier in Rivalität mit ihr. Ihrer zweiten Funktion verdankt sie wohl den größten Anteil ihres Einflusses. Wenn sie die Angst der Menschen vor Gefahren und Wechselfällen des Lebens beschwichtigt, sie des guten Ausganges versichert, ihnen Trost im Unglück spendet, kann die

Religion ist heilbar!

Wissenschaft es nicht mir ihr aufnehmen. Diese lehrt zwar, wie man gewisse Gefahren vermeiden, manche Leiden erfolgreich bekämpfen kann; es wäre sehr unrecht zu bestreiten, dass sie den Menschen eine mächtige Helferin ist, aber in vielen Lagen muss sie den Menschen seinem Leid überlassen und weiß ihm nur zur Unterwerfung zu raten. In ihrer dritten Funktion, wenn sie Vorschriften gibt, Verbote und Einschränkung erlässt, entfernt sie sich von der Wissenschaft am meisten. Denn diese begnügt sich damit, zu untersuchen und festzustellen. Aus ihren Anwendungen leiten sich allerdings Regeln und Ratschläge für das Verhalten im Leben ab. Unter Umständen sind es dieselben, die von der Religion geboten werden, aber dann mit anderer Begründung.

Sigmund Freud, Neue Folge der Vorlesungen zur Einführung in die Psychoanalyse, S. 589

M4 Eine Frage an Sigmund Freud

Wenn ich Sie richtig verstanden habe, stellt Ihre Religionskritik in Aussicht, dass die Menschen eines Tages ganz ohne Religion ihr Leben meistern können. Ist es nicht aber so, dass dieser Anspruch zu viel von den Menschen verlangt? Wer, wenn nicht die Religion, hilft dem Menschen das zu akzeptieren, was er nicht ändern kann, wie beispielsweise die Tatsache, dass alle Menschen einmal sterben müssen? Schon der Gedanke an die eigene Sterblichkeit erzeugt Leid. Wie könnte Wissenschaft hier jemals tröstend wirken?

Ich widerspreche Ihnen, wenn Sie folgern, dass der Mensch überhaupt den Trost der religiösen Illusion nicht entbehren kann. Vielleicht braucht der, der nicht an der Neurose leidet, auch keine Intoxikation, um sie zu betäuben. Gewiss wird der Mensch sich dann in einer schwierigen Situation befinden, er wird sich seine ganze Hilflosigkeit, seine Geringfügigkeit im Getriebe der Welt eingestehen müssen, nicht mehr der Mittelpunkt der Schöpfung, nicht mehr das Objekt zärtlicher Fürsorge einer gütigen Vorsehung. Er wird in derselben Lage sein wie das Kind, welches das Vaterhaus verlassen hat, in dem es ihm so warm und behaglich war. Aber nicht wahr, der Infantilismus ist dazu bestimmt, überwunden zu werden? Der Mensch kann nicht ewig Kind bleiben, er muss endlich hinaus ins „feindliche Leben". Man darf das „die Erziehung zur Realität" heißen.

Sigmund Freund, Die Zukunft einer Illusion (IX), S. 182f

Aufgaben

1 Informieren Sie sich über das Leben und Werk Sigmund Freuds. Bestimmen Sie mithilfe des Informationstextes, welches Anliegen die Psychoanalyse verfolgt. ➜ M1

2 Analysieren Sie Freuds Begründung dafür, warum die Religion im Gegensatz zu Kunst und Philosophie ein mächtiger Feind der Wissenschaft ist. ➜ M2

3 Geben Sie den drei Funktionen der Religion einen passenden Namen und bestimmen Sie im Anschluss Freuds Religionsbegriff. ➜ M3

4 Verfassen Sie zu Freuds Antwort auf die Frage, ob der Mensch nicht auch ohne Religion zu leben vermag, eine mögliche Gegenposition, indem Sie ein anderes Religionsverständnis in die Diskussion einbringen. ➜ M4

▶ Glossar: Freud, Infantilismus, Intoxikation, Neurose, Psychoanalyse

11 Alfred North Whitehead

M1 Alfred North Whitehead

** 15. Februar 1882 in Ramsgate (Grafschaft Kent, England)*
† 30. Dezember 1947 in Cambridge (Massachusetts, USA)

Whitehead stammte aus einer Familie anglikanischer Kleriker. Bevor er 1890 heiratete, erwog er ein Leben als katholischer Ordensmann. Er studierte von 1880 bis 1884 Mathematik am Trinity College (Cambridge), wo er anschließend Angewandte Mathematik lehrte und zusammen mit Bertrand Russell an einem „logizistischen Programm" arbeitet, um mathematische Grundbegriffe aus der symbolischen Logik abzuleiten. Nur nebenbei folgte er seinen philosophischen und theologischen Interessen im exklusiven Studentenbund der „Apostles". 1910 kündigte Whitehead am Trinity College und zog nach London, wo er von 1911 bis 1914 als Dozent am University College und seit 1914 als Professor am Imperial College of Science and Technology Angewandte Mathematik lehrte. In den Jahren 1917 – 1922 arbeitete Whitehead an einer naturphilosophischen Rekonstruktion physikalischer Grundbegriffe. Diese Arbeit machte ihn zu einem berühmten Wissenschaftsphilosophen. Nach dem Tod des Sohnes Eric im Ersten Weltkrieg befasste er sich zunehmend mit religiösen Fragen. Seine produktivste Phase, in der er seine Kritik des wissenschaftlichen Dogmatismus sowie seine Religionsphilosophie und Metaphysik ausarbeitete, begann 1924, nachdem er im Alter von 63 Jahren einem Ruf der Harvard-Universität in Cambridge (Massachusetts) auf einen Lehrstuhl für Philosophie gefolgt war.

nach Maria-Sibylla Lotter, S. 1574

M2 Wie entsteht Religion? – Einführung

Whitehead veröffentlichte 1927 einen religionsphilosophischen Essay mit dem Titel „Religion in the Making".

Whitehead grenzt sich von Theorien der Religion ab, die Religion als soziales Phänomen definieren. Er definiert Religion als „das, was das Individuum aus seiner Einsamkeit macht", und als „Kunst und Theorie des inneren Lebens". Diese zwei Seiten der Religion bilden den Charakter des Individuums zum Guten oder Schlechten aus. Die Religion durchläuft vier Phasen:

1. Phase des Rituals,
2. Phase des Gefühls,
3. Phase des Glaubens,
4. Phase der Vernunft.

Im vierten Stadium der rationalen Religion entsteht aus der Erfahrung von Einsamkeit ein Welt-Bewusstsein, das die Schranken der Gruppe überschreitet und sich an der unveränderlichen und allgemeinen Natur der Dinge orientiert. Für die rationale Religion werden dreierlei Werte wichtig:

1. der Wert des Individuums für sich,
2. der Wert von Individuen füreinander,
3. der Wert der objektiven Welt als Produkt und Existenzbedingung der interagierenden Individuen.

nach Maria-Sibylla Lotter, S. 1577

M3 Wie entsteht Religion? – Die Vorlesung

Gibt es Gott?

Die Ordnung der Welt ist kein Zufall. Nichts Wirkliches könnte ohne ein gewisses Maß an Ordnung wirklich sein. Die religiöse Einsicht ist das Ergreifen dieser Wahrheit: Dass die Ordnung der Welt, die Tiefe der Realität der Welt, der Wert der Welt in ihrer Ganzheit und in ihren Teilen, die Schönheit der Welt, die Würze, der Frieden des Lebens und die Meisterung des Übels alle zusammenhängen – nicht zufällig ist, sondern aufgrund dieser Wahrheit: dass das Universum eine Kreativität mit unendlicher Freiheit und eine Sphäre von Formen mit unbegrenzten Möglichkeiten aufweist: dass aber diese Kreativität und diese Formen auch gemeinsam nicht in der Lage sind, Wirklichkeit zu erreichen ohne die vollendete Harmonie, und diese Harmonie ist Gott. *Alfred North Whitehead, S. 90*

Hat die Wissenschaft den Glauben widerlegt?

Unsere Auffassung einer allgemeinen Wahrheit hängt jedoch nicht von deren genauem sprachlichen Ausdruck ab. Zum Beispiel war der Begriff der irrationalen Zahl in der Mathematik zweitausend Jahre lang verwendet worden, bevor er im letzten Viertel des 19. Jahrhunderts seine genaue Definition erfuhr. Auch führten Newton und Leibniz die Differenzialrechnung ein, die zur Grundlegung der modernen mathematischen Physik beitrug. Aber die darin enthaltenen Begriffe erhielten 250 Jahre keine angemessene sprachliche Ausdrucksform. Diese Beispiele bringen eine weitere Tatsache ans Licht: dass nämlich eine einseitige Formulierung zwar wahr sein, aber durch ihre falsche Akzentuierung die Wirkung einer Lüge haben kann.

Alfred North Whitehead, S. 95f

Was ist der Sinn des Lebens?

Die Religion geht von der Verallgemeinerung endgültiger Wahrheiten aus, die zuerst als in Einzelfällen exemplifiziert wahrgenommen worden sind. Diese Wahrheiten werden zu einem kohärenten System erweitert und auf die Interpretation des Lebens angewandt. Sie stehen und fallen – wie andere Wahrheiten – mit ihrem Erfolg in dieser Interpretation. Die Besonderheit der religiösen Wahrheit liegt darin, dass sie ausdrücklich mit Werten zu tun hat. Sie bringt uns jene beständige Seite des Universums zu Bewusstsein, um die wir uns kümmern können. Dadurch gibt sie unserer eigenen Existenz eine Bedeutung, im Sinn von Wert, eine Bedeutung, die von der Natur der Dinge herkommt. *Alfred North Whitehead, S. 93f*

Warum gibt es das Böse in der Welt?

Das Himmelreich ist nicht die Scheidung des Guten vom Bösen. Es ist die Überwindung des Bösen durch das Gute. Diese Umwandlung des Bösen in das Gute geht in die wirkliche Welt ein, weil die umfassende Natur Gottes die ideelle Vision von jedem wirklichen Übel einschließt, dem so mit einer neuen Folge begegnet wird, was zur Wiederherstellung des Guten beiträgt. Zur Natur Gottes gehört die Erkenntnis des Bösen, des Schmerzes und der Abwertung, aber dort gilt sie als bereits durch das Gute überwunden. Jede Tatsache ist, was sie ist, eine Tatsache des Vergnügens, der Freude, des Schmerzes oder des Leids. In ihrer Vereinigung mit Gott ist diese Tatsache kein totaler Verlust, sondern in ihrem höheren Aspekt ein Element, das unsterblich in den Rhythmus sterblicher Dinge eingewoben werden muss. Was an ihr böse ist, wird zu einem Trittstein in den allumfassenden Idealen Gottes.

Alfred North Whitehead, S. 115f

Aufgaben

1 Informieren Sie sich über Leben und Werk von Alfred North Whitehead. ➜ M1

2 Bestimmen Sie den Typ von Religionskritik, für den Whitehead eintritt: Was unterscheidet ihn von allen zuvor behandelten Religionskritikern? ➜ M2

3 Formulieren Sie die Antworten Whiteheads zu Thesen um. ➜ M3

4 Ordnen Sie den Thesen Whiteheads passende Antithesen der Religionskritiker Feuerbach, Marx, Freud und Nietzsche zu und diskutieren Sie die Positionen.

▶ Glossar: Dogma, Kohärenz, Leibniz, Whitehead

12 Gott in der Rechtfertigungsklemme

M1 Oh mein Gott!

Theodizee

INFO

(frz. *théodicée*, zu griech. *theos* „Gott" und griech. *dike* „Gerechtigkeit"): Im engeren Sinne der Versuch einer Rechtfertigung Gottes angesichts des von ihm trotz seiner Allmacht und Güte zugelassenen physischen Übels, moralischen Bösen und des Leidens in der Welt; im weiteren Sinn auch Bezeichnung für die Gesamtheit der Probleme der philosophischen Gotteserkenntnis. Der Begriff geht auf Gottfried Wilhelm Leibniz (1646 – 1716) zurück, der in seiner Schrift „Théodicée" dem Bösen in der Welt kein eigenes Sein zuspricht. Das Böse ist der Mangel am Guten und erscheint nur als böse, wenn es nicht im Zusammenhang der gesamten Schöpfung betrachtet wird. *nach Schülerduden Religion und Ethik, S. 370*

M2 „Wo war Gott in Japan?" – Robert Spaemann über die Theodizee-Frage

Japan wurde von Katastrophen heimgesucht, die das bisher Denkbare und Erklärbare übersteigen. Bei Ereignissen von solch schrecklichem Ausmaß kommt gewöhnlich die Frage nach Gott ins Spiel. Wo war Gott in Japan?

Die Frage wird immer wieder gestellt. Bei uns lautet bisher die klassische Frage: Wo war Gott in Auschwitz? Meine Antwort lautet: am Kreuz. In Auschwitz wirkte die teuflische Bosheit von Menschen. In Japan handelt es sich um ein ungeheuerliches Zusammentreffen von drei Katastrophen. Die Frage, wo Gott war, wird in solchen Situationen immer gestellt. Aber sie stellt sich auch, ohne dass ich etwas von Auschwitz oder Japan weiß, schon wenn ich zum Beispiel höre, dass ein kleines Kind von seinen Eltern auf bösartige Weise zu Tode gequält wurde. Nach Katastrophen entsteht eine gewisse Hysterie, die auf die Größenordnung schaut, da muss sich Gott speziell rechtfertigen. Bei kleineren Sachen ist man bereit, darüber hinwegzusehen. Gott hingegen sieht über gar keine Sache hinweg.

●

Wie kann er es dann zulassen?

Darauf gibt es eine klare biblische Antwort im Buch Hiob. Hiob fragt sich, warum ihm so viel Unglück zustößt. Seine Freunde betreiben Theodizee und erklären ihm, dass Gott gerecht ist und die Schuld bei Hiob selbst liegt, weil Gott ja nicht schuld sein kann, dass so Schreckliches passiert. Dann tritt Gott selbst auf und weist die Freunde in ihre Schranken. Er sagt: Sie haben überhaupt keine Ahnung. Sie kennen Gottes Motive nicht. In Hiobs Protest ist immer noch mehr Wahrheit als in der Theodizee der Theologen.

●

Und wie reagiert der bedrängte Hiob?

Gott redet mit Hiob am Ende selbst unter vier Augen und fragt ihn: Wo warst du denn, als ich die Sterne gemacht habe? Als ich das Krokodil gemacht habe, das Nilpferd und den Leviathan? Hast du mir dabei geholfen? Hast du irgendeine Ahnung über den Kosmos? Diese Antwort stößt Hiob nicht ab, sondern sie bringt ihn zur Besinnung:

Er vertraut auf Gott, trotz allem, was geschieht. Seine Frau sagt ihm: Verfluche Gott und stirb. Hiob aber sagt: Wir haben von ihm das Gute genommen, sollten wir dann nicht auch das Böse annehmen; der Name des Herrn sei gepriesen. Ein ermordeter Jude in Auschwitz schrieb in einem herausgeschmuggelten Testament: Gott, mach mit uns, was du willst. Du wirst es nicht schaffen, dass wir aufhören, dich zu loben. Dieses gewaltige Paradox versteht nur ein Gläubiger.

●

Die Gnade des Glaubens liegt also darin, auch in der Not im Vertrauen bleiben zu können?

Vertrauen – das ist das A und O des Glaubens.

●

Mit Gott lässt sich auch hadern, etwa wenn wir in die Psalmen und Klagelieder schauen. Was lässt sich daraus für diese Tage schöpfen?

Wir können unsere Klagen vor Gott bringen. Sie trennen uns nicht von ihm. Wir müssen nicht sagen: Ich kann sowieso nicht in Gottes Geheimnisse schauen, also brauche ich mich nicht dafür zu interessieren. Sondern umgekehrt: Ich kann das Leiden und mein Unverständnis vor Gott bringen.

●

Das Leid also in die Beziehung hineinnehmen, es vor ihm aussprechen ...

Natürlich. Das kann bis zum Hadern gehen. Es ist interessant, dass in den Psalmen immer wieder Gott angerufen wird, uns zu helfen: „um deines Namens willen“. Es wird an Gottes Eigeninteresse appelliert: Du kannst doch nicht wollen, dass die Heiden sagen: Wo ist denn ihr Gott? Deine eigene Ehre steht ja auf dem Spiel. Oft macht der Psalmist, der Gott anruft, Gott gegenüber Gott geltend. Er sagt: Du bist Gott, das impliziert Verpflichtungen. Wir können zwar nicht genau sagen, welche, aber wir müssen vertrauen, dass er auch tun wird, was er sich selbst schuldig ist.

nach Robert Spaemann

Aufgaben

1. Recherchieren Sie im Internet nach Katastrophen vergleichbar schlimmen Ausmaßes. Halten Sie Ihr Ergebnis in Form einer Text-Bild-Collage fest. ➜ M1
2. Formulieren Sie die sogenannte Theodizee-Frage in eigenen Worten und begründen Sie, warum Gott sich in einer Rechtfertigungsklemme befindet. ➜ M1
3. Notieren Sie sich die Gründe, warum sich für Spaemann Gott in keiner Rechtfertigungsklemme befindet trotz solcher Katastrophen wie Fukushima. ➜ M2
4. Erörtern Sie in Partnerarbeit die folgende These, indem Sie sie mit entsprechenden Antithesen konfrontieren: *Wenn ein Mensch ins Unglück gerät, hat er dies sich selbst zuzuschreiben.*
5. Kritisieren Sie Spaemann, indem Sie Möglichkeiten aufzeigen, in denen Vertrauen ohne religiösen Glauben entsteht. ➜ M2

▶ Glossar: Hiob, Leibniz, Leviathan, Paradox, Psalm, Spaemann, Theodizee

13 Die biblische Antwort – das Buch Hiob

M1 Einführung in „Das Buch Hiob" (Ijob)

Über den Verfasser des Hiobbuches wissen wir nichts, als dass er in den Kreisen der Weisheitslehrer zu suchen und mit einer herausragenden dichterischen Kraft begabt ist. Das Hiobbuch entstand im vierten oder dritten vorchristlichen Jahrhundert. Es ist erwachsen aus einem Ungenügen am Weltbild der älteren Weisheitslehre, nach der das Schicksal eines jeden Menschen das Ergebnis seines eigenen Verhaltens ist: *Wer klug ist und sich an Gottes Ordnungen hält, dem kann es nur gut gehen. Wenn ein Mensch ins Unglück gerät, hat er dies sich selbst zuzuschreiben.*

Die Hioberzählung ist so eingerichtet, dass eine Schuld Hiobs an seinem Unglück ganz ausgeschlossen wird. Aus dem zweiteiligen Vorspiel im Himmel geht hervor, dass der untadelige Hiob ausschließlich deshalb mit Unglück geschlagen wird, um die Echtheit seiner Frömmigkeit auf die Probe zu stellen. Der von der Weisheitslehre angenommene gesetzmäßige Zusammenhang zwischen Tun und Ergehen könnte nämlich zur Folge haben, dass ein Mensch die Gebote Gottes nur deshalb befolgt, weil sich das für ihn bezahlt macht! Ob es dem Frommen wirklich um Gott und um seinen Willen zu tun ist und nicht nur um das eigene Wohlergehen, als dessen Garant Gott gerade gut genug ist, das erweist sich im tiefsten, unverschuldeten Unglück.

nach Stuttgarter Erklärungsbibel, S. 616ff

Weisheit, die fürs Leben taugt

INFO

In der altorientalischen Welt, in Israel, Ägypten, Arabien, Babylonien etc. fiel der Weisheitslehre die Aufgabe zu, junge Menschen durch Übermittlung von Erfahrungswissen lebenstüchtig zu machen und ihnen den Weg zu Glück und Erfolg zu weisen. Als weise galt ein Mensch dann, wenn er die Ordnungen des Lebens und der Welt kennt und sein Leben danach einrichtet.

nach Stuttgarter Erklärungsbibel, S. 769

M2 Hiobs Frömmigkeit und Glück

1 Es war ein Mann im Lande Uz, der hieß Hiob. Der war
fromm und rechtschaffen, gottesfürchtig und mied das
Böse. 2 Und er zeugte sieben Söhne und drei Töchter,
3 und er besaß siebentausend Schafe, dreitausend
Kamele, fünfhundert Joch Rinder und fünfhundert
Eselinnen und sehr viel Gesinde, und er war reicher als
alle, die im Osten wohnten. 4 Und seine Söhne gingen hin
und machten ein Festmahl, ein jeder in seinem Hause an
seinem Tag, und sie sandten hin und luden ihre drei
Schwestern ein, mit ihnen zu essen und zu trinken. 5 Und
wenn die Tage des Mahles um waren, sandte Hiob hin
und heiligte sie und machte sich früh am Morgen auf und
opferte Brandopfer nach ihrer aller Zahl; denn Hiob
dachte: Meine Söhne könnten gesündigt und Gott
abgesagt haben in ihrem Herzen. So tat Hiob allezeit.

Dass Hiob ein überaus gottesfürchtiger Mann war, wird nicht nur behauptet, sondern auch auf zweifache Weise sichtbar gemacht: 1. An seinem Kinderreichtum, seinem großen Herdenbesitz und seinem Ansehen erkennt man den Segen, mit dem Gott Hiobs gottesfürchtiges Leben belohnt. Denn nach den Lehren der „Weisheit" besteht eine feste Entsprechung zwischen dem rechtschaffenen Leben eines Menschen und seinem irdischen Wohlergehen. 2. Hiobs Gottesfurcht treibt ihn dazu, sogar seine erwachsenen Kinder regelmäßig nach jedem Festmahl zu entsühnen; sie könnten sich möglicherweise versündigt haben.
Das Land Uz, das auch in Jer 25,20 erwähnt wird, liegt nach arabischer Überlieferung irgendwo im Osten Palästinas. Nach Klgl 4,21 könnte man jedoch auch an edomitisches Gebiet denken.

Stuttgarter Erklärungsbibel

M3 Hiob bewährt sich in schwerer Prüfung

6 Es begab sich aber eines Tages, da die Gottessöhne
kamen und vor den HERRN traten, kam auch der Satan
unter ihnen. 7 Der HERR aber sprach zu dem Satan: Wo
kommst du her? Der Satan antwortete dem HERRN und
sprach: Ich habe die Erde hin und her durchzogen.
8 Der HERR sprach zum Satan: Hast du Acht gehabt
auf meinen Knecht Hiob? Denn es ist seinesgleichen
nicht auf Erden, fromm und rechtschaffen, gottesfürchtig und meidet das Böse. 9 Der Satan antwortete dem
HERRN und sprach: Meinst du, dass Hiob Gott umsonst

fürchtet? 10 Hast du doch ihn, sein Haus und alles, was er
hat, ringsumher beschützt. Du hast das Werk seiner
Hände gesegnet, und sein Besitz hat sich ausgebreitet
im Lande. 11 Aber strecke deine Hand aus und taste alles
an, was er hat: was gilt's, er wird dir ins Angesicht absagen! 12 Der HERR sprach zum Satan: Siehe, alles, was er
hat, sei in deiner Hand; nur an ihn selbst lege deine Hand
nicht. Da ging der Satan hinaus von dem HERRN.

Die Religionen der Umwelt Israels hatten ganz allgemein die Vorstellung, dass die Götter zur Ratsversammlung zusammenkommen. Das Alte Testament spricht nur an wenigen Stellen von einem himmlischen Hofstaat oder Thronrat (15,8; 1Kön 22,19; Ps 82,1), zu dem der HERR als einziger Gott die ihm unterstehenden Himmelswesen zusammenruft. Sie werden als Gottessöhne bezeichnet. Zu ihnen gehört auch der Satan. Seine Aufgabe ist es, sozusagen als himmlischer Staatsanwalt, Missstände anzuprangern, die er auf der Erde festgestellt hat (vgl. Sach 3,1; 2Sam 19,22-23). Er kann gegen Hiob keine direkten Vorwürfe erheben, zieht aber die Lauterkeit seiner Frömmigkeit in Frage und behauptet, Hiob sei nur fromm, weil und solange es sich auszahle (umsonst in der Bedeutung „ohne Aussicht auf Lohn"). Damit wird ein Verdacht geäußert, wie er sich angesichts des Denkschemas der älteren Weisheitslehre in der Tat leicht einstellen konnte. Mit Hiob steht hier der Mensch als solcher auf dem Prüfstand: Ist er wirklich ein charakterloser Opportunist, wie der Satan behauptet? Der Verdächtiger erhält Vollmacht, das ans Licht zu bringen. Die Ehre Gottes und des von ihm geschaffenen Menschen stehen auf dem Spiel.

13 An dem Tage aber, da seine Söhne und Töchter aßen
und Wein tranken im Hause ihres Bruders, des Erstgeborenen, 14 kam ein Bote zu Hiob und sprach: Die Rinder
pflügten und die Eselinnen gingen neben ihnen auf der
Weide, 15 da fielen die aus Saba ein und nahmen sie weg
und erschlugen die Knechte mit der Schärfe des
Schwerts, und ich allein bin entronnen, dass ich dir's
ansagte. 16 Als der noch redete, kam ein anderer und
sprach: Feuer Gottes fiel vom Himmel und traf Schafe
und Knechte und verzehrte sie, und ich allein bin entronnen, dass ich dir's ansagte. 17 Als der noch redete, kam
einer und sprach: Die Chaldäer machten drei Abteilun-
gen und fielen über die Kamele her und nahmen sie weg
und erschlugen die Knechte mit der Schärfe des
Schwerts, und ich allein bin entronnen, dass ich dir's
ansagte. 18 Als der noch redete, kam einer und sprach:
Deine Söhne und Töchter aßen und tranken im Hause
ihres Bruders, des Erstgeborenen, 19 und siehe, da kam
ein großer Wind von der Wüste her und stieß an die vier
Ecken des Hauses; da fiel es auf die jungen Leute, dass
sie starben, und ich allein bin entronnen, dass ich dir's
ansagte.

Saba ist sonst Südarabien; seine Bewohner sind ehrenwerte Handelsleute (vgl. 1Kön 10,1). Hier sind die aus Saba räuberische Beduinen – vielleicht eine Erinnerung an deren nomadische Vorfahren. Auch mit den Chaldäern sind offenbar die nomadischen Ahnen der Babylonier gemeint. Das Feuer Gottes ist der Blitz (vgl. Ps 78,48; 4Mo 16,35).

20 Da stand Hiob auf und zerriss sein Kleid und schor
sein Haupt und fiel auf die Erde und neigte sich tief
21 und sprach: Ich bin nackt von meiner Mutter Leibe
gekommen, nackt werde ich wieder dahinfahren. Der
HERR hat's gegeben, der HERR hat's genommen; der
Name des HERRN sei gelobt! 22 In diesem allen sündigte
Hiob nicht und tat nichts Törichtes wider Gott.

Der Satan setzt die ihm von Gott erteilte Erlaubnis in die Tat um: Durch die vier „Hiobsbotschaften" V. 14-19 erfährt Hiob den Verlust seiner Habe und aller seiner Kinder. Er ahnt nicht, was im Himmel zwischen Gott und dem Satan verabredet worden ist. Er nimmt alles Unglück aus der Hand Gottes entgegen; Gott kann das, was er gegeben hat, auch wieder nehmen (V. 21). Die Gesten der Trauer (V. 20a) verbinden sich mit der vorbehaltlosen Unterwerfung unter den Willen Gottes (verneigte sich tief). Damit hat Hiob die Glaubensprobe bestanden. Er hat in allem Unglück Gott nicht geflucht, sondern ihn vielmehr gelobt. Zu Törichtes vgl. 2,10 und Erklärung. – Leib meiner Mutter (V. 21) kann auch die Vorstellung von der „Mutter Erde" enthalten (vgl. Ps 139,15; Sir 40,1); denn nur „dorthin" (so die genaue Übersetzung) kann der Mensch auch wieder zurückkehren (vgl. 1Mo 3,19; Pred 12,7).

Stuttgarter Erklärungsbibel

Aufgaben

1 Was versteht man alltagssprachlich unter einer Hiobsbotschaft? Nennen Sie Beispiele, auch durchaus aus Ihrer eigenen Erfahrung.

2 Erläutern Sie, inwiefern das Hiobbuch Weisheiten der Art kritisiert wie *Jeder ist seines Glückes Schmied.* ➜ M1

3 Bestimmen Sie die biblischen Hiobsbotschaften, indem Sie aufzeigen, in welcher Form hier Gott für die menschliche Existenz konkret wird. ➜ M2

4 Erarbeiten Sie in Kleingruppen, warum Hiobs Gotteslob am Ende eine Antwort auf die Theodizee-Frage ist. Werten Sie anschließend die Gruppenergebnisse in einem gemeinsamen Forum aus. ➜ M2

5 Stellen Sie einen Vergleich zum Koran an, indem Sie folgende Suren heranziehen: 4,163; 6,84; 21,83f; 38, 41–44

▶ Glossar: Hiob, Koran, Sure, Theodizee

14 Der Mensch hat sich nicht selbst gemacht

M1 Wer bin ich? – Daseinskontingenz

Wer aus seinem Leben etwas zu machen versucht, wird feststellen, dass seine Identität nicht allein durch seine Handlungen geprägt wird. Wer und was einer ist, hängt auch oft von Umständen ab, die weder der Einzelne noch die Menschheit je ändern könnten. Auf diesen Teil unserer Identität will die folgende Liste aufmerksam machen.

Dieses alles will, immerhin, akzeptiert sein:

..., dass ich in meiner Zeit lebe, statt Zeitgenosse einer Epoche zu sein,
die ich vielleicht mehr als die Gegenwart schätze.

..., dass ich jetzt hier bin statt in Gegenden,
die mir als Lebensraum verlockender erscheinen.

..., dass ich dieser und kein anderer bin.

..., dass ich so bin, wie ich bin, obwohl ich mir denke,
dass mir das Leben leichter fiele, wenn ich ein anderer wäre.

..., dass ich dieser Region angehöre, ihren typischen Dialekt spreche
und auch in die dazugehörige religiöse Kultur hineingeboren wurde.

..., dass ich sterben muss, lebenssatt oder resigniert,
vielleicht sogar verzweifelt.

..., dass ich überhaupt auf der Welt bin und nicht mehr die Wahl habe, ungeboren zu sein.

..., dass, um mit Leibniz auch das noch einmal festzustellen,
überhaupt etwas ist und nicht vielmehr nichts.

nach Hermann Lübbe, S. 16f

Daseinskontingenz

INFO

Kontingenz (mittellat. „Zufall", „Möglichkeit")

Daseinskontingenz gehört zu den menschlichen Grunderfahrungen: Es ist dem Menschen unmöglich, über das Eintreten bestimmter Ereignisse zu verfügen. Kontingenzerfahrungen sind Grenzerfahrungen, in denen der Mensch seine Grenzen des Machbaren und durch ihn selbst Veränderbaren erfährt.

In der Logik wird eine Aussage als kontingent (auch zufällig) bezeichnet, wenn sie möglich, aber nicht notwendig ist. Eine kontingente Aussage kann, muss aber nicht wahr sein. Ist sie wahr, so spricht man – in Abgrenzung zum logischen Wahrsein – vom faktischen Wahrsein.

Vor allem die christliche Metaphysik vertritt die Ansicht, dass das Dasein des Menschen – wie das aller geschaffenen und endlichen Wesen – nicht notwendig aus seinem Wesen hervorgeht.

nach Schülerduden Philosophie, S. 235

M2 Ja zur Religion trotz allem?

Der Glaube ist kein Willensprozess, sagt der Religionspsychologe Sebastian Murken, sondern tief im Inneren einer Person verankert. Ein Gespräch über positive und negative Folgen des Gottvertrauens und die Entstehung von unterschiedlichen „Glaubensstilen":

GEOkompakt: Herr Professor Murken, wann beginnt eine religiöse Erfahrung? Wenn jemand sagt: „Ich glaube an Schalke 04" oder „Ich bete meine Frau an" – ist das schon Religion?

Sebastian Murken: Das kommt darauf an, welchen Begriff von Religion man verwendet. Manche Forscher meinen: Was den Menschen über sich selbst hinausführt und Sinn stiftet, sei religiös. Ich halte das für problematisch, denn dann könnte ja alles Religion sein: Musikhören, Extremklettern. Das spezifisch Religiöse liegt aber im Bezug auf das Transzendente.

●

Was heißt das genau?

Dass man sich mit einer Instanz verbunden fühlt, die über der diesseitigen Wirklichkeit steht. Religiöse Erfahrung schließt damit immer das Erleben eines höheren Seins, höherer Mächte ein – von denen ich als Religionspsychologe natürlich nicht behaupten kann, dass sie wirklich existieren; aber ich kann untersuchen, wie solche Glaubenserfahrungen das Denken, Fühlen und Handeln der Menschen beeinflussen.

●

Wie denn?
Eigentlich ist es durchaus gesund, wenn ein Mensch über ein stabiles Selbstwertgefühl verfügt, wenn er überzeugt ist, vieles zu können und zu beherrschen. Aber zum Leben gehört es eben auch, Grenzen zu akzeptieren: Mitmenschen, Krankheiten, Leid und Tod. Daher kann die Idee, ein kleines Rädchen in einem sinnvollen „überirdischen" Getriebe zu sein, das Ich entlasten. Es wird bescheidener, ruhiger; in religiösen Worten: demütiger.
Ich nenne das „Ego-Deflation" im Gegensatz zur „Ego-Inflation" unserer Zeit, in der viele Menschen unter Druck stehen, sich selbst wie eine Statue zu modellieren, immer noch toller, schöner, reicher zu werden – und bald unter diesen Anforderungen leiden.

●

Könnten Sie bitte die positive Wirkung, die von Religion ausgehen kann, genauer beschreiben?
Gern. Unsere wissenschaftlichen Befragungen konnten zwei Zusammenhänge aufzeigen. Erstens: Gesund sind Menschen, die ein Kohärenzgefühl haben. Das heißt: Sie können ihr Dasein in dieser Welt verstehen, handhaben und mit Bedeutung aufladen. Eben das gilt für viele Gläubige. Das Risiko, an Depression zu erkranken, ist bei religiösen Menschen etwas geringer.
Zweitens: Manche Menschen schaffen es besser als andere, leidvolle Lebenssituation anzunehmen – etwa eine Erkrankung oder den Verlust eines Angehörigen. Auch die Frage, was nach dem eigenen Tod geschehen wird, betrifft ein Leid; wenn auch nur ein vorgestelltes.
Wichtig ist dabei die subjektive Bewertung der Krise. Die allerdings je nach religiöser Vorstellung sehr unterschiedlich ausfallen kann: Wenn Sie glauben, Sie sind in einer von Gott gelenkten Welt mit ewigem Leben, dann wirkt das tröstend auf Ihre Psyche. Ebenso aber auch in der Umkehrung: Wenn Sie sich als Sünder sehen, tief verstrickt in den Kampf um Erlösung, dann wird es Ihnen womöglich schlechter gehen. Man darf nicht vergessen, dass Religiosität oft auch eine Quelle des Leidens ist. Religiös begründete Schuldgefühle etwa sind für manche Menschen eine enorme Belastung.

●

Woher kommt diese Ambivalenz, dass Religion sowohl positive als auch negative Wirkungen hat?
Der Glaube ist kein Willensprozess, sondern tief im Inneren des Ich verankert. Der wichtigste Faktor für seine Entstehung ist die religiöse Sozialisation – in unserer Kultur vor allem durch die Eltern.

●

Der Religionskritiker Sigmund Freud sah Gott als vergrößerte Vaterfigur; als erbarmungslosen Richter, der den Gläubigen in kindlichen Ängsten fesselt.
Ich teile diese simple Sicht nicht. Aber es stimmt: Die Beziehungserfahrungen der Kindheit prägen maßgeblich die späteren spirituellen Bilder und Bedürfnisse. Bei manchen Menschen spiegelt die Beziehung zum Übersinnlichen das, was sie früher erfahren haben. Also etwa: Ich fühle mich geliebt und aufgehoben – ebenso baut mein Verhältnis zu Gott auf Vertrauen auf. Oder: Ich bin misstrauisch, empfinde meine Eltern als strafende Instanz – und ebenso Gott als strafend.
Der Glaubensstil eines Menschen kann aber auch schlechte Erfahrungen, die er als Kind gemacht hat, kompensieren. Wenn Sie immer nur verprügelt wurden und dann hören, dass Jesus jeden liebt, egal woher er kommt, wird diese Botschaft vielleicht ihr Leben verändern.

nach Sebastian Murken, S. 56f

Aufgaben

1. Ergänzen Sie die Liste mit weiteren Erfahrungen, die auf die menschliche Grunderfahrung der Daseinskontingenz zurückgehen. ➔ M1
2. Arbeiten Sie die Liste der allgemeinen kontingenten Lebensumstände ab: Konkretisieren Sie alle genannten Punkte, indem Sie diese auf sich selbst beziehen. ➔ M1
3. Bestimmen Sie den Unterschied zwischen Ego-Deflation und Ego-Inflation und suchen Sie passende Synonyme für diese beiden Begriffe. ➔ M2
4. Schreiben Sie einen Essay zu dem Thema *Warum Nicht-Gläubige genauso (un)glücklich sein können wie Gläubige.* ➔ M1, M2

▶ Glossar: Freud, Identität, Jesus von Nazareth, Kohärenz, Leibniz, Sozialisation, spirituell, Theodizee, transzendent

Was wir wissen

Führt religiöse Wahrheit zu religiöser Einheitlichkeit?

Das Judentum, das Christentum, der Islam – alle drei monotheistischen Religionen teilen den Glauben an den einen Gott. Dennoch ist der jüdische Gott Abrahams, Isaaks und Jakobs nicht einfach identisch mit dem Gott der christlichen Trinität. Und auch der Gott, der Muhammad zu seinem Propheten beruft, tut dieses in der Absicht, die verfälschten Vorstellungen von ihm in Judentum und Christentum zu korrigieren. Es gibt keinen kleinsten gemeinsamen Nenner, mit dessen Hilfe sich aus den drei monotheistischen Religionen eine einzige machen ließe. Alle drei monotheistischen Religionen vertreten z. B. ein Menschenbild, dessen Basis die Differenz von Schöpfer und Geschöpf ist: Der Mensch ist das Geschöpf Gottes, d. h. seine Existenz verdankt sich allein von Gott her. Christen und Juden glauben darüber hinaus, dass Gott den Menschen „nach seinem Bild" geschaffen hat (Gottesebenbildlichkeit), weswegen sie ihn auch als „Vater" anreden bzw. sich als „Kinder Gottes" verstehen dürfen. Für Muslime hingehen ist diese Vorstellung nicht akzeptabel: Gott ist so groß und anders, dass der Mensch es nicht wagen darf, sich als dessen Ebenbild oder Kind zu begreifen. Für alle drei Religionen aber gilt: Gott ist das Wichtigste im Leben. Nur er ist anbetungswürdig, was sich auch in Form der Unterwerfung im Gebet manifestiert.

Was bereitet Religionsfrieden vor?

Wenn der Frieden oberstes Ziel sein soll und die einander sich ausschließenden religiösen Wahrheiten Frieden nicht zu stiften vermögen, dann muss zur Wahrheit eine Alternative gefunden werden. Für Lessing bestand sie in der Toleranz. Toleranz ordnet den Willen zur Wahrheit dem Willen zum Frieden unter. Wer Toleranz will, für den gibt es keinen Frieden, der um einer religiösen Wahrheit willen gebrochen werden dürfte. Toleranz ist der Gegenbegriff zu Fundamentalismus. Fundamentalismus, sei er religiös-ideologisch oder politisch-ideologisch motiviert, ist dadurch charakterisiert, dass er die eigene Wahrheit über alles stellt und dafür den Frieden zu opfern bereit ist.

Was garantiert Religionsfrieden?

Auch wenn Toleranz in den einzelnen Religionen mehr oder weniger stark verankert ist, reicht sie als Garant des Friedens nicht aus. Überantwortet sie doch die Einhaltung und Bewahrung des Friedens an das moralische Verhalten des Einzelnen. Und da sind immer auch Fundamentalisten dabei.
Toleranz ist ein Begriff der Moral, nicht des Rechts; man kann sie moralisch einfordern, aber nicht rechtlich einklagen. Für die europäische Friedensordnung ist es aber unverzichtbare Voraussetzung, dass Friedensbrecher gezwungen werden können, ihre kriegerischen und terroristischen Handlungen zu unterlassen, und das notfalls sogar mit Gewalt. Dieser staatliche Zwang muss durch Recht, nicht durch Moral legitimiert sein. Hier ist ein Ebenenwechsel nötig: Frieden ist nicht das Resultat einer gelungenen Moralität. Frieden ist das Resultat gelungener Politik in Verbindung mit gelungener Gesetzgebung und gelungener Rechtsprechung. Damit dieser Ebenenwechsel möglich wird, war zumindest in Europa die politische Entmachtung der Kirchen – die sog. Säkularisierung – nötig.

Inwiefern ist Religionsfreiheit ein Garant des Friedens?

Die Freiheit, seine Religion im Rahmen der gegebenen Friedensordnung ausüben zu dürfen, ist heute ein einklagbares Recht. Im Gegensatz zur Toleranz ist die Religionsfreiheit ein Begriff des Rechts, der in der europäischen Verfassung und im Grundgesetz der Bundesrepublik verankert ist. Würde die Bundesrepublik dieses Recht aufheben, würde sie ihre Identität als freiheitlich-rechtliche Ordnung verlieren. An dieser Aufhebung sind Fundamentalisten interessiert. Sie greifen die Politik des Friedens mit ihrer Politik der Gewalt, des Terrors und des Krieges an.

Was wir können

Wer hat's gesagt?

„Die Religion ist die *Entzweiung* des Menschen *mit sich selbst*: er setzt sich Gott als ein ihm *entgegengesetztes* Wesen gegenüber. Gott ist *nicht*, was der *Mensch* ist – der Mensch *nicht*, was *Gott* ist. Gott ist das unendliche, der Mensch ist das endliche Wesen; Gott vollkommen, der Mensch unvollkommen; Gott ewig, der Mensch zeitlich; Gott allmächtig, der Mensch ohnmächtig; Gott heilig, der Mensch sündhaft. Gott und Mensch sind Extreme: Gott das schlechthin Positive, der Inbegriff aller Realitäten, der Mensch das schlechtweg Negative, der Inbegriff aller Nichtigkeiten. Aber der Mensch vergegenständlicht in der Religion sein eignes geheimes Wesen. Es muss also nachgewiesen werden, dass dieser Gegensatz, dieser Zwiespalt von Gott und Mensch, womit die Religion anhebt, *ein Zwiespalt des Menschen mit seinem eignen Wesen ist*."

Testfall der Theodizee-Frage: Gott in Auschwitz?
Sinnloses Leid nicht theoretisch verstehen, sondern vertrauend bestehen.

Wenn man sich seit Jahrzehnten mit all den Versuchen der Theodizee immer wieder beschäftigt hat, darf man es sicher so direkt sagen: Eine theoretische Antwort auf das Theodizee-Problem, scheint mir, gibt es nicht! Von einer gläubigen Grundhaltung her ist nur das eine zu sagen:

- Wenn Gott existiert, dann war Gott auch in Auschwitz.
- Zugleich aber hat der Gläubige zuzugestehen: Unbeantwortbar ist die Frage *Wie konnte Gott in Auschwitz sein, ohne Auschwitz zu verhindern?*

Ohne dass also das Leid verniedlicht, uminterpretiert oder glorifiziert oder einfach stoisch, apathisch, gefühllos hingenommen wird, lässt sich vom leidenden Gottesknecht Jesus her erkennen und in oft beinahe verzweifelter Hoffnung in Protest und Gebet bekennen,

- dass Gott auch dann noch, wenn das Leid scheinbar sinnlos ist, verborgen anwesend bleibt;
- dass Gott uns zwar nicht vor allem Leid, wohl aber in allem Leid bewahrt;
- dass wir so, wo immer möglich, Solidarität im Leiden beweisen und es mitzutragen versuchen sollten;
- ja dass wir das Leid so nicht nur ertragen, sondern, wo immer möglich, bekämpfen, bekämpfen weniger im Einzelnen als in den leidverursachenden Strukturen und Verhältnissen.

Ob dies eine lebbare Antwort ist, die das Leid nicht vergessen, aber verarbeiten hilft, muss jeder, muss jede für sich selbst entscheiden. Betroffen gemacht und ermutigt hat mich die Tatsache, dass selbst in Auschwitz ungezählte Juden und auch einige Christen an den trotz aller Schrecknisse dennoch verborgen anwesenden, an den nicht nur mitleidenden, sondern sich auch erbarmenden Gott geglaubt haben. Sie haben vertraut, und sie haben – was oft übersehen wird – auch gebetet selbst noch in der Hölle von Auschwitz. *nach Hans Küng, S. 121f*

Aufgaben:

1. Der erste Text auf dieser Seite ist ein Zitat aus dem Werk eines wichtigen Religionskritikers. Ordnen Sie das Zitat einer der religionskritischen Positionen zu, die Sie auf S. 54-63 kennengelernt haben, und begründen Sie ihre Zuordnung.
2. Wiederholen Sie die Erklärungen zu den Übeln in der Welt, wie sie Leibniz gegeben hat (S. 64).
3. Benennen Sie die Gründe dafür, warum Hans Küng alle theoretischen Antworten auf die Theodizee-Problematik ablehnt.
4. Schreiben Sie einen Essay zu Küngs Thesen. Beziehen Sie dabei auch die religionskritischen Argumente ein, die Sie kennengelernt haben.

Lösung: Der Text stammt aus dem „Wesen des Christentums" (1. Teil, 3. Kap.) von Ludwig Feuerbach.

LOVE
HATE
SUCKS
WE
GET
HOLY

Wirtschaftsethik

Geschichte der Wirtschaftsethik

Problemfelder der Wirtschaftsethik

1 Warum Wirtschaft?

M1 Von allem gibt es immer zu wenig!

Meine Tochter Ella hat ein Problem. Jede Woche besucht sie einmal den Klarinettenunterricht und dreimal das Basketballtraining. Als Schülerin muss sie Hausaufgaben machen. Hin und wieder soll sie im Haushalt helfen. Schließlich braucht sie Zeit zum Chillen, zum Chatten, zum Shoppen und um sich mit Freunden zu treffen. Sie würde gerne zusätzlich noch Saxophon lernen, Gesangsstunden nehmen, bei einer Musicalaufführung mitmachen, regelmäßig reiten, schwimmen und öfter ausschlafen.

Meine Tochter hat also ein Knappheitsproblem: Ihr fehlen Zeit und Geld. Sie ist damit ein ganz normaler Mensch. Alle Menschen wollen immer mehr von irgendwas: mehr Zeit, mehr Schnitzel, mehr Cola, mehr Autos, mehr Gesundheit, mehr Liebe, mehr Benzin, mehr saubere Luft, mehr Ferien, mehr Tickets für das Champions-League-Finale oder mehr Schokolade. Wie dieses Problem meiner Tochter und all ihrer Mitmenschen am besten gelöst oder zumindest behandelt werden kann, davon handelt die Wirtschaft.

Winand von Petersdorff, S. 9f

M2 Kuchen statt Brötchen oder: Was kostet die Welt?

Knappheit zwingt dazu, Entscheidungen zu treffen. Wenn Ella das Basketballtraining besucht, dann fehlt ihr die Zeit an anderer Stelle. Wenn sie einmal in der Woche zu H&M geht, spart sie nicht genügend Geld für einen iPod. Jede Entscheidung für irgendetwas kostet. Und das ist schon einer der wichtigsten Gedanken der Wirtschaftswissenschaft – oder der Ökonomie, wie sie auch genannt wird.

Wir denken uns in eine Bäckerei hinein, die genau 50 Kilogramm Mehl und ein paar andere Zutaten hat. Der Bäcker hat zwei Möglichkeiten, das Mehl zu verbacken: Brot oder Kuchen. Die Entscheidung hat schwerwiegende Folgen: Mit jedem Kuchen, den er backt, kann er weniger Brot backen. Und umgekehrt. Das ist ein Resultat des Mangels. Mehl ist nicht unendlich vorhanden. Zeit auch nicht. Deswegen erfordert die Entscheidung gleichzeitig einen Verzicht. Einfacher gesagt: Jede Wahl kostet. Die Ökonomen sagen, jede Entscheidung erzeugt „Opportunitätskosten". Mit diesem Wort meinen sie nicht unbedingt Geldbeträge. Kosten sind in einem umfassenderen Sinn gemeint: Sie bezeichnen den Wert einer entgangenen Möglichkeit.

Ein anderes Beispiel verdeutlicht das: Ein Schüler will sich auf eine Mathematikprüfung am nächsten Tag vorbereiten. Die Vorbereitung kostet ihn einen Teil seines Nachtschlafes. Außerdem muss er seiner Freundin absagen, mit der er verabredet war. Ein guter Schlaf und ein Treffen mit der Freundin sind die Opportunitätskosten des Mathelernens. Ist die Freundin nachtragend und schlecht gelaunt beim nächsten Rendezvous, vergrößern sich die Opportunitätskosten des Schülers noch.

In anderen Worten: Die Kosten entstehen, weil man sich entscheiden muss, weil man nicht alles haben kann: Das Leben ist kein Kindergeburtstag, kein Wunschkonzert. Es ist eben nicht alles unendlich vorhanden.

Winand von Petersdorff, S. 10f

M3 Grundfragen der Ökonomie

Drei Fragen beschäftigen die Ökonomie, wenn sie das Wirtschaftsleben betrachtet:

- **Was und wie viel soll von einer Sache hergestellt und angeboten werden? Soll Erdöl für die Herstellung von Benzin genommen werden oder für die Produktion von Plastikblumen? Soll aus Stahl ein Auto werden oder ein Taschenmesser? Soll auf dem Grundstück in der Innenstadt eine Schule, eine Bank oder eine Diskothek gebaut werden?**

- **Wer übernimmt die Herstellung? Der Bäcker oder die Brotfabrik? Japan oder Deutschland? Brasilien oder Mecklenburg-Vorpommern? Die Regierung oder der Privatmann?**

- **Wie kann alles verteilt werden? Wer kriegt wie viel von was?**

nach Winand von Petersdorff, S. 12f

M4 Antworten der Ökonomie

Rohe Gewalt

Man erobert einfach, was man sonst nicht bekommen kann. Das ist immer noch üblich auf der Welt. Es gibt Kriege um Diamantenfundstellen, um Ölquellen, um Wassernutzungsrechte und manchmal um Land. Wahrscheinlich geht es bei den meisten Kriegen der Welt vor allem darum, ein größeres Stück vom Kuchen zu bekommen. Auch Bank- oder Tankstellenüberfälle sind nach wie vor üblich.

Der Staat bestimmt!

Der Staat könnte festlegen, wer welches Getreide anbaut, wie viel Mehl und Brot draus wird und wie es verteilt wird. Das ist Planwirtschaft. Das klingt vernünftig. Doch man hat festgestellt, dass die Staaten das nicht gut können. Bis 1990 herrschten in Osteuropa Planwirtschaftssysteme. Sie scheiterten aus vielen Gründen. Ein Grund war: Die Leute hatten auch die Nase voll, dass sie immer so lange Schlange stehen mussten, um ganz normale Sachen wie Fleisch und Käse zu kaufen. Planwirtschaft bedeutet zentrale Planung. Behörden überlegten sich, was die Leute wohl brauchten. Doch die Pläne waren starr. Und noch ein Problem gab es: Wenn einer besonders fleißig war, dann hatte er davon nichts. Er bekam vielleicht einen Orden, aber nicht mehr Lohn.

Der Markt bestimmt!

Man stellt sich die ganze Welt als Marktplatz vor, auf dem Käufer und Verkäufer sich treffen und Preise für Sachen aushandeln, die sie kaufen und verkaufen wollen. Die Schokolade, das Grundstück oder das Erdöl bekommt der, der am meisten dafür zahlt. Man nennt es Marktwirtschaft. Einen Markt gibt es in jeder Stadt meistens kurz vor dem Wochenende. Doch wenn Ökonomen von Markt reden, meinen sie alle Orte dieser Welt (auch die im Internet), an denen mindestens ein Käufer auf mindestens einen Verkäufer trifft. Die Ökonomen stellen sich vor, dass die gesamte Marktwirtschaft im Prinzip genauso funktioniert wie der Wochenmarkt.

nach Winand von Petersdorff, S. 14ff

Aufgaben

1 Erstellen Sie eine Liste mit all den Dingen, die für Sie knapp sind und von denen Sie mehr haben möchten. → M1

2 Benennen Sie zwei Situationen, in denen für Sie Opportunitätskosten entstanden sind. → M2

3 Erstellen Sie zu den Begriffen „Knappheit", „Entscheidung", „Wirtschaft" eine Mindmap, mit deren Hilfe Sie erklären können, warum Wirtschaft ein Gegenstand ethischer Bewertung ist. → M1, M2

4 Analysieren Sie die drei Fragen der Ökonomie in Hinblick darauf, was Wirtschaft im Blick hat und was nicht. → M3

5 Bestimmen Sie bei den drei Antworten den jeweiligen Machthaber. Wer trägt für wirtschaftliche Entscheidungen die Verantwortung? → M4

▶ Glossar: Marktwirtschaft, Opportunitätskosten, Planwirtschaft

2 Antike – besser reich als arm

M1 Alle Menschen sind gleich?

Pompeji: Wandgemälde mit einer Bankettszene. Die Gäste werden von Sklaven umsorgt. Rechts stützt ein Sklave einen wohl betrunkenen Mann, links zieht ein Sklave einem weiteren Gast die Schuhe aus.

M2 Arbeit ist Sklavenarbeit

Die griechischen Stadtstaaten (*polis*) waren durch regen Handel eng verbunden. Dennoch blieb die wirtschaftliche Produktion und Verteilung von Gütern den politischen und militärischen Fragen stets nachgeordnet. Das Wohl der Polis entschied sich letztlich auf dem Schlachtfeld und weniger auf dem Marktplatz. Die Heroen der Griechen waren Halbgötter, legendäre Feldherren, Dichter oder Athleten, aber keine Unternehmer. Zudem war die Sorge um den Lebensunterhalt auf die Sklaven abgewälzt. Die Überflussgesellschaft der freien Bürger konnte deren Mühen aus der Distanz beobachten. Die ökonomische Tätigkeit der Bürger beschränkte sich auf die Anleitung des Haushalts, des *oikos*, die der *oikonomikos* (der Hausherr) möglichst klug und nachhaltig, aber eben nicht primär profitorientiert zu betreiben hatte.

Felix Heidenreich, S. 23

INFO

Oikos, Ökonomie

Ökonomie, wie sie in der griechischen Antike verstanden wurde, ist die Lehre vom *oikos* (griech. „Haus", „Wirtschaftsgemeinschaft"). Der Begriff *oikos* umfasst zwei Bereiche:

1) eine menschliche Gemeinschaft, die in einem Haus miteinander lebt und gemeinsam wirtschaftet, um sich zu ernähren. Zur Gemeinschaft gehören der Hausherr und seine Frau, Hausbedienstete wie Knechte und Mägde und vor allem die Sklaven.
2) die Immobilien wie das Wohngebäude, Stallungen, Land- und Grundstücksbesitz, gegebenenfalls auch Wälder, Werkstätten, eine Mühle, sowie alle Einrichtungsgegenstände und Gegenstände des täglichen Gebrauchs.

Die Ökonomie hat die ethische Aufgabe, den Hausherrn anzuleiten, sein Haus sittlich und vorbildlich zu führen, damit ein gutes Zusammenleben aller im Hause gelingt und der Hausbesitz erhalten und vermehrt werden kann.

nach Günther Bien, S. 43f

M3 Über Geld spricht man nicht, Geld hat man!

„Aemilian, bist du arm, so wirst du auch immer es bleiben. Heutzutage fließt Reichtum den Reichen nur zu", spöttelt im 1. Jh. n. Chr. der römische Schriftsteller Martial. Er spielt damit auf die scharfe Trennlinie zwischen Arm und Reich im Imperium Romanum an. Einer kleinen Oberschicht aus Senatoren, Rittern und Gemeinderäten (*decuriones*) standen Millionen von Einwohnern gegenüber, die am Rande des Existenzminimums lebten. Für einen einfachen Lohnarbeiter, dessen Tagesverdienst zwischen einem und vier Sesterzen lag, stellten die 100 000 Sesterzen, die ein Gemeinderat für die Zugehörigkeit zum Dekurionenstand aufbringen musste, ein unerreichbares Vermögen dar. Gemessen aber an der eine Million Sesterzen, die das Mindestvermögen zur Aufnahme in den Stand der Senatoren, den *ordo senatorius*, darstellte, war dies nur ein bescheidener Reichtum. Die Vermögen resultierten vornehmlich aus den großen Ländereien, die sich im Besitz der oberen Schicht befanden. Nur wenigen gelang es, durch Handel und Geldverleih zu Wohlstand zu kommen. Trotz des ausgedehnten Handels, der in der frühen Kaiserzeit aufblühte, war die Agrarproduktion im Römischen Reich die dominierende Wirtschaftsform. Die reichsten Männer brachten es durch Grundbesitz auf Spitzenvermögen von 300 bis 400 Millionen Sesterzen. Dass Reichtum und scharfe Kritik an Luxus und Prunk kein Widerspruch sein mussten, bewies Seneca. Der Philosoph, der beklagte „seit das Geld in hohen Ehren steht, ist der wahre Wert der Dinge dahin", erwirtschaftete innerhalb von vier Jahren 300 Millionen Sesterzen. Trotz der vielfach miserablen Lebensverhältnisse und den daraus resultierenden sozialen Spannungen, kam es nicht zu nennenswerten Aufständen gegen Kaiser und herrschende Elite. Die Abhängigkeit vieler einfacher römischer Bürger, Freigelassener und Sklaven von der Oberschicht, aber auch die Heterogenität der Unterschichten verhinderten Massenrevolten. *Herwig Kenzler, S. 57*

▶ Glossar: Decurio, Martial, Polis, Sallust, Senator, Seneca, Sesterz

M4 Armut galt als Schande

Kritik an dem herrschenden System blieb weitgehend aus. Nur selten finden sich in den Schriftquellen Passagen, die das gesellschaftliche Ungleichgewicht und die Armut kritisieren. Der römische Geschichtsschreiber und Politiker Sallust schreibt: *Armut galt als Schande, Unbescholtenheit sah man als bösen Willen an. So kam infolge des Reichtums Üppigkeit und Habsucht und auch Hochmut über die Jugend: Man raubte, prasste, achtete seine Habe gering, begehrte fremdes Gut; Ehrgefühl und Zucht, göttliches Gebot und menschliches Recht, alles war ihnen einerlei, sie kannten keine Rücksicht, keine Hemmung.*

Sallusts Kritik richtete sich nicht gegen die durch Reichtum und Luxus größer werdende Kluft zwischen Arm und Reich. Wie viele Luxuskritiker wendet er sich gegen die moralischen Verfehlungen der Vermögenden, die traditionelle Werte wie Sparsamkeit und Bescheidenheit nicht befolgten. Die es gar wie Seneca als aufregendes Abenteuer empfanden, einige Tage frei von Annehmlichkeiten auf Probe in Armut zu verbringen, um anschließend festzustellen:

Sorgenfreier werden wir im Reichtum leben, wenn wir die Erfahrung gemacht haben, wie wenig schwer es ist, arm zu sein. *nach Herwig Kenzler, S. 63*

Aufgaben

1 Interpretieren Sie das Wandgemälde aus Pompeji als Antwort auf die Frage in der Überschrift. → M1

2 Es gibt mindestens zwei Arten von Herrschaftsverhältnissen:
   a) die Herrschaft des Menschen über den Menschen (das ist Politik)
   b) die Herrschaft des Menschen über die Natur (das ist Arbeit)

   Welche Art der Herrschaft üben Sklaven aus? Begründen Sie Ihre Antwort und erläutern Sie sie mit passenden Beispielen. → M1, M2

3 Informieren Sie sich über den Begriff *oikos* und stellen Sie in einer Mindmap dar, warum *oikos* sowohl ein ethischer als auch ein politischer Begriff ist. → M2

4 Erläutern Sie den Satz *Haste was, biste was!* am Beispiel der römischen Antike. → M3

5 Formulieren Sie in Form einer These, welches ethische Problem Sallust damals hatte, und diskutieren Sie in Kleingruppen, ob es noch aktuell ist. → M4

3 Mittelalter – besser arm als reich

Was bedeutet die

M1 Umberto Eco „Der Name der Rose"

Der Roman „Der Name der Rose" spielt im hohen Mittelalter. Der fiktive Chronist des Romans Adson, ein alter Benediktinermönch des Klosters bei Melk, schreibt am Ende des 14. Jahrhunderts auf, was er als junger Novize auf einer Italienreise in einer oberitalienischen Benediktinerabtei erlebt hat: Adson begleitet im November 1327 den englischen Franziskanermönch William von Baskerville in einer geheimen diplomatischen Mission. Kaiser Ludwig der Bayer will sich sein kaiserliches Erbe in Italien sichern. Dazu versucht er die emanzipatorischen Interessen der italienischen Fürsten gegen den Papst Johannes XXII. auszuspielen. Der Franziskaner William soll als Botschafter des Kaisers in einer prachtvollen Benediktinerabtei eine Besprechung zwischen einer Delegation des pontifikalen Hofes und Mitgliedern der der Ketzerei verdächtigen Franziskanergruppe vorbereiten. Anlass zu dieser Besprechung sind Splittergruppen der Franziskaner, die den Reichtum der Kirche kritisieren und darum eine Gefahr für das Papsttum darstellen. Deshalb will Johannes XXII. gegen Minoriten, Fratizellen, Spiritualen und andere Häretiker vorgehen. Dem Kaiser kommen diese allerdings entgegen, da sie behaupten, dass materielle Reichtümer nicht kirchlichen, sondern weltlichen Herrschern zustehen. William soll in diesem Zusammenhang helfen, das Verhältnis des Ordens zur Kirche zu regeln. Da die Franziskaner die Bestimmung zur Armut vertreten, nutzt sie Ludwig, um mithilfe ihrer Argumente die politische Macht des Papsttums und das Ansehen des Papstes zu untergraben.

nach Cerstin Urban, S. 16f

M2 Radikale Armut

Ubertin erhob sich. Vor allem, sagte er, müsse man sich darüber im klaren sein, dass Christus und seine Jünger einen Doppelstatus gehabt hätten. Zum einen seien sie Würdenträger der Kirche des Neuen Testaments gewesen, und als solche hätten sie, im Hinblick auf ihre Gewährungs- und Verteilungsbefugnis, weltliche Güter besessen, um sie den Armen und den Dienern der Kirche zu geben, wie es geschrieben stehe im vierten Kapitel der Acta Apostolorum, und das wolle niemand bestreiten. Zum anderen aber seien Christus und die Apostel auch als Privatpersonen anzusehen, als Grundpfeiler jeder religiösen Vollkommenheit und als vollkommene Weltverächter. In diesem Zusammenhang gebe es nämlich zweierlei Arten von Haben. Die eine sei zivil und weltlich und in den kaiserlichen Gesetzen mit den Worten *„in bonis nostris"* definiert, denn „unser" würden dort jene Güter genannt, die man verteidigen und, wenn sie einem genommen werden, zurückfordern dürfe (und zu behaupten, Christus und die Apostel hätten in diesem Modus weltliche Güter besessen, sei eine häretische Aussage, heiße es doch bei Matthäus im fünften Kapitel: „So jemand mit dir rechten will und deinen Rock nehmen, dem lass auch den Mantel", und nichts anderes steht auch im sechsten Kapitel bei Lukas, mit welchen Worten Christus jede weltliche Habe und Herrschaft von sich gewiesen und seinen Jüngern geboten habe, desgleichen zu tun, siehe dazu auch Matthäus Kapitel neunzehn, wo Petrus zum Herrn sagt, sie hätten alles verlassen, um ihm zu folgen). [...] Mithin hätten Christus und seine Jünger die Dinge nicht im *Besitz* gehabt, sondern im *Nießbrauch*, so dass ihre Armut dadurch in keiner Weise geschmälert worden sei. Wie es bekanntlich auch schon Papst Nikolaus II. anerkannt habe.

Umberto Eco, S. 436f

Armut Christi für uns?

M3 Zweierlei Armut

Auf der Gegenseite erhob sich nun Jean d'Anneaux und sagte, seines Erachtens verstießen die Ansichten Ubertins gegen die rechte Vernunft und gegen die rechte Auslegung der Heiligen Schrift. Alldieweil man bei Gütern, die durch den Gebrauch vernutzt oder aufgezehrt werden, wie eben bei Brot und Fisch, nicht von bloßem Nutzungsrecht sprechen könne, auch gebe es da keinen faktischen Nießbrauch, sondern nur Missbrauch. Alles, was die Gläubigen in der Urkirche als Gemeineigentum gehabt hätten, wie aus Acta zwei und drei zu entnehmen, sei ihnen eigen gewesen. [...] Das Gelübde, ohne Besitz zu leben, erstrecke sich nicht auf die Dinge, derer der Mensch zum Weiterleben bedarf, und als Petrus sagte, er habe alles verlassen, habe er damit nicht sagen wollen, er habe auf alles Eigene verzichtet. [...] Der faktische Nießbrauch lasse sich nicht vom juridischen Besitz unterscheiden; jedes menschliche Recht, kraft dessen man materielle Güter besitze, sei eingeschlossen in den Gesetzen der Könige; Christus als sterblicher Mensch sei vom Augenblick seiner Empfängnis an Besitzer und Eigentümer aller irdischen Dinge gewesen, und als Gott habe er vom Vater die unbeschränkte Verfügungsgewalt über alles erhalten; er sei mithin Eigentümer von Kleidung und Nahrung gewesen, auch von Geldern aus den Spenden der Gläubigen, und wenn er arm gewesen, so nicht aus Mangel an Eigentum, sondern weil er die Früchte seines Eigentums nicht genoss. [...] Und schließlich [...] könne der römische Pontifex in Fragen des Glaubens und der Moral jederzeit die Entscheidungen seiner Vorgänger widerrufen, ja in ihr Gegenteil verkehren.

Umberto Eco, S. 437f

M4 Jenseits von Pro und Contra

„Gibt es keine besseren Argumente", fragte ich bang meinen Meister. „Du kannst sie bejahen oder verneinen, mein guter Adson", sagte William, „aber niemals wirst du aus den Evangelien ablesen können, ob und in welchem Maße Christus das Hemd, das er trug (und das er vermutlich achtlos wegwarf, sobald es abgenutzt war), als sein Eigentum betrachtete. Und wenn du so willst, ist die Eigentumslehre des Thomas von Aquin sogar noch kühner als die von uns Minoriten. Wir sagen, wir besitzen nichts und benutzen alles. Thomas sagt, betrachtet euch ruhig als Eigentümer, solange ihr nur, wenn jemand Mangel leidet an etwas, das ihr besitzt, es ihm zum Gebrauch überlasst, und zwar nicht aus Barmherzigkeit, sondern aus Pflicht ... Aber im Grunde geht es gar nicht darum, ob Christus arm war. Im Grunde geht es darum, ob die Kirche arm sein soll. Und arm sein heißt nicht so sehr keine Paläste besitzen, sondern darauf verzichten, die irdischen Dinge bestimmen zu wollen."

Umberto Eco, S. 442f

Aufgaben

1 Schauen Sie sich die Verfilmung des Romans an, in der auch der Armutsstreit vorkommt.

2 Arbeiten Sie die Pro- und Contra-Argumente des Franziskanermönches und des Benediktinermönches heraus. ➜ M1, M2, M3

3 Analysieren Sie, woraus die Argumente ihre argumentative Kraft erhalten:
Vernunfterkenntnis versus Offenbarung,
logisch versus theologisch ➜ M2, M3

4 Informieren Sie sich im Geschichtsunterricht, was „Säkularisierung" ist, und erläutern Sie, warum dieser Begriff sowohl der Pro- als auch der Contra-Seite zu Grunde liegt. ➜ M4

▶ Glossar: Apostel, Armut (freiwillige), Bettelorden, Eco, Evangelium, Häretiker, Ludwig IV. der Bayer, Thomas von Aquin

4 Adam Smith: Alle Menschen sind Nutzenmaximierer

M1 Wirtschaft im Blick der Wissenschaft

NATÜRLICH HAT DER NUTZENMAXIMIERER ZUWEILEN EINEN SCHLECHTEN RUF...
... SO SOLL ER ETWA EIN **SELBSTSÜCHTIGER MISTKERL** SEIN!
WARUM ICH NICHT SOGAR MEINE KINDER VERKAUFE? GANZ EINFACH, WEIL SIE SPÄTER NOCH IM WERT STEIGEN... HAR, HAR!
GENAU!
SUPER IDEE!
WIE UNGLAUBLICH **RATIONAL!**
DENNOCH, IN DER WIRTSCHAFTSWISSENSCHAFT GILT **JEDER MENSCH** ALS NUTZENMAXIMIERER!
SOGAR DIESE **ÖKO-TANTE?**,... ODER DIESER **PENNER?**
EXAKT!
ER, SIE, DU, ICH, **WIR ALLE.**
SOGAR DER **LESER DIESES BUCHES** IST EIN NUTZENMAXIMIERER!
AUS ÖKONOMISCHER SICHT SIND **ALLE** NUTZENMAXIMIERER **GLEICH GESCHAFFEN.**
SOLL DAS HEISSEN, **DIESER** PENNER IST NICHT SCHLECHTER ALS **ICH?**
GENAU!
ER MAXIMIERT VIELLEICHT NICHT SEIN **EINKOMMEN...**
... ABER ER MAXIMIERT **ZEIT**, DIE
NUTZENMAXIMIERER SIND NÄMLICH MENSCHEN, DIE VERSUCHEN, **IHRE PERSÖNLICHEN PRÄFERENZEN ZU BEFRIEDIGEN!**
ICH MÖCHTE **ALLE LEBENDEN KREATUREN SCHÜTZEN!**
MAN SIEHT: IN DER WIRTSCHAFTSWISSENSCHAFT GEHT ES **GAR NICHT** IMMER NUR **UM GELD.**
ABER
GEHT ES
ICH KANN **LÄNGER SCHLAFEN** ALS ALLE ANDEREN!

M2 Der Egoismus des Kaufmanns

Dass die Regale in jedem Supermarkt gut gefüllt sind, hat etwas mit dem Willen und dem Gespür des Supermarktbesitzers zu tun. Er sorgt zuverlässig für Nachschub. Aber nicht ausschließlich, weil er seine Kunden glücklich machen will. Er will Geld verdienen und Gewinn machen. Das ist Egoismus. Ökonomen glauben, dass die Menschen von Grund auf eigennützig sind. Und sie nehmen an, dass dieser Eigennutz eine der Hauptursachen ist, warum ein Markt funktioniert: Der Kaufmann will viel Geld für sich und seine Familie einnehmen. Deswegen sucht er Produkte – Schokoladenriegel oder Tütensuppen, Zahnpasta oder Spaghetti –, die andere Menschen haben wollen. Er stellt sie ins Regal und bietet sie ihnen zum Verkauf an. Ganz schlicht ausgedrückt: Sein Egoismus macht die Regale voll.

Nicht vom Wohlwollen des Metzgers, Brauers und Bäckers erwarten wir das, was wir zum Essen brauchen, sondern davon, dass sie ihre eigenen Interessen

Yoram Bauman, S. 4-7

wahrnehmen. Wir wenden uns nicht an ihre Menschen-, sondern an ihre Eigenliebe, und wir erwähnen nicht die eigenen Bedürfnisse, sondern sprechen von ihrem Vorteil.
Formuliert hat diesen Satz Adam Smith, der als Vordenker der Wirtschaftswissenschaft gilt. Der schottische Philosoph, der von 1723 bis 1790 gelebt hat, schrieb die Worte in seinem Hauptwerk „Der Wohlstand der Nationen. Die Untersuchung seiner Natur und seiner Ursachen". *Winand von Petersdorff, S. 18ff*

Aufgaben

1 Spielen Sie für sich einmal durch, was alles nutzenmaximiert werden kann. ➜ M1
2 Benennen Sie alternative Definitionen vom Menschen. ➜ M1
3 Welche Position vertritt Adam Smith?
a) Egoismus ist etwas Moralisches.
b) Egoismus ist etwas Unmoralisches.
c) Egoismus ist moralisch neutral.
Begründen Sie Ihre Zuordnung. ➜ M2

▶ Glossar: Smith

5 Adam Smith: die unsichtbare Hand

M1 Die unsichtbare Hand

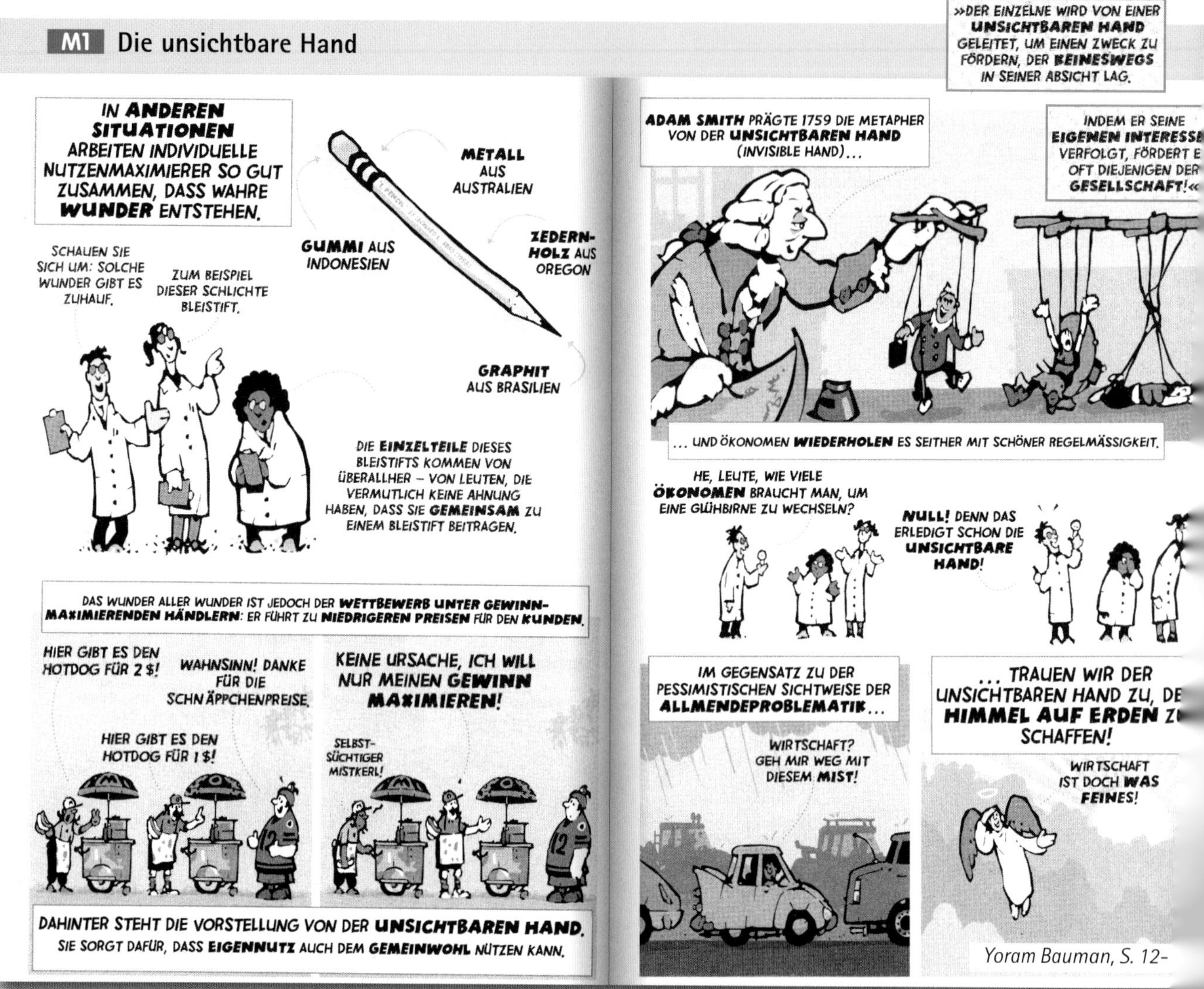

Yoram Bauman, S. 12-

M2 Die Tragödie der Allmende

Unter einer Allmende verstand man im Mittelalter eine allen Dorfbewohnern zur Benutzung freistehende Weidefläche; arme Bauern konnten ihr Vieh in Absprache mit den anderen Dorfbewohnern auf diesem gemeinsam genutzten Grund weiden lassen. Unter einer Allmende im weiteren Sinne versteht man Ressourcenbestände, die durch Gebrauch tendenziell gefährdet sind und dennoch kollektiv genutzt werden. Hierzu gehören beispielsweise Fischbestände, Wasserressourcen, saubere Luft oder das Weltklima, das durch den Ausstoß von klimaschädlichen Gasen „abgenutzt" wird.

Die *Tragedy of the Commons*, die *Tragödie der Allmende*, die Garret Hardins 1968 erstmals in einem Aufsatz in der Zeitschrift *Science* beschrieb, besteht darin, dass die Profite der Allmendenutzung zwar privat anfallen, die Kosten jedoch das Gemeinwesen insgesamt trägt. Jeder Bauer, der sein Vieh auf der Allmende weiden lässt, kommt in den Genuss besse-

rer Milch und gesättigter Rinder. Ist die Allmende jedoch durch die Übernutzung abgegrast und verödet, so muss das Dorf insgesamt den Schaden tragen. Tragisch ist diese Konstellation, weil der einzelne Bauer durch die Struktur regelrecht gezwungen wird, die Allmende bis zum Zusammenbruch zu nutzen: Tut er es nicht, tun es andere.

Felix Heidenreich, S. 47f

INFO

Klassischer Liberalismus

Eine klar ablehnende Position gegenüber Konzepten, die staatliche Eingriffe in das Wirtschaftsgeschehen vorsahen, entwickelte der Philosoph und Ökonom Adam Smith. Der von ihm begründete klassische Liberalismus beruft sich auf die Annahme, dass individuelles Gewinnstreben maßgeblich dazu beitrage, optimale wirtschaftliche Ergebnisse zu erreichen – woraus sich in der Summe wiederum deutliche Vorteile für die Allgemeinheit ergäben. Die „unsichtbare Hand" des Marktes führt aus Sicht des klassischen Liberalismus allerdings nur dann zu optimalen Ergebnissen, wenn ausreichende Anreize für individuelles Gewinnstreben (z. B. deutlich höhere Einkommen bei erhöhtem Arbeitseinsatz) und ein ungehinderter Wettbewerb zwischen den Marktteilnehmern vorhanden sind. Vor diesem Hintergrund sieht der klassische Liberalismus staatliche Eingriffe in wirtschaftliche Prozesse sehr kritisch. Allenfalls die Gewährleistung von innerer und äußerer Sicherheit sowie grundlegende wirtschaftliche Rahmenbedingungen (z. B. Sicherung des Wettbewerbs durch entsprechende Gesetze bzw. Verbote) werden als staatliche Aufgabe angesehen, aber keinesfalls eine aktive Wirtschaftspolitik. Im Zusammenhang mit dieser Grundannahme wurde deshalb das Stichwort des „Nachtwächterstaates" geprägt.

nach Duden Basiswissen Schule Politik/Wirtschaft, S. 40

Aufgaben

1 Benennen Sie den strukturellen Zusammenhang, für den die Metapher von der „unsichtbaren Hand" steht. → M1

2 Diskutieren Sie in Gruppen die Alternative, die der Comic am Ende aufmacht: Gier ist gut! – Ist sie nicht! → M1, M2

▶ Glossar: Ressourcen, Smith

6 Entfremdete und nicht entfremdete Arbeit

M1 Verwirklichung und Entfremdung

M2 Ein Leben an der Maschine

Ist ein Mann außerstande, seinen Lebensunterhalt ohne Hilfe einer Maschine zu verdienen, ist es dann recht, ihm die Maschine zu entziehen, nur weil die Bedienung eintönig ist? Sollen wir ihn lieber verhungern lassen? Ist es nicht besser, ihm zu einem anständigen Leben zu verhelfen? Kann der Hunger einen Menschen glücklicher machen? Wird aber die Maschine nicht bis zu ihrer völligen Leistungsfähigkeit ausgenutzt und trägt sie trotzdem zum Wohlbefinden des Arbeiters bei, müsste sich sein Wohlstand dann nicht um ein Beträchtliches vermehren, wenn er noch mehr produzierte und folglich auch eine größere Menge von Gütern als Gegenwert erhielte?

Ich habe bisher nicht finden können, dass repetitive Arbeit den Menschen schädigt. Salonexperten haben mir zwar wiederholt versichert, dass repetitive Arbeit auf Körper und Seele zerstörend wirke, unsere Untersuchungen widersprechen dem jedoch. Wir hatten einen Arbeiter, der tagaus, tagein fast nichts anderes zu tun hatte, als eine bestimmte Tretbewegung mit einem Fuß auszuführen. Er meinte, die Bewegung mache ihn einseitig; die ärztliche Untersuchung war zwar negativ, er erhielt aber selbstverständlich eine andere Tätigkeit zugewiesen. Wenige Wochen später bat er wieder um seine alte Arbeit. Trotzdem liegt die Vermutung nahe, dass die Ausübung ein und derselben Bewegung acht Stunden am Tage abnorme Wirkungen auf den Körper ausüben muss, wir haben dies jedoch in keinem einzigen Fall konstatieren können. Auf Wunsch werden unsere Leute regelmäßig versetzt; es wäre eine Kleinigkeit, dies überall durchzuführen, wenn nur unsere Leute dazu bereit wären. Sie mögen jedoch keine Veränderung, die sie nicht selbst vorgeschlagen haben. Einige unserer Handgriffe sind so eintönig, dass man es kaum für möglich halten sollte, dass ein Arbeiter sie auf die Dauer verrichten möchte. Wohl die stumpfsinnigste aller Verrichtungen in unserer Fabrik besteht darin, dass ein Mann einen Maschinenteil mit einem Stahlhaken aufnimmt, in einem Bottich mit Öl herumschwenkt und neben sich in einen Korb legt. Die Bewegung ist stets die gleiche. Er findet das Gerät stets am selben Platze, macht stets die gleiche Anzahl Schwenkungen und lässt es stets wieder auf den gleichen Platz fallen. Er braucht dazu weder Muskelkraft noch Intelligenz. Er tut kaum etwas anderes, als seine Hände sanft hin und her bewegen, da der Stahlhaken sehr leicht ist. Trotzdem verharrt der Mann seit acht langen Jahren an dem nämlichen Posten. Er hat seine Ersparnisse so gut angelegt, dass er heute etwa vierzigtausend Dollar besitzt – und widersetzt sich hartnäckig jedem Versuch, ihm eine bessere Arbeit anzuweisen!

Henry Ford, S. 122f

M3 Worin besteht nun die Entäußerung der Arbeit?

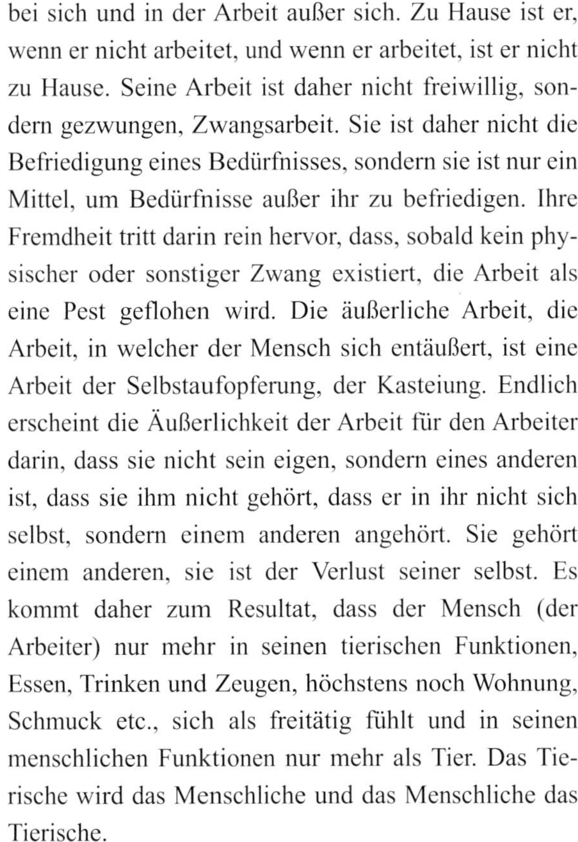

Erstens, dass die Arbeit dem Arbeiter äußerlich ist, d. h. nicht zu seinem Wesen gehört, dass er sich in seiner Arbeit nicht bejaht, sondern verneint, nicht wohl, sondern unglücklich fühlt, keine freie physische und geistige Energie entwickelt, sondern seine Physis abkasteit und seinen Geist ruiniert. Der Arbeiter fühlt sich daher erst außer der Arbeit bei sich und in der Arbeit außer sich. Zu Hause ist er, wenn er nicht arbeitet, und wenn er arbeitet, ist er nicht zu Hause. Seine Arbeit ist daher nicht freiwillig, sondern gezwungen, Zwangsarbeit. Sie ist daher nicht die Befriedigung eines Bedürfnisses, sondern sie ist nur ein Mittel, um Bedürfnisse außer ihr zu befriedigen. Ihre Fremdheit tritt darin rein hervor, dass, sobald kein physischer oder sonstiger Zwang existiert, die Arbeit als eine Pest geflohen wird. Die äußerliche Arbeit, die Arbeit, in welcher der Mensch sich entäußert, ist eine Arbeit der Selbstaufopferung, der Kasteiung. Endlich erscheint die Äußerlichkeit der Arbeit für den Arbeiter darin, dass sie nicht sein eigen, sondern eines anderen ist, dass sie ihm nicht gehört, dass er in ihr nicht sich selbst, sondern einem anderen angehört. Sie gehört einem anderen, sie ist der Verlust seiner selbst. Es kommt daher zum Resultat, dass der Mensch (der Arbeiter) nur mehr in seinen tierischen Funktionen, Essen, Trinken und Zeugen, höchstens noch Wohnung, Schmuck etc., sich als freitätig fühlt und in seinen menschlichen Funktionen nur mehr als Tier. Das Tierische wird das Menschliche und das Menschliche das Tierische.

Wir haben den Akt der Entfremdung der praktischen menschlichen Tätigkeit, die Arbeit, nach 2 Seiten hin betrachtet.

1) Das Verhältnis des Arbeiters zum Produkt der Arbeit als fremden und über ihn mächtigen Gegenstand. Dieses Verhältnis ist zugleich das Verhältnis zur sinnlichen Außenwelt, zu den Naturgegenständen als einer fremden, ihm feindlich gegenüberstehenden Welt.

2) Das Verhältnis der Arbeit zum Akt der Produktion innerhalb der Arbeit. Dieses Verhältnis ist das Verhältnis des Arbeiters zu seiner eigenen Tätigkeit als einer fremden, ihm nicht angehörigen, die Tätigkeit als Leiden, die Kraft als Ohnmacht, die Zeugung als Entmannung, die eigene physische und geistige Energie des Arbeiters, sein persönliches Leben – denn was ist Leben anderes als Tätigkeit – als eine wider ihn selbst gewendete, von ihm unabhängige, ihm nicht gehörige Tätigkeit.

Karl Marx, S. 465-588; S. 514f

Aufgaben

1. Beschreiben Sie die Tätigkeiten, die auf den beiden Bildern dargestellt sind. Arbeiten Sie insbesondere die Unterschiede heraus. ➜ M1
2. Beantworten Sie die Fragen Henry Fords in Form eines Briefes. ➜ M2
3. Formulieren Sie zu Henry Fords Beispielen eine allgemeine These. ➜ M2
4. Benennen Sie die zwei Faktoren, die für Karl Marx ausschlaggebend sind für die Entäußerung der Arbeit. ➜ M3
5. Erstellen Sie eine Mindmap, die den Unterschied zwischen entfremdeter und nicht entfremdeter Arbeit anschaulich macht.
6. Beantworten Sie die Fragen Henry Fords aus der Sicht von Karl Marx in Form eines Briefes. ➜ M2, M3
7. Entwerfen Sie eine Gesellschaft, in der alle Menschen sich selbst verwirklichen. ➜ M1–M3
8. Ist es für Sie wichtig, einmal einen Beruf zu haben, in dem Sie sich selbst verwirklichen können, oder ist es Ihnen egal? Begründen Sie Ihre Antwort.

▶ Glossar: Ford, Marx

7 Gerechtigkeit oder Ökonomie?

M1 „Auch in der Wirtschaft muss es Anstand geben"

Als im Frühjahr 2008 der Handy-Hersteller Nokia seinen Entschluss bekannt gab, das Bochumer Werk zugunsten einer neuen Produktionsstätte in Rumänien zu schließen, obwohl auch in Bochum Gewinne gemacht wurden, war die Empörung groß.

Nokia-Pressespiege

IG-Metall-Chef Huber wirft dem finnischen Konzern vor, Menschen zu verhöhnen – und die Öffentlichkeit in Deutschland zu belügen. Die Gewerkschaft droht mit Widerstand und Streiks.

Die Welt vom 22.1.2008

Der wirtschaftspolitische Sprecher der SPD-Fraktion, Thomas Eiskirch, warf Nokia derweil „Subventions-Hopping" vor. Das Verhalten des Unternehmens erinnere „fatal an Heuschrecken", die nur Fördermittel abgrasen wollten.

WDR vom 16.1.2008

Bundesarbeitsminister Ola Scholz: „Ich sage ganz klar: Das ist nicht anständig. Auch im Wirtschaftsleben muss es Anstand geben."

heise-online.de vom 18.1.2008

Bundesverbraucherminister Horst Seehofer tauscht aus Solidarität mit den Beschäftigten des Nokia-Werks in Bochum sein Handy aus. „Weil die Art und Weise, wie das abläuft, mir nicht gefällt", sagte Seehofer heute laut dpa. SPD-Bundestagsfraktionsvorsitzender Peter Struck habe sein Nokia-Gerät bereits zurückgegeben.

heise-online.de vom 18.1.2008

Ex-Ministerpräsident Edmund Stoiber: „Die Unternehmensführung von Nokia handelt unanständig, bringt mit ihrer allein auf Profitmaximierung ausgerichteten Geschäftspolitik die Soziale Marktwirtschaft in Verruf."

heise-online.de vom 18.1.2008

Der Deutsche Gewerkschaftsbund (DGB) geht so weit, zu einem Boykott des finnischen Konzerns aufzurufen. Dessen geplante Produktionsverlagerung nach Rumänien sei ein Beispiel für eine skandalöse Abzocke von Fördermitteln, sagte laut Hamburger Abendblatt der DGB-Landeschef von Rheinland-Pfalz, Dietmar Muscheid.

heise-online.de vom 18.1.2008

M2 Rheinischer Kapitalismus am Ende

Der Begriff „Rheinischer Kapitalismus" umschreibt das Wirtschaftsmodell der „alten" Bundesrepublik. Gemeint ist – in Abgrenzung zu Wirtschaftsordnungen angelsächsischer oder asiatischer Ausformung – ein System korporatistischer [körperschaftlicher], auf Konsens zielender Strukturen, die sich innerhalb eines demokratischen und die freie Marktordnung schützenden Rechtsstaates konstituieren und darauf gerichtet sind, breite Bevölkerungsschichten über einen ausgebauten Sozialstaat an der gesamtwirtschaftlichen Wertschöpfung teilhaben zu lassen. „Wohlstand für alle" hieß dies in Ludwig Erhards prägnanter Formel.

Die Zeitschrift *The Economist* verkündete zum Ausklang des Jahrhunderts das Ende des Rheinischen Kapitalismus und das Heraufziehen eines neuen Modells, des *shareholder capitalism*, in dem die Interessen der Aktionäre (die Wertsteigerung der Aktie = *shareholder value*) im Mittelpunkt stehen. Symbol dieses Wandels: die „feindliche Übernahme" der Mannesmann AG durch die britische Vodafone. Europa sei auf dem (besten) Weg *„to be just another United States"*.

Lars Castellucci, S. 20

M3 Wachstum schlägt Gerechtigkeit

Es ist zugespitzt, aber nicht irreführend, wenn man konstatiert, dass die Ökonomie als selbstständige, von der Moralphilosophie getrennte Wissenschaft die Frage nach Gerechtigkeit in einem umfassenden Sinne sowohl aus dem Aussagezusammenhang ökonomischer Analysen als auch aus der Praxis des Wirtschaftens selbst weitgehend ausgeblendet hat. An die Stelle weitreichender Konzepte von Gerechtigkeit trat nunmehr die Wertgleichheit von Leistung und Gegenleistung im Sinne einer eng gefassten Tauschgerechtigkeit. Die vorher bestimmende Frage nach der angemessenen Verteilung von Einkommen und Vermögen wurde nunmehr ersetzt durch die *Untersuchung über das Wesen und Ursachen des Reichtums der Völker* (Smith, 1776), die dann später überführt wurde in die verwandte, aber besser formal handhabbare Frage nach den Bedingungen effizienten Wirtschaftens.

Wachstum und Fortschritt, das sind seit Adam Smith und dem klassischen Liberalismus Zauberworte, die an die Stelle des Streits um die Verteilung eines gegebenen Reichtums treten (sollen). Die Gerechtigkeitsfrage erscheint daher in dieser Sichtweise nicht nur analytisch störend, weil sie die Nationalökonomie unter das Kuratel der Moralphilosophie stellt, sondern auch als praktisch obsolet, weil gerade vom Wachstum die ärmeren Schichten der Bevölkerung einen besonders großen Nutzen ziehen. Dass das Thema „Gerechtigkeit“ zumindest lebensweltlich nicht mit ihrer weitgehenden Verbannung aus dem ökonomischen Fachdiskurs „erledigt“ war, das zeigen schon die sozialen Konflikte und gesellschaftlichen Umwälzungen, die sich in den folgenden zweieinhalb Jahrhunderten innerhalb und außerhalb Europas vollzogen.

Hans G. Nutzinger, S. 7f

M4 „Ruinieren Sie Ihre Nächsten"

Der Münchner Professor für Wirtschaftsethik Karl Homann (1943) im Interview mit* der tageszeitung.

taz: Herr Homann, erstmals, so hat eine Umfrage gezeigt, unterstützt eine Mehrheit der Bundesbürger die Soziale Marktwirtschaft nicht mehr. Sind die großen Unternehmen für diese Entwicklung verantwortlich?

Karl Homann: Ja. Die Menschen fragen nach Gerechtigkeit. Und da reicht ihnen der Hinweis auf die ökonomische Leistung überhaupt nicht. Im Gegenteil, diese Art von Antwort brüskiert sie eher. Dass die Zahl der Arbeitslosen in Deutschland um eine Million gesunken ist, verbessert die Akzeptanz für unser Wirtschaftssystem nicht.

•

Was machen die Unternehmen falsch?

Wir haben es mit einem sehr grundsätzlichen Problem zu tun. Unsere ethischen Vorstellungen wie Teilen, Mitleid und Solidarität stammen aus der vormodernen Gesellschaft, aus der Zeit vor dem Kapitalismus. Heute dagegen leben wir unter den Bedingungen des Marktes und des Gewinnstrebens – diese Realität steht für viele Menschen noch immer in einem intuitiven Gegensatz zum Gebot der Solidarität. Der Wettbewerb ist ein zentrales Element der Marktwirtschaft. Er kann die Lage der Menschen dramatisch verbessern, wenn der politische Rahmen stimmt. Trotzdem ist es intuitiv ungeheuer schwer zu verstehen, dass Konkurrenz ein sittlicher Imperativ sein soll. Solange die Mittel fair bleiben, dürfen, ja sollen Sie Ihren Nächsten in den Ruin treiben. Und sonntags sitzen Sie mit ihm zusammen auf der Kirchenbank. Das muss man erst einmal kapieren.

Karl Homann

Aufgaben

1. Erarbeiten Sie aus den Pressemeldungen zum Nokia-Konflikt die darin enthaltenen moralischen Forderungen an unternehmerisches Handeln. ➜ M1
2. Recherchieren Sie den Fall Nokia (oder ein vergleichbares Beispiel) genauer und prüfen Sie, inwieweit die Unternehmensführung die Werksverlagerung nach Rumänien ebenso moralisch rechtfertigen könnte. ➜ M1
3. Zeigen Sie auf, wie die Wirtschaftsethiker Nutzinger und Homann jeweils das Verhältnis von Wirtschaft und Moral bestimmen. ➜ M3, M4
4. Ist Gewinnstreben unmoralisch? Stellen Sie in Gruppenarbeit ethische Standards für unternehmerisches Handeln zusammen. ➜ M2–M4

▶ Glossar: Erhard, Kapitalismus, Korporation, Kuratel, Shareholder Value, Smith, Solidarität, Soziale Marktwirtschaft

8 Gerechte Löhne

M1 Die Pausenbrot-AG

Lisa und Sascha hatten die Idee. Sie gründeten eine Schülerfirma, um die neue Cafeteria in der Schule zu betreiben, und bauten auch einen Catering-Service für Schulveranstaltungen auf. Sie stellten ein Team zusammen, das abwechselnd in den Freistunden sich die Arbeit aufteilte, und der Gewinn wurde einfach in der Gruppe entsprechend den Arbeitszeiten aufgeteilt. Jetzt, nachdem der Betrieb aufgebaut ist und gut läuft, haben Lisa und Sascha andere Vorstellungen, die auf einer Mitarbeitervollversammlung diskutiert werden: Die Servicekräfte sollen für einen festen Stundenlohn (5 €) arbeiten, die Macher der Firma sollen sich den erwirtschafteten Gewinn aufteilen: Jürgen (Einkauf), Daniel und Murat (Marketing), Katharina (Snackkreationen) sollen zusammen 60 % erhalten. Lisa und Sascha wollen sich aus der operativen Arbeit zurückziehen, nur noch Überwachungsfunktion übernehmen und beanspruchen dafür 40 % des Gewinns.

M1, M3 Gerhard Gräber, S. 230

M3 Fragen der Lohngerechtigkeit

Ist es gerecht, dass Ältere mehr verdienen als Junge? Ist es gerecht, dass ein Sachbearbeiter in der Stahl- oder Holzbranche beinahe ein Drittel weniger verdient als einer bei Banken und Versicherungen? Ist es gerecht, dass ein Frankfurter 13 % mehr verdient als ein Braunschweiger? Ist es gerecht, dass Frauen 22 % weniger verdienen als Männer? Ist es gerecht, dass ein Akademiker von vornherein in eine höhere Gehaltsstufe kommt als beispielsweise Arbeitnehmer mit einem Fachschulabschluss? Die Beantwortung dieser Fragen hängt davon ab, wie die Kriterien der Lohnbildung jeweils gewichtet werden:

- **Markt:** die Produktivität der Branche
- **Leistung:** gleicher Lohn für gleiche Leistung
- **Situation:** Der Lohn bemisst sich nach den unterschiedlichen Lebenshaltungskosten in verschiedenen Städten und Regionen.
- **Aufwand:** Der Lohn vergütet Anstrengungen z. B. für die Ausbildung.
- **Bedarf:** Berücksichtigung sozialer Verpflichtungen wie Familie, Kinder etc.

M2 Löhne und Gehälter nach Branchen

Wirtschaftsbereich[1]	Bezahlte Wochenarbeitszeit für vollzeitbeschäftigte Arbeitnehmer[2] in Stunden	Bruttomonatsverdienst ohne Sonderzahlungen in Euro
Bergbau und Gewinnung von Steinen und Erden	41,2	3 302
Verarbeitendes Gewerbe	38,5	3 270
Energie- und Wasserversorgung	38,4	3 973
Baugewerbe	39,9	2 679
Dienstleistungsbereich	39,2	3 017
Handel	39,2	2 890
Gastgewerbe	39,5	1 896
Verkehr und Nachrichtenübermittlung	40,4	2 758
Kredit- und Versicherungsgewerbe	38,7	3 988
Grundstücks- und Wohnungswesen	39,0	3 118
Erziehung und Unterricht	38,5	3 121
Gesundheits-, Veterinär- und Sozialwesen	39,1	3 021

[1] Dienstleistungsbereich ohne öffentliche Verwaltung, Verteidig Sozialversicherung
[2] ohne Beamte

Statistisches Bundesamt, Vorläufige Ergebnisse für das 3. Quartal 2008, www.destatis.de

M4 Der Wert der Arbeit

Die Ethiker Hans Ruh (1933) und Thomas Gröbly (* 1958) forschen zu Fragen der Lohngerechtigkeit und werden hier von Redakteuren der Zeitschrift* EBKURS, *Magazin der EB Zürich, interviewt.*

EBKURS: Wenn jemand am Ende des Monats 5 000 Franken auf dem Lohnkonto hat und jemand anders 25 000 Franken, kann man davon ausgehen, dass die zweite Person fünfmal mehr geleistet hat als die erste?

Ruh: Lohnunterschiede widerspiegeln die Leistung nur zum Teil. Abgesehen davon ist es grundsätzlich schwierig, Leistung zu messen. Da müsste man sofort fragen, welche Kriterien angelegt werden. Zum Beispiel kann man darüber streiten, ob die Leistung eines Professors größer ist als diejenige einer Kindergärtnerin. Der Kindergarten ist unheimlich wichtig für die Entwicklung eines Kindes, also müsste diese Leistung gut honoriert werden.

In der Wirtschaft gibt es die Tendenz, die Fixlöhne durch Leistungslöhne zu ersetzen, also variable Lohnanteile an messbare Leistungen zu knüpfen. Was sagen Sie als Ethiker zum Leistungslohn?

Gröbly: Ich würde das eher als problematisch anschauen: Die Starken, Schnellen, Fitten werden belohnt. Das ist jetzt sehr en vogue, ist aber natürlich fatal für eine gut funktionierende Gesellschaft.

Wieso?

Gröbly: Weil nicht alle immer stark, schnell und fit sein können. Der Druck am Arbeitsplatz nimmt immer mehr zu, was in der Schweiz Kosten in Folge von Stress von jährlich mehr als vier Milliarden Franken erzeugt. In dieser Zahl sind die psychischen Leiden der Betroffenen und ihrer Angehörigen noch nicht eingerechnet.

Weshalb gibt es überhaupt so große Lohnunterschiede?

Ruh: Zum einen widerspiegeln Lohnunterschiede einfach die Macht- und Interessenordnung. Aber es gibt auch vernünftige Begründungen für Lohnunterschiede. Eine erste wäre: Wir müssen Anreize schaffen, dass fähige Leute sehr viel leisten. Dafür besteht ein volkswirtschaftliches Interesse. Der zweite Punkt: Wer gute Arbeit leistet, der muss auch belohnt werden.

Dann müsste der Vorstandsvorsitzende des Schweizer Pharmakonzerns Novartis, Daniel Vasella, der 300-mal mehr verdient als der Durchschnittslohn in seiner Firma, also 300-mal bessere Arbeit leisten. Lassen sich solche Unterschiede ethisch rechtfertigen?

Ruh: Nein. Die oberste Managerschicht erbringt nicht so gigantische Leistungen, dass das die Höhe ihrer Gehälter rechtfertigen würde. Auch der Markt bestimmt diese Löhne nicht, wie Manager oft behaupten. Der Markt spielt hier gar nicht, vielmehr setzt ein Kartell mit gleichen Interessen die Löhne fest.

Gibt es ethische Kriterien für einen gerechten Lohn?

Ruh: Am ehesten findet man Lösungen, wenn man vom System her denkt und sagt: Die Löhne müssen so ausgestaltet sein, dass für die gesamte Gesellschaft wünschbare Resultate herauskommen. Wir müssen die Voraussetzungen für eine Gesellschaft schaffen, in der die Menschen so frei leben können, wie es die liberale Ideologie eigentlich verspricht. Aber der Markt allein bringt das nicht zustande, das muss sozial verwirklicht werden. Der Grad der Freiheit jedes Einzelnen misst sich zuallererst am Alltag: Wie lebe ich, wie wohne ich, wie esse ich, wie gesund kann ich sein? Entsprechend müssen wir da hohe Löhne zahlen, wo wir in diesen Bereichen Verbesserungen erzielen können.

Zum Beispiel?

Ruh: Zum Beispiel für Kindergärtnerinnen und Kindergärtner, in Pflegeberufen oder auch für Personen, die sich um Behinderte kümmern. Die brauchen einen hohen Lohn, erstens weil sie etwas Wichtiges leisten und zweitens weil sie etwas leisten, das die Gesellschaft zum Teil nicht mehr übernimmt.

Thomas Gröbly; Hans Ruh, S. 6-11

Aufgaben

1 Führen Sie die Betriebsversammlung der Pausenbrot-AG im Rollenspiel durch. ➜ M1

2 Untersuchen Sie die Statistik nach auffälligen Lohnunterschieden. Überlegen Sie, wovon diese Differenzen abhängen. ➜ M2

3 Diskutieren Sie in Kleingruppen die Gerechtigkeitsfragen und entscheiden Sie, welche Kriterien Sie jeweils stärker gewichten würden. ➜ M3

4 Stellen Sie aus den Aussagen von Ruh und Gröbly einen Kriterienkatalog für gerechte Entlohnung zusammen. ➜ M4

9 Mit Ethik Geld verdienen

M1 Sauberer geht's ...

M2 Ethische Marketingstrategien

Der Zukunftsforscher und Unternehmensberater Matthias Horx (1955) stellt in seiner Internetzeitschrift „Zukunftsletter.de" Strategien des sogenannten „moral marketing" als zukunftsweisend für Unternehmen vor.*

→ Cause Promotion:
Unternehmen als Wachrüttler

Hoffnung auf vier Rädern: 700 Hyundai-Händler haben sich in den USA mit der gemeinnützigen Organisation **CureSearch** zusammengeschlossen, die sich für die Erforschung von Kinderkrebs einsetzt, um auf die hohe Zahl krebskranker Kinder aufmerksam zu machen. Kern der Aktion **„Hope on Wheels"** ist die Roadshow eines weißen Hyundai Tucson zu 30 Kinderkliniken in 22 US-Bundesstaaten. Erkrankte Kinder, die bereits Heilungserfolge erreicht haben, verewigen sich mit bunten Handabdrücken auf dem Auto, um anderen ein Zeichen der Hoffnung zu geben.

→ Cause-related Marketing:
Feel-good-Aktionen gegen Gewissensbisse

Grüne Klicks: Von Juli 2005 bis April 2006 spendete **AT&T**, größter Telekommunikationsanbieter in den USA, für jeden Kunden, der auf Online-Rechnung umstellte, Geld für die Pflanzung eines Baumes an die **National Arbor Day Foundation**, die sich für den Aufbau und Schutz des Waldes einsetzt. Innerhalb der ersten neun Monate der Aktion stieg die Online-Rechnungsrate um 54 %, was dem Konzern mit 70 Mio. Telefon- und 10 Mio. Breitbandkunden jede Menge Kosten spart.

→ Corporate Volunteering:
Das Do-it-yourself des neuen Moralismus

Die größte US-Baumarktkette, **The Home Depot**, hat Corporate Volunteering zum festen Bestandteil ihres gesellschaftlichen Engagements gemacht.
Allein 2006 engagierten sich 40 000 Home-Depot-Mitarbeiter ehrenamtlich für öffentliche Einrichtungen. Insgesamt spendete die Baumarktkette so über **1 Mio. Arbeitsstunden**, lieferte Baumaterial und unterstützte ca. 6 000 gemeinnützige Organisationen.

Matthias Horx

M3 Drei Positionen der Wirtschaftsethik

Trennung von Markt und Moral

Der Münchener Wirtschaftsethiker Karl Homann und seine Schüler verorten die Moral in einer modernen Marktwirtschaft vor allem in den Rahmenbedingungen. Das moralische Verhalten eines Einzelnen kann auf Dauer nur dann erhalten werden, wenn es sich als vorteilhaft erweist. Denn warum sollte ein Einzelner Zeit und Mühe auf sich nehmen und besonders umweltfreundlich produzieren, wenn sich andere weiterhin – und vielleicht nun erst recht – verschwenderisch verhalten? Die Rahmenbedingungen müssen daher so ausgestaltet werden, dass der Gute nicht auch der Dumme ist.

Primat der Ethik

Prominentester Kritiker einer solchen Ordnungsethik ist Peter Ulrich. Er kritisiert Homanns Ansatz als „ökonomischen Rahmendeterminismus". Das Gewinnmaximierungsverhalten, das bei Homann ein natürliches Marktprinzip darstellt und unter der Voraussetzung einer geeigneten Rahmenordnung sogar zu einer „moralischen Pflicht" des Unternehmers wird, stellt Ulrich mit seiner „Integrativen Wirtschaftsethik" prinzipiell in Frage. Er glaubt an einen „Primat der Ethik", der jede unternehmerische Handlung unter einen „Legitimitätsvorbehalt" stellt. Legitimes Gewinnstreben ist für ihn „stets moralisch begrenztes Gewinnstreben": Unternehmen sollen Handlungsspielräume im „Schnittmengenbereich" von Ethik und Erfolg aufspüren – im ethischen Konfliktfall notfalls aber auch auf Gewinne verzichten.

Einheit von Markt und Moral

Ein dritter Ansatz stammt vom Konstanzer Ökonomen Josef Wieland. Wieland sieht in dem von Ulrich postulierten „Primat der Ethik" eine durch nichts begründbare Sonderstellung der Ethik. Er lehnt eine hierarchische Ordnung der Entscheidungslogiken von Ethik und Ökonomie ab. Die Beziehung zwischen beiden Systemen beschreibt er in seinem „moralökonomischen Paradoxon" so: „Es gibt ökonomische Voraussetzungen von Moral und moralische Voraussetzungen von Ökonomie. Es gibt moralische Konsequenzen von Ökonomie und ökonomische Konsequenzen von Moral." Sowohl moralisch naive als auch ökonomisch verengte Unternehmensstrategien seien daher zum Scheitern verurteilt. Wieland selbst geht es in seiner „Governance-Ethik" darum, die Strukturen eines Unternehmens so zu gestalten, dass die „Tugendethik" des Einzelnen zur Geltung kommen kann. Unternehmensethik hat dabei für Wieland immer auch einen betriebswirtschaftlichen Aspekt. Denn Werte wie Ehrlichkeit, Loyalität oder Fairness sind in einer Welt unvollständiger Verträge wesentliche Elemente jeder gelungenen Kooperation.

Felix Rohrbeck

Aufgaben

1 Interpretieren Sie die Fotomontage, indem Sie dazu passende Werbeslogans entwerfen. ➜ M1

2 Diskutieren Sie die Frage: *Macht „moral marketing" die Wirtschaft ethischer oder handelt es sich dabei um eine bloße Instrumentalisierung von Ethik?* ➜ M2

3 Überlegen Sie, mit welcher Absicht die Schlüsselbegriffe als englische Ausdrücke übernommen werden. ➜ M2

4 Setzen Sie sich in Kleingruppen arbeitsteilig mit den drei wirtschaftsethischen Grundpositionen auseinander und formulieren Sie ein Statement zu „moral marketing" aus der Sicht der jeweiligen Position. ➜ M3

▶ Glossar: Hierarchie, Legitimität, Paradoxon, postulieren, Primat

10 Nachhaltigkeit ist Gerechtigkeit

M1 Was alles nachhaltig sein soll

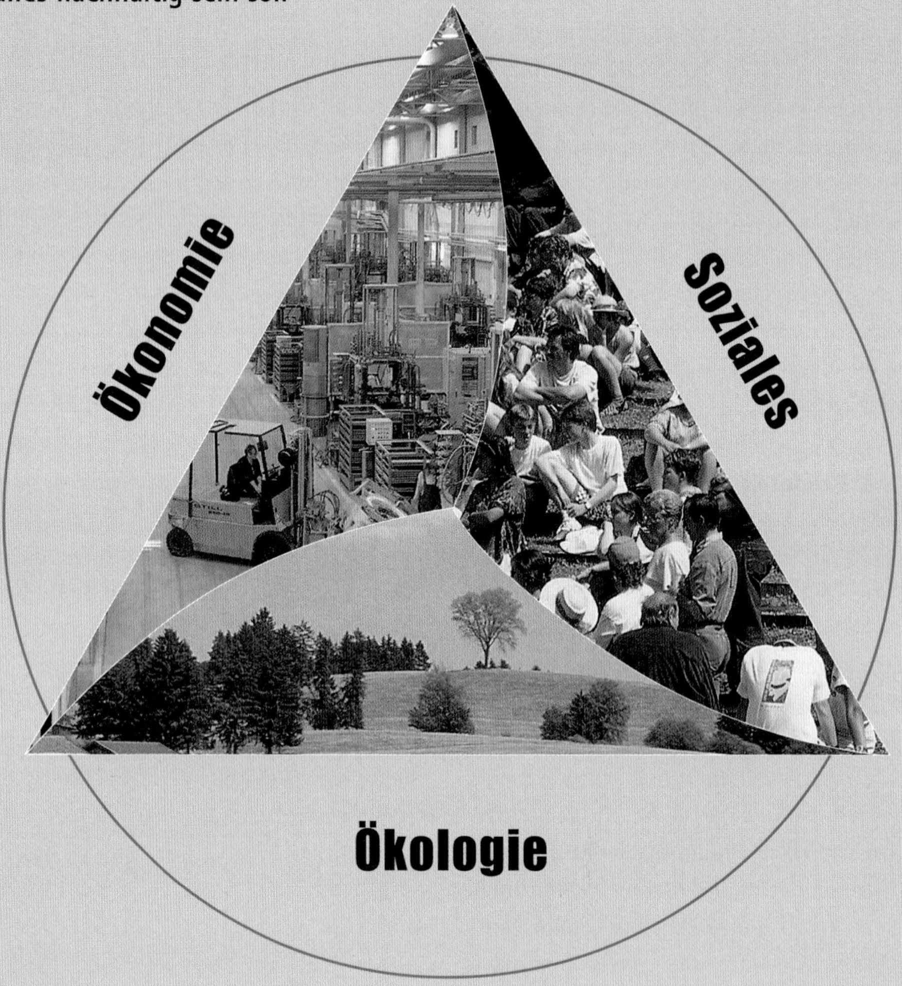

Ökonomie

Soziales

Ökologie

M2 Das Prinzip der Nachhaltigkeit

Die Grundlage der Nachhaltigkeit ist das Bemühen um die Bewahrung der natürlichen Lebensgrundlagen (Naturkapital), die Grundvoraussetzung jeglichen Lebens und Wirtschaftens sind. Unser Wohlstand gründet jedoch nicht nur auf den Naturvorräten, sondern auch auf gesellschaftlichen Bedingungen (Sozialkapital) und ökonomischen Grundlagen (produziertes Kapital). Auch diese gilt es zu bewahren und zu entwickeln. Nachhaltige Entwicklung bedeutet daher umfassende Substanzerhaltung zur Sicherung zukünftiger Entwicklung. Für Unternehmen heißt nachhaltige Entwicklung, die eigenen Produkte und Leistungen sowie Geschäftsprozesse so zu gestalten, dass sie ökonomischen, ökologischen und sozialen Zielen gerecht werden.

Institut für Betriebswirtschaftslehre der Universität Kassel, Forschungsgruppe Betriebliche Umweltpolitik 2003

M3 Nachhaltigkeit und Gerechtigkeit

Gerechtigkeit – viele sprechen auch von der sozialen Dimension der Nachhaltigkeit – ist neben dem Ziel der ökologischen Tragfähigkeit die zentrale Kategorie des Nachhaltigkeitskonzepts. Was ist damit gemeint? Allgemein geht es darum, dass jedermann fair und moralisch „angemessen" behandelt wird. Menschen können voneinander bestimmte Handlungen verlangen, ja unter Umständen schulden sie sich diese. Bei Gerechtigkeit geht es also um soziale Verbindlichkeit, um Rechte, die zu erfüllen ein anderer die Pflicht hat. Damit ist sie zu unterscheiden von Solidarität, Großzügigkeit oder Barmherzigkeit, die man nur erhoffen oder erbitten kann. Für die Einzelnen geht es um Grundversorgung mit Lebensmitteln, Wohnung, Kleidung, Gesundheit und elementare politische Rechte, für die Gemeinschaft um Toleranz, Solidarität, Integrationsfähigkeit und Gemeinwohlorientierung.

Im Sinne der Nachhaltigkeitsdefinition der Brundtland-Kommission lassen sich zwei Prinzipien unterscheiden: Gerechtigkeit zwischen und innerhalb der Generationen. Die grundlegenden Menschenrechte haben beispielsweise Gerechtigkeit innerhalb der gegenwärtigen Generation zum Ziel.

Gerechtigkeit zwischen den Generationen meint, knapp formuliert, dass wir nicht auf Kosten unserer Enkel und Urenkel leben. Was das für den gegenwärtigen Lebensstil der Menschen in den Entwicklungs-, Schwellen- und Industrieländern konkret bedeutet und in welchem Zustand die Natur den nächsten Generationen überlassen werden soll, darüber sind sich die Politiker, Wissenschaftler und Interessenvertreter der Welt nicht ganz einig. In Rio verständigte man sich zumindest darauf, dass die Industrieländer ihren Ressourcenverbrauch tendenziell einschränken müssen, während den Entwicklungsländern noch eine zunehmende Nutzung der Natur zugestanden wurde.

nach Michael Kopatz, S. 13f

M4 Checkliste: nachhaltiges Wirtschaften

Bereich Produkte / Leistungen
- Nutzungsfolgen
- Langlebigkeit / Modularität
- Recyclebarkeit

Bereich Materialien / Ressourcen
- Material- und Energieeinsatz
- Schadstoffe
- Nachwachsende Rohstoffe

Personal
- Mitarbeiterbeteiligung
- Integration
- Berufliche Ausbildungsplätze
- Sozialleistungen
- Frauenförderung
- Familienförderung

Leistungsprozesse
- Betriebsgrundstück / Altlasten
- Reduktion des Energieeinsatzes / Energiemix
- Abfallvermeidung / -reduktion
- Verkehr

Kunden / Lieferanten / sonstige Partner
- Faire Handelsbeziehungen
- Kooperation / Symbiosen

Institut für Betriebswirtschaftslehre der Universität Kassel, Forschungsgruppe Betriebliche Umweltpolitik 2003

Aufgaben

1 Erarbeiten Sie mithilfe des Bildes eine Definition des Begriffs Nachhaltigkeit. → M1

2 Entwickeln Sie eine Argumentation für eine ethische Begründung des Nachhaltigkeitsprinzips. → M2

3 Erarbeiten Sie zu den Nachhaltigkeitskriterien passende Fragestellungen. → M4

4 Entwerfen Sie einen Werbe-Flyer für ethisches Investment. → M1-M4

▶ Glossar: Brundtland-Kommission, Entwicklungsländer, Industrieland, Ressourcen, Rio-Konferenz, Schwellenländer, Solidarität

11 Fairer Handel

M1 Was fairer Handel erreichen will

Fair Trade

Fairer Handel ist eine Handelspartnerschaft, die auf Dialog, Transparenz und Respekt beruht und nach mehr Gerechtigkeit im internationalen Handel strebt. Durch bessere Handelsbedingungen und die Sicherung sozialer Rechte für benachteiligte ProduzentInnen und ArbeiterInnen – insbesondere in den Ländern des Südens – leistet der Faire Handel einen Beitrag zur nachhaltigen Entwicklung.

Elmar Klevers

M2 Weltarmut und Ethik – Gibt es eine moralische Pflicht zur Hilfe?

Die Universitätszeitschrift „unipublic" hat sich mit Barbara Bleisch darüber unterhalten.

unipublic: Die Publikation „Weltarmut und Ethik" geht der Frage nach, ob es eine moralische Pflicht gibt, armen Menschen zu helfen. Darüber scheint kein Konsens zu bestehen?

Bleisch: Es ist nicht nur in der Politik und Gesellschaft, sondern auch unter Ethikerinnen und Ethikern eine umstrittene Frage, ob und inwiefern es eine solche Pflicht zur Hilfe gibt. Eine wichtige Erkenntnis ist, dass Menschen Moral in erster Linie als eine Sache der näheren Umgebung betrachten. Wenn wir einen verletzten Menschen auf der Straße liegen sehen, fühlen wir uns direkt angesprochen, ihm zu helfen.

•

Im Gegensatz zum Hilfebedarf in der näheren Umgebung geht es in Ihrer Publikation um die „Weltarmut". Gemeint ist damit die extreme, existenzbedrohende Armut. Diese Form von Armut ist für uns weiter weg.

Genau, und deshalb empfinden wir auch weniger die moralische Pflicht zu helfen. Unsere Fähigkeit, uns ins Leiden anderer einzufühlen, ist auf Distanz oft nicht vorhanden. Es fällt uns leichter, uns vorzustellen, selber arbeitslos zu werden, als in einem Slum in Nairobi zu leben. Wenn wir einen Einzahlungsschein erhalten für die Flüchtlinge in Somalia, fühlen wir uns deshalb moralisch nicht zur Hilfe verpflichtet, sondern betrachten eine Spende als freiwillig. Wenn alle Menschen gleichwertig sind, dürfte die Distanz aus ethischer Sicht jedoch keine Rolle spielen.

•

Welche ethischen Positionen lassen sich grundsätzlich hinsichtlich der Weltarmut unterscheiden?

Grob gesagt lassen sich vier Positionen unterscheiden. Die erste Position ist der Ansicht, wir schuldeten anderen Menschen nichts. Ob wir helfen wollen, sei eine persönliche Entscheidung, und entsprechend dürfe Hilfe beispielsweise nicht über Steuern zwangsweise finanziert werden. Die zweite Position postuliert, dass eine Pflicht zur Hilfe in extremer Not besteht, wobei sich diese Pflicht beispielsweise mit der Menschenwürde begründen lässt. Die dritte Position sieht zwar keine Pflicht zur Hilfe, verlangt aber, dass wir zumindest keinen Schaden anrichten. Diese Sichtweise beruht auf der empirischen These, dass die Weltarmut von den Industriestaaten zumindest mitverursacht sei, beispielsweise durch ungerechte Regeln der Weltwirtschaft. Die vierte Position postuliert eine globale Umverteilung, die aufgrund des massiven Wohlstandsgefälles zwischen Nord und Süd gefordert sei. Im Blick ist hier eine Art globale soziale Gerechtigkeit.

•

Sie und Peter Schaber argumentieren vor allem mit dieser zweiten Position. Warum?

Wir gehen davon aus, dass bei extremer Armut eine Pflicht zur Hilfe besteht, die sich aus der Menschenwürde ergibt. Ums nackte Überleben kämpfen zu müssen, nicht für sich und die Seinen aufkommen zu können und von der Gesellschaft ausgeschlossen zu sein, ist ein Zustand, der dem Menschen unwürdig ist und es ihm unmöglich macht, sich selber zu achten. *Barbara Bleisch*

Aufgaben

1 Interpretieren Sie das Bild, indem Sie Symbolik und Text miteinander in Beziehung setzen. ➜ M1

2 Suchen Sie die im Interview genannten ethischen Positionen heraus. ➜ M2

3 Entwerfen Sie verschiedene Rollen für eine Talkshow, in der folgende Frage diskutiert wird:
Gibt es eine ethisch begründbare Pflicht, fair gehandelte Produkte zu kaufen, auch wenn diese teurer sein sollten als vergleichbare andere Produkte?
Führen Sie die Talkshow in Ihrem Kurs durch.
➜ M1, M2

▶ Glossar: Bleisch, empirisch, postulieren

Was wir wissen

Menschen sind darauf angewiesen, ihre Lebensgrundlage wie beispielsweise Nahrung oder Wohnraum erwirtschaften zu müssen. Dafür setzen Sie Ressourcen (S. 74) ein, die knapp oder zumindest nicht unendlich vermehrbar sind. Ein Stück Land kann als Bauland, als Acker oder auch als Naturschutzgebiet genutzt werden. Egal wie man sich hier entscheidet, es entstehen immer Opportunitätskosten (S. 74), d. h. jede Nutzung schließt eine andere Art der Nutzung aus.

Wirtschaftsethik reflektiert sowohl den gerechten Umgang mit Ressourcen als auch deren gerechte Verteilung. Dabei berücksichtigt sie immer die durch den Ressourcenverbrauch anfallenden Lasten und Gewinne. (S. 86–95)

Antike / Moderne

In der Antike galten Geld und Wohlstand als Grundbestandteil eines gelungenen und glücklichen Lebens. Von ihnen hingen soziale Stellung und politischer Einfluss in der Gemeinschaft (Polis, S. 8–11) ab (S. 76f). Armut galt nicht nur als Unglück, sondern als Schande. Wer arm war, war durchaus dem Spott preisgegeben. Mit (körperlicher) Arbeit waren weder größere Geldsummen noch Ruhm oder Ehre zu erlangen (S. 76). Körperliche Arbeit wurde vorrangig von Sklaven ausgeübt. Das Phänomen des Grenznutzens des Wohlstands war bereits in der Antike bekannt. Der Historiker Sallust (S. 77) kritisierte, dass mehr Wohlstand nicht zwangsläufig mehr Glück bedeutet. Die Differenz *von Glück haben* und *glücklich sein* entsteht dann, wenn Geld und Wohlstand nicht mehr als Mittel angesehen werden, menschliches Glück zu realisieren, sondern zum Selbstzweck werden, so dass Geld und Wohlstand bereits das Glück sind, es sogar definieren.

In der Moderne wird dieser strukturelle Zusammenhang noch verstärkt: Die kapitalistische Produktion mit ihrer Vermehrung von Geld und Gütern allein um ihrer selbst willen lässt Arbeit absolut werden und führt zu einer entfremdeten Arbeitsexistenz (S. 84). Dem steht ein Leben in freier Selbstbestimmung entgegen. Die nicht entfremdete Arbeitsexistenz (S. 85) bezieht ihre materiellen Voraussetzungen als bloßes Mittel zum Zweck in Grenzen ein, lässt sich aber nicht darauf reduzieren.

Mittelalter

Zur Antike und Moderne steht das christliche Mittelalter in einem krassen Gegensatz. Das menschliche Glück wird neu definiert, indem es ganz auf einen Erlösung spendenden Gott bezogen wird. Erstrebenswert sind nicht länger Geld und Besitz, sondern das eigene Seelenheil, das in Orientierung an Jesus Christus gesucht werden muss. Die Versuchung, sich durch weltlichen Reichtum von der Orientierung an Jesus Christus ablenken zu lassen, wird in den Evangelien thematisiert. Eine zentrale Bibelstelle ist Lukas 18, 18–26. Hier fordert Jesus einen Reichen auf, seinen gesamten Besitz den Armen zu spenden, und beschließt die Aufforderung mit dem Satz: „Denn es ist leichter, dass ein Kamel durch ein Nadelöhr gehe, als dass ein Reicher in das Reich Gottes komme.“ Wie dieses Gleichnis zu interpretieren ist, darum rankt sich der Armutsstreit im 13. und 14. Jahrhundert, der zwischen Papst und Franziskanern auf das Heftigste geführt wurde. Die Abwertung der irdischen Güter versteht die päpstliche Kirche dahingehend, dass Reichtum und Wohlstand nicht schaden, solange der einzelne Mensch nicht an ihnen hängt. Dagegen setzen die Franziskaner die These, dass jeglicher Reichtum grundsätzlich abzulehnen ist, was auch und gerade für die Kirche selbst gilt.

Adam Smith

Die grundsätzliche Wende wird im 18. Jahrhundert durch den schottischen Moralphilosophen Adam Smith (1723 – 1790) vollzogen mit dessen Grundlagenwerk *An Inquiry into the Nature and Causes of the Wealth of Nations* (Untersuchung über das

Wesen und die Ursachen des Volkswohlstandes). Hier beginnt die moderne mathematisierte Wirtschaftswissenschaft. Der Neuanfang wird durch folgende Voraussetzungen ermöglicht:

Nutzenmaximierung

Smith definiert die einzelnen Menschen als nutzenmaximierende Akteure. Ihr Handeln wird verursacht durch das auf Eigenliebe beruhende Selbstinteresse: „Nicht vom Wohlwolen des Metzgers, Bäckers und Brauers erwarten wir das, vas wir zum Leben brauchen, sondern weil diese ihre eigeen Ziele verfolgen." Weil Interessen prognostizierbar sind, noralisches Wohlwollen hingegen nicht, eröffnet sich hier ie Möglichkeit mathematischer Berechnung. Smith fragt icht, wie Menschen handeln sollten, sondern danach, wie e faktisch agieren, und versucht dazu die Ursachen in ner umfassenden Theorie, die wirtschaftliche, politische nd kulturelle Faktoren berücksichtigt, zu bestimmen.

rbeitsteilung – freier Markt

rbeitsteilung wird von Smith als Prinzip der allgemeinen utzenmaximierung beschrieben. Sie ist damit nicht länger ır eine Aufteilung der Arbeit zwischen einzelnen Indiviıen, sondern ein Prinzip, das zur Effizienzsteigerung im beitsprozess führt: Jede Nation produziert lediglich das, s sie am leichtesten zu produzieren vermag. Davon profiren alle Nationen dann, wenn sie ihre Produkte unter den dingungen eines freien Marktes austauschen können. Das tike Wirtschaftsmodell der Polis, das auf Autarkie (Selbstrsorgung) setzt, wird in der Moderne überwunden.

sichtbare Hand

der Antike wurde der Preis eines Produkts vorrangig ch seine Produktionskosten bestimmt. Dieser sogenannıatürliche Preis wurde durch einschränkende und steude Mechanismen wie Zünften oder Gilden kontrolliert. dem freien Markt fällt diese Kontrolle weg. An ihre le tritt die „unsichtbare Hand"; Preise regulieren sich st wie durch eine unsichtbare Hand unabhängig von n Produktionskosten und marktfremden Kontrollinstan- Nur wenn Monopole die Bildung von Marktpreisen rbinden, können Preise unrealistisch sein. Da auf einem n Markt die Preisentwicklung den Charakter von Naturtzen annimmt, kann sie in mathematischen Formeln beieben werden.

nach Felix Heidenreich, S. 23–28

Was wir können

Das Ultimatumspiel

Stellen Sie sich vor, dass Ihnen jemand 100 Euro gibt – allerdings unter einer Bedingung: Sie müssen sich mit einer anderen, Ihnen unbekannten Person einigen, wie Sie beide die Summe untereinander aufteilen. Die Regeln sind streng. Sie und die zweite Person befinden sich in getrennten Räumen und können nicht miteinander kommunizieren. Ein Münzwurf entscheidet, wer von Ihnen vorschlägt, wie das Geld aufzuteilen ist. Angenommen, das Los trifft Sie. Sie dürfen dann ein einziges Teilungsangebot machen, und die andere Person kann dem Angebot zustimmen oder es ablehnen. Diese andere Person kennt ebenfalls die Regeln und die Gesamtsumme, um die es geht. Wenn sie zustimmt, wird das Geld dem Vorschlag gemäß aufgeteilt. Lehnt sie aber ab, so bekommt keiner von Ihnen etwas. In beiden Fällen ist das Spiel damit zu Ende und wird nicht wiederholt. Wie viel würden Sie offerieren?

nach Karl Sigmund, S. 55

Aufgaben:

1. Spielen Sie das Ultimatum-Spiel und notieren Sie sich den jeweiligen Spielausgang. Werten Sie Ihre Ergebnisse aus und beantworten Sie die Frage: Welchem Wert wurde der Vorzug gegeben, Fairness oder Altruismus?
2. Überlegen Sie sich Anwendungen des Ultimatum-Spiels auf die Problemfelder der Wirtschaftsethik, die Sie kennengelernt haben.

Filmtipp: Holy Days, USA 1994
Ein Ultimatum-Spiel der etwas anderen Art.

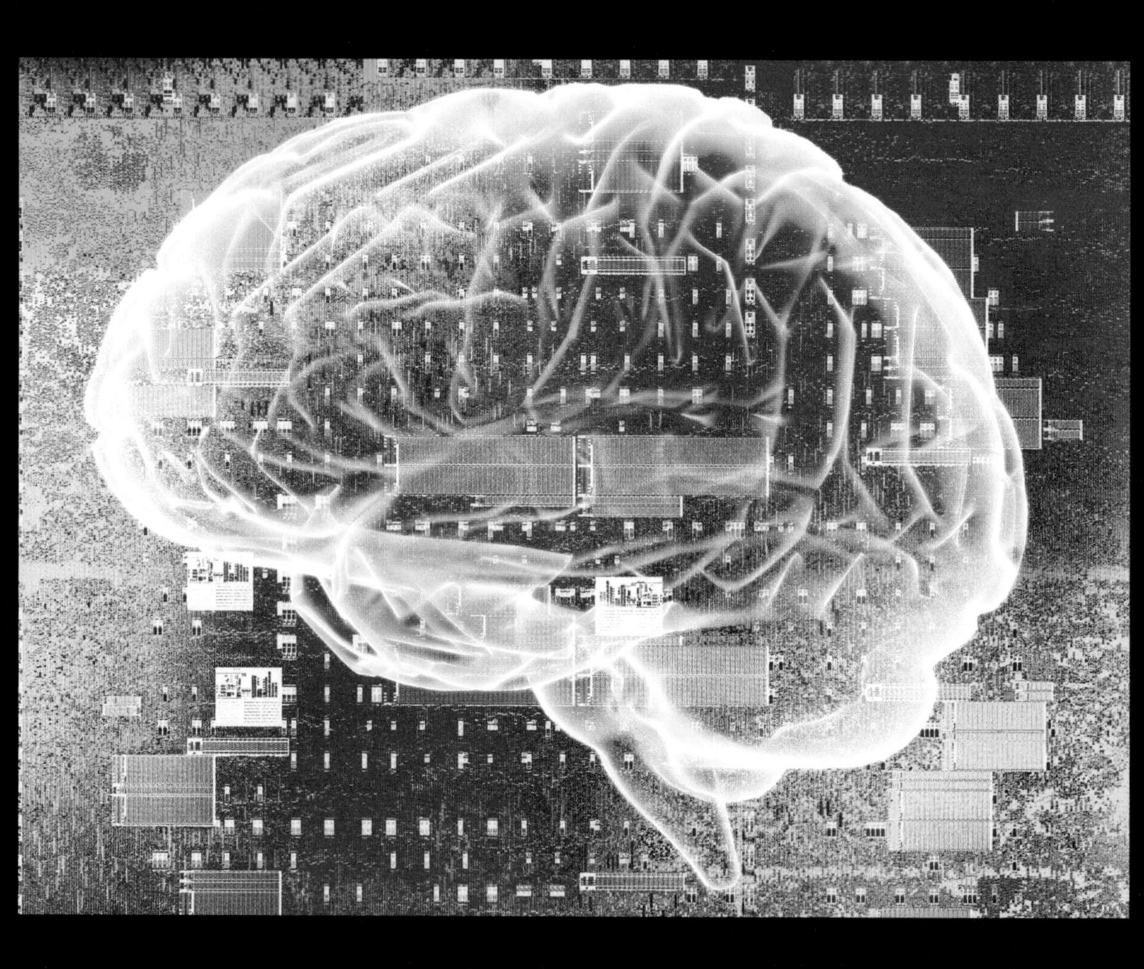

Medizinethik

Grundverständnis

Klassisch-aktuelle Fragen und Antworten

Ein Modell für viele Fälle

1 Was ist Medizinethik?

M1 In der Diskussion

Fehlkonstruktion Mensch?

Recht auf zwei Leben?

Die Unfreiheit zum Leben

Ohne Schmerzen, geistig fit

Recht darauf, nicht zur Welt zu kommen?

Wären Sie gerne ein Mensch?

M2 Medizin in der Steinzeit

Bei zahlreichen Knochenfunden aus der Jungsteinzeit hat man „Trepanagen“ beobachtet: Das sind meist runde Öffnungen der knöchernen Schädeldecke, die zu Lebzeiten der „Patienten“ äußerst sorgfältig vorgenommen wurden. Die meisten dieser Patienten haben diese Prozedur offenbar längere Zeit überlebt. Manche Schädel weisen sogar mehrere Trepanagen auf, von denen die letzte zum Tod geführt hat. Nach heutigem Wissensstand ist völlig unklar, welche Krankheiten auf diese Weise behandelt werden sollten. Manche Forscher vermuten einen religiösen Hintergrund. Gesichert ist, dass derartige Behandlungen nicht flächendeckend durchgeführt wurden; es hing also vom Zusammentreffen verschiedener Zufälle ab, ob eine Trepanage vorgenommen wurde.

Werner Fuß

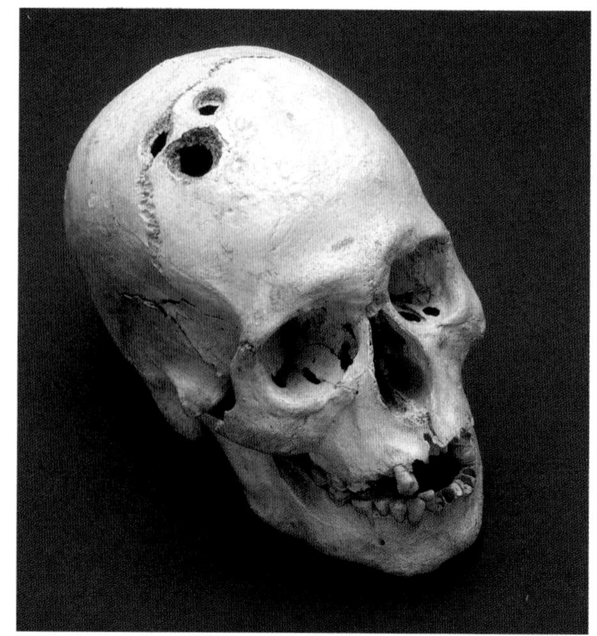

INFO

Medizinethik

Medizinethik ist ein Teilbereich der angewandten Ethik. Hier geht es um alle ethischen Fragen, die mit medizinischem Handeln zu tun haben.

Medizinethik umfasst mehrere Dimensionen: Zunächst geht es um die **persönliche Dimension**. Dieser Aspekt ist jedem Menschen aus eigener Erfahrung bekannt: die persönliche Arzt-Patient-Beziehung. Diese Beziehung entsteht zwischen einem eigenverantwortlich handelnden medizinischen Experten (z. B. Ärztinnen und Ärzten) und seinem Patienten.

Dazu tritt eine **sozio-ökonomische Dimension**; dabei steht die Verteilung begrenzter Ressourcen nach ethischen Prinzipien im Mittelpunkt. In Abhängigkeit von der wirtschaftlichen Leistungsfähigkeit einer Gesellschaft gelten manche Leistungen des Gesundheitssystems als frei verfügbar. Als Beispiel hierfür können in Mitteleuropa Antibiotika zur Behandlung bestimmter Infektionskrankheiten oder Insulin zur Behandlung einer Diabetes genannt werden. Andere Leistungen des Gesundheitssystems wie intensivmedizinische Maximalversorgung oder Organtransplantationen sind nur in beschränktem Maße verfügbar. In beiden Fällen entsteht die Forderung, die Verteilung dieser begrenzten Ressourcen nach ethischen Grundsätzen vorzunehmen. Eine ethische Entscheidung hierüber wird nicht mehr in der individuellen Arzt-Patient-Beziehung getroffen; vielmehr werden in relativ anonymer Weise Festlegungen getroffen. Diese Entscheidungen können unterschiedlichen Prinzipien folgen: Soll derjenige Patient bevorzugt ein Organtransplantat erhalten, der die besten Erfolgsaussichten hat (utilitaristisches Prinzip) oder soll jeder Transplantationskandidat eine „gleich faire" Chance auf Behandlung haben (egalitaristisches Prinzip)?

Als Drittes ist eine **weltanschaulich-politische Dimension** zu nennen. Diese Dimension wird fast ausschließlich im Kräftefeld von Politik, Justiz und weltanschaulicher Überzeugung verhandelt. Eine ethische Entscheidung über Präimplantationsdiagnostik, therapeutisches Klonen, Patientenverfügung und Sterbehilfe ist für jeden Einzelnen wichtig. Entscheidungen werden hier jedoch nicht im Einzelfall getroffen. Medizinethik ist hier nicht mehr mit „ärztlicher Ethik" im Sinn einer individuellen Arzt-Patient-Beziehung zu vergleichen. In dieser Dimension einer Ethik in der Medizin werden gesetzlich verbindliche Vorgaben gemacht, die von der Medizin als Ausführungsorgan umgesetzt werden.

Generell gilt: Wir alle sind von medizinethischen Fragestellungen unmittelbar betroffen, sei es als jetzige oder künftige Patienten, als Angehörige oder einfach als Mitmenschen. *Werner Fuß*

M3 Medizin heute

Das haben alle schon einmal erlebt: Jemand bricht sich einen Arm. Was passiert dann? Der Rettungsdienst wird gerufen und bringt den Patienten zu einem spezialisierten Arzt. Dieser richtet die Bruchenden so ein, dass der Arm wieder richtig zusammenwachsen kann, und legt z. B. einen Gipsverband an. Anschließend wird noch ein Röntgenbild gemacht, mit dem der Arzt überprüft, ob die Behandlung kunstgerecht durchgeführt wurde.

Anders ausgedrückt: Jeder kann heute darauf vertrauen, dass ein gebrochener Arm von speziell ausgebildeten Fachleuten kunstgerecht versorgt wird. Die Behandlung bleibt also nicht dem Zufall überlassen, die Chancen auf eine Heilung liegen in unserem Beispiel bei nahezu 100 %. Das ist unserem Gesundheitssystem zu verdanken. *Werner Fuß*

Aufgaben

1 Sammeln Sie weitere Stichpunkte oder Schlagzeilen aus den Medien und tragen Sie diese z. B. an einer Pinnwand zusammen; sortieren Sie Ihre Funde nach ihrer ethischen Bedenklichkeit, begründen Sie jeweils Ihre Auffassung (z. B. „Neue Gendiagnostik kann spätere Erkrankungen vorhersagen" > eher sehr bedenklich – „Neue Kniegelenksprothese entwickelt" > eher unbedenklich). ➜ M1

2 Führen Sie ein Rollenspiel zu folgender Situation durch: Stellen Sie sich vor, Sie könnten eine Zeitreise machen; dabei geraten Sie in die Steinzeit und verfolgen eine Trepanage. Welche Fragen könnten Sie dem Operateur oder dem Patienten stellen, welche Antworten könnten Sie erhalten? ➜ M2

3 Untersuchen Sie in Kleingruppen, wie unser Gesundheitssystem in folgenden Fällen tätig wird; präsentieren Sie Ihre Ergebnisse der gesamten Unterrichtsgruppe: AIDS-Erkrankung – Ertrinkender in einem Badesee – Verkehrsunfall mit Schwerverletzten – herannahende Geburt – andauernder Husten. ➜ M3

▶ Glossar: Patientenverfügung, Präimplantationsdiagnostik, Ressourcen, therapeutisches Klonen

2 Menschenwürde

M1 Menschenwürde als oberstes Prinzip

Die Menschenwürde ist zwar kein höchstes Denk-, wohl aber ein höchstes Moral- und Rechtsprinzip. Sie ist jene Grundregel im strengen Sinn von „Grund", die es ablehnt, dass Menschen für sich und gegen ihresgleichen in einen Abgrund von Barbarei verfallen. Auch wenn für ein derartiges Prinzip kein einziges etabliertes Begründungsverfahren existiert, gibt es doch einige Argumentationsstrategien, die teils Einwände widerlegen, teils mittels Unterscheidung verschiedener Begriffe den Gehalt jener Menschenwürde präzisieren, die unantastbar ist. Und zwei Argumente zur Begriffsklärung sind schon eingeführt: Zum einen ist die Menschenwürde kein gewöhnlicher moralischer Grundsatz, sondern ein schlechthin höchstes Prinzip, ein Axiom im Sinne eines Leitprinzips von Moral und Recht. Zum anderen ist es keine biologische Eigenschaft, sondern etwas, das es zu entdecken, zuzuschreiben und anzuerkennen gilt.

Otfried Höffe, S. 52

M2 Sonderstellung des Menschen in der Natur

Dass der Mensch im Zusammenhang der Natur steht, dass er beispielsweise, wie man in Westafrika erzählt, mit den Tieren den gleichen Vater hat und sich trotzdem vor allen Naturwesen auszeichnet – diese Sonderstellung ist so offensichtlich, dass von einer erstmaligen Entdeckung nicht die Rede sein kann. In beiden Traditionen, der Religion und der Philosophie, hat die Sonderstellung zwei Seiten, was zu einer ersten begrifflichen Unterscheidung führt: Die Sonderstellung ist ein Privileg, das man schon mitbringt, und eine Verantwortung, die man noch tragen muss; sie ist ein Mitbringsel und eine Aufgabe zugleich.

Noch in einer weiteren Hinsicht stimmen Religion und „heidnische" Philosophie miteinander überein. Beide kennen außergewöhnliche Menschen: die Religion beispielsweise Propheten, die Philosophie Naturforscher, Staatsmänner und Philosophen. Als Ebenbild Gottes oder als vernunftbegabt gilt aber schon der gewöhnliche Mensch.

Sobald man die Sonderstellung als Würde interpretiert, steht sie einerseits, als angeborenes Privileg, allen Menschen zu; sie ist eine unverdiente Würde. Andererseits, als angeborene Verantwortung, muss der Mensch sie sich verdienen. Sie bedeutet also eine Würde, der man durch seine Lebensweise würdig werden soll und die trotzdem, als bleibende Verantwortung, auch der Unwürdige nie verliert.

nach Otfried Höffe, S. 52ff

M3 Vernunft und Menschenwürde

Kant unterscheidet bei der Sprach- und Vernunftbegabung zwischen Verstand und Vernunft im engeren Sinn. Er leugnet nicht, dass sich der Mensch durch den Verstand auszeichnet, der ihn selbst Zwecke setzen und im Verlauf der Gattungsgeschichte ein mit allen biologischen Arten unvergleichliches Niveau an technischer und kultureller Leistungsfähigkeit entwickeln lässt. In dieser Hinsicht hat der Mensch die unveräußerliche Würde aber noch nicht erreicht. Nicht schon als *animal rationale*, als „Verstandesmensch", sondern erst als *animal morale*, als „Vernunftmensch", und zwar im Sinne der moralisch-praktischen, nicht schon der theoretischen Vernunft, besitzt er den absoluten inneren Wert. Und wegen dieser Würde muss man allen Vernunftwesen Achtung abverlangen, ausdrücklich aber nicht bloß den anderen, sondern auch sich selbst. Zu Recht hat die Würde des Menschen nach Kant eine Innen- und eine Außenperspektive, besser: eine personale und eine soziale Seite. Die Menschenwürde umfasst Selbstbild und Fremdbild zugleich.

nach Otfried Höffe, S. 66f

M4 Gesundheit als höchstes Gut?

Offensichtlich entscheidet über den Rang innerhalb des Nutzenwissens der Zweck, dem das Wissen nützt. Aus diesem Grund tut sich die Medizin zunächst leicht. Ihr Leitziel, die Gesundheit, gehört zu den elementaren Gütern jedes Menschen. Kranke und Verletzte, auch ältere Menschen räumen ihr sogar den höchsten Rang ein. Kinder, deren Erziehung und Bildung vernachlässigt werden, auch die Opfer von Gewalt, dürfen aber Einspruch erheben. Deshalb verzichte man auf den Superlativ und begnüge sich mit der einfachen Wichtigkeit: Das Gut, dem medizinische Verbesserungen dienen, darf sich rangmäßig mit den höchsten Gütern wie Bildung und Ausbildung oder Recht und Gerechtigkeit vergleichen.

nach Otfried Höffe, S. 125f

M5 Sokrates provoziert

Sokrates wurde im Alter von 70 Jahren in Athen zum Tod durch Einnahme eines Giftes verurteilt. Ihm war Lästerung der Götter und geistige Verführung Jugendlicher vorgeworfen worden. Zu dem Urteilsspruch trug bei, dass er die Anklage für ungerecht hielt und sich daher gegenüber dem Richterkollegium sehr respektlos verhalten hat.

Das Leitmotiv klingt provokativ, für ein Unternehmen, das dem menschlichen Leben dient, sogar skandalös: Sokrates plädiert für das Sterbenlernen. Sokrates vertritt sein Prinzip in jener Extremsituation, die der gewöhnliche Sterbliche als höchste Not empfindet: im Angesicht des eigenen Todes. Um ihren Meister zu retten, hatten seine Freunde Geld gesammelt, um sowohl die Wärter zu bestechen als auch das Schiff zu bezahlen, das Sokrates ins Exil bringen sollte. Der Philosoph aber weigert sich mit dem Argument, dass nicht die bloße Länge des Lebens zähle, sondern dessen Qualität. Wer sein Leben wahrhaft in der Philosophie verbracht habe, könne getrost sterben. Was man heute unter Philosophie versteht, hält Sokrates nur für einen Weg in das, worauf es im Leben letztlich ankomme und worüber Sokrates selbst im höchsten Maß verfügte: Es ist das Gute, Vernünftige und das Gerechte.

Wer diese Kriterien anerkennt, ist durchaus um sich selbst besorgt. Allerdings – sagt Sokrates zu Recht – komme er sich lächerlich vor, wenn er bis zur letztmöglichen Sekunde am Leben klebe.

nach Otfried Höffe, S. 133f

Aufgaben

1 Axiome kennen Sie aus der Mathematik. Versuchen Sie, Unterschiede und Gemeinsamkeiten zwischen mathematischen Axiomen und dem Axiom der Menschenwürde festzustellen und niederzuschreiben. → M1, M3

2 Bereits in der 8. Klasse beim Thema „Umweltethik" haben Sie sich mit der Stellung des Menschen in der Natur beschäftigt. Führen Sie vor diesem Hintergrund eine Diskussion: Kann man es rechtfertigen, z. B. Tieren oder Pflanzen eine „Würde" zuzuschreiben? Kann man es rechtfertigen, „besonderen Menschen" eine besondere Würde zuzuschreiben? → M2, M3

3 Trifft die Meinung des Philosophen Otfried Höffe, dass Gesundheit nicht wichtiger sei als z. B. Gerechtigkeit oder Bildung, nach Ihrer Meinung zu? Gestalten Sie ein Plakat, verfassen Sie eine Polemik oder entwerfen Sie eine Karikatur, in der ein Widerspruch zu Höffe pointiert dargestellt ist. → M4

4 Informieren Sie sich genauer zum Prozess gegen Sokrates in Athen, sehen Sie sich z. B. die Verteidigungsrede des Sokrates, die sog. „Apologie", an. Verfassen Sie anschließend einen Beitrag für eine Boulevardzeitung über den Prozess des Sokrates, z. B. einen Bericht aus der Verhandlung oder einen Kommentar. → M5

▶ Glossar: Axiom, Kant, Prophet, Sokrates

3 Wenn Menschenwürde verletzt wird

M1 Auschwitz – Endstation Vernichtung

Zur Erhaltung der Reinheit der deutschen Rasse wurden von Heinrich Himmler Massensterilisationen an Angehörigen minderwertig eingestufter Rassen angeordnet. Der Gynäkologe Prof. Dr. Carl Clauberg und Dr. Horst Schumann führten Sterilisationsversuche im Block 10 von Auschwitz I durch. Dr. Josef Mengele benutzte Zwillinge, Kleinwüchsige und Behinderte, um deren besondere Genstruktur zu erforschen. Sein Ziel war, die Fortpflanzungsfähigkeit der deutschen Bevölkerung zu steigern.

Andere SS-Ärzte experimentierten mit neuen, oft schädlichen Arzneimitteln, indem sie gesunde Häftlinge infizierten und anschließend Medikamente an ihnen testeten.

Häftlinge wurden auch direkt an Arzneimittelfirmen zu Versuchszwecken verkauft. In einem Brief einer Firma, die 150 weibliche Häftlinge „gekauft" hatte, an den Lagerkommandanten heißt es:

> „Die Experimente sind durchgeführt worden, alle Personen sind gestorben. In Kürze werden wir uns mit Ihnen zwecks weiterer Lieferungen in Verbindung setzen."

Häftlinge des Konzentrationslagers Auschwitz dienten auch zur Vervollständigung von anatomischen Sammlungen. So überwiesen die Lagerbehörden dem von Prof. Dr. August Hirt geleiteten Anatomieinstitut in Straßburg 115 speziell ausgesuchte Häftlinge zwecks Tötung und Vervollständigung der dort eingerichteten Skelettsammlung.

Da die Häftlinge über lange Zeit starkem Essensentzug ausgesetzt waren, verloren sie nicht nur an Körpergewicht, sondern ihre inneren Organe verkleinerten sich. Diese Situation nutzte Dr. Johann Kremer, der sich auf die „Hungerforschung" spezialisierte. Er versuchte auf diese Weise genauere Informationen über die Braune Leberatrophie (Leberschrumpfung) zu erhalten. Um den genauen Krankheitsverlauf studieren zu können, befragte Dr. Kremer die selektierten Häftlinge noch nach Einzelheiten, die für seine „Forschung" von Bedeutung waren. Anschließend wurden die Opfer mittels Phenolspritze getötet und seziert.

nach Claudia Irrmann

M2 Die Menschenversuche des Dr. Cutler

Berta zum Beispiel, nur ihr Vorname ist geblieben. Berta war Patientin in einer psychiatrischen Klinik in Guatemala, Berta starb als Versuchskaninchen der USA. Der Arzt aus den Vereinigten Staaten, er war damals 31 Jahre alt, spritzte ihr Syphilisbakterien und behandelte sie erst nach Monaten. Berta überlebte wie 82 andere diese Experimente nicht. Mindestens 1 300 Guatemalteken wurden zwischen 1946 und 1948 von einer nordamerikanischen Delegation mit Syphilis und Tripper infiziert, viele von ihnen Häftlinge und psychisch Kranke.

Die Erkenntnisse sollten vor allem dabei helfen, Soldaten der US-Army kurz nach dem Zweiten Weltkrieg besser pflegen zu können. Diese Episode sorgt nun für spätes Entsetzen und Schadenersatzklagen. Zufällig waren 2010 in dem mittelamerikanischen Land in einem Archiv Dokumente über die US-Menschenversuche entdeckt worden. Daraufhin hat sich US-Präsident Obama entschuldigt. „Das sollte das Gewissen nicht trotz, sondern wegen seiner medizinischen Komponente schockieren", findet die Kommissionsvorsitzende Amy Gutman von der Universität von Pennsylvania. „Eine historische Ungerechtigkeit" sei dies gewesen, und kein „Unfall". Die Täter hätten „nicht den geringsten Respekt für Menschenrechte und Moral" gezeigt.

nach Peter Burghardt, S. 8

M3 Arzneimittelerprobung heute

Neue Wirkstoffe werden heute meist von größeren Firmen gezielt entwickelt. Man versucht beispielsweise, Nebenwirkungen bisheriger Therapien zu vermindern oder die Wirksamkeit zu erhöhen. Zunächst wird die Verträglichkeit neuer Stoffe an Tieren und anschließend an gesunden Menschen getestet. In diesem Stadium

wird eine geeignete Dosierung gefunden und die Wirksamkeit des neuen Stoffes bei Menschen untersucht.
Die Versuchspersonen müssen im Vollbesitz ihrer geistigen Kräfte sein und werden vor Teilnahme an einer solchen Studie aufgeklärt über den Sinn der Studie, über Erfolgsaussichten sowie mögliche Risiken. Anschließend werden sie um ihre Einwilligung gebeten; diese müssen sie schriftlich erklären. Die Versuchspersonen geben ihr Einverständnis, wenn sie den Sinn der Erprobung verstehen können und wenn das Risiko einer Schädigung sehr gering erscheint. Patienten, für die es derzeit keine realistischen Heilungsmöglichkeiten gibt, erklären sich auch zu einem hohen Risiko bereit, weil sie für sich oder für andere eine Chance auf Linderung oder sogar Heilung erhoffen.
Gesunde freiwillige Versuchspersonen werden meist über Anzeigen gewonnen. Für die Teilnahme an einer solchen Erprobung müssen sie meist bestimmte körperliche Merkmale erfüllen, z. B. ein bestimmtes Höchstgewicht, eine bestimmte Blutgruppe oder ein Mindestalter haben.
Wichtigstes Verfahren ist hierbei die sog. „Doppelblindstudie". Diese Form der Erprobung neuer Wirkstoffe gibt es seit der Mitte des 19. Jahrhunderts. Die Doppelblindstudie ist ein Verfahren, bei dem weder die Ärzte noch die Patienten darüber informiert sind, ob mit einer wirksamen Substanz oder einem Placebo, das ist ein wirkstoffloses Scheinmedikament, behandelt wird. Sowohl Patienten als auch Ärzte sind also gewissermaßen „blind". Das Doppelblindverfahren soll erreichen, dass alle Patienten gleich behandelt werden, abgesehen von der Gabe eines Wirkstoffs bzw. Placebos. Nur so kann überprüft werden, ob tatsächlich der Wirkstoff einen Einfluss auf den Krankheitsverlauf hat und nicht andere, begleitende Maßnahmen.
Hat sich eine ausreichend große Zahl von Versuchspersonen mit einem neuen Wirkstoff behandeln lassen und sind die Ergebnisse wissenschaftlich ausgewertet, dann erst kann eine amtliche Zulassung eines Wirkstoffs für die regelmäßige Behandlung von Patienten erteilt werden.

Werner Fuß

M4 Kant und das Bundesverfassungsgericht

„Nun sage ich: der Mensch, und überhaupt jedes vernünftige Wesen, existiert als Zweck an sich selbst, nicht bloß als Mittel zum beliebigen Gebrauche für diesen oder jenen Willen, sondern muss in allen seinen, sowohl auf sich selbst, als auch auf andere vernünftige Wesen gerichteten Handlungen jederzeit zugleich als Zweck betrachtet werden. ... Der praktische Imperativ wird also folgender sein: Handle so, dass du die Menschheit, sowohl in deiner Person, als in der Person eines jeden andern, jederzeit zugleich als Zweck, niemals bloß als Mittel brauchest."

Immanuel Kant, Grundlegung zur Metaphysik der Sitten, S. 428f

„Der Mensch ist nicht selten bloßes Objekt nicht nur der Verhältnisse und der gesellschaftlichen Entwicklung, sondern auch des Rechts, insofern er ohne Rücksicht auf seine Interessen sich fügen muss. Eine Verletzung der Menschenwürde kann darin allein nicht gefunden werden.
Hinzukommen muss, dass er einer Behandlung ausgesetzt wird, die seine Subjektqualität prinzipiell in Frage stellt, oder dass in der Behandlung im konkreten Fall eine willkürliche Missachtung der Würde des Menschen liegt. Die Behandlung des Menschen durch die öffentliche Hand, die das Gesetz vollzieht, muss also, wenn sie die Menschenwürde berühren soll, Ausdruck der Verachtung des Wertes, der dem Menschen kraft seines Personseins zukommt, also in diesem Sinne eine ‚verächtliche Behandlung' sein."

Stefan Martini, S. 5f

Aufgaben

1 Erarbeiten Sie in Gruppen Antworten auf folgende Fragen und präsentieren Sie anschließend in systematischer Form Ihre Gruppenergebnisse:
   a) Inwiefern genau verstoßen die Maßnahmen in Auschwitz gegen die Rechtsprechung des Bundesverfassungsgerichts? ➔ M1, M4
   b) Inwieweit trifft das für die Versuche der US-amerikanischen Delegation in Guatemala zu? ➔ M2, M4
2 Veranstalten Sie eine Diskussionsrunde: Ist es sinnvoll, sich nach so langer Zeit mit Missständen aus der Vergangenheit zu befassen? ➔ M1, M2
3 Veranstalten Sie einen „Heißen Stuhl": „Ich würde nie freiwillig an einer Medikamentenstudie teilnehmen." – „Wenn ich schwer krank wäre, würde ich sofort einen noch unerprobten Wirkstoff an mir testen lassen." ➔ M3

▶ Glossar: Bundesverfassungsgericht, Himmler, Kant, Mengele

4 Zufällig oder geplant? – Anfang und Ende des Lebens

M1 Verwickelte Verhältnisse

Das ist der Genetiker mit deiner Leihmutter, hier ist dein Samenspender und der Klon deines Vaters, und das bin ich, wie ich dich halte, als du noch ein eingefrorener Embryo warst.

Matthias Kettner, S. 36

M2 Das Ende für die Zufallslotterie?

Dass Mann und Frau in der geschlechtlichen Vereinigung ein Kind zeugen und den Nachwuchs der Zufallslotterie der Natur überlassen – dieses Grundgesetz menschlicher Fortpflanzung ist nicht mehr die Regel. Reproduktionsmedizin, Stammzellforschung und Genetik sind dabei, jahrtausendealte Vorstellungen von Elternschaft und Familie zu verändern und die Schicksalhaftigkeit unserer genetischen Ausstattung zu überwinden. Spielt der Mensch tatsächlich Gott – oder machen Wissenschaftler und Mediziner nur, was sie seit je getan haben: die Grenze der Erkenntnis zum Wohle der Menschheit immer ein wenig weiter zu verschieben? Und lässt sich die Entwicklung überhaupt noch stoppen? Alle 80 Minuten wird heute irgendwo in Deutschland ein Kind geboren, das im Labor gezeugt wurde. Schon heute kann die Präimplantationsdiagnostik dazu dienen, das Geschlecht eines Kindes auszuwählen oder ein Kind zu zeugen, das als Zellspender für einen schwer kranken Bruder oder eine kranke Schwester geeignet ist.

nach Ulrich Bahnsen, S. 35f.

M3 Beginn und Ende der Menschenwürde?

In der Vergangenheit herrschte oft die Vorstellung, eine solche Würde besitze der Mensch erst seit der Geburt. Aus heutiger Sicht muss die individuelle Menschenwürde jedoch bereits vor der Geburt, pränatal, zugestanden und anerkannt werden. Mit ca. der fünften bis achten Schwangerschaftswoche setzt die Gehirnbildung ein; ab ca. der 12. Schwangerschaftswoche reagiert der Fetus auf Reize, zeigt durch Erhöhung der Herzfrequenz Stressreaktionen und antwortet auf angenehme oder schmerzhafte Einwirkungen. Weil mit der 24. Woche die Verbindung zwischen Hirnrinde und den sensorischen Organen des Körpers bzw. die Schmerzleitung des Gehirns ausgeprägt sind, ist ein Schmerzempfinden des vorgeburtlichen Lebens dann auf jeden Fall gegeben. Das entscheidende Argument lautet: Aufgrund seiner Individualität, seiner (relativen) Eigenständigkeit und kontinuierlichen Selbstentfaltung ist schon das vorgeburtliche Leben des besonderen Schutzes würdig. Allerdings wird dies heute auch vehement in Abrede gestellt.

An sich ist der Fortschritt der Medizin einschließlich gentechnologischer Verfahren ethisch zu begrüßen, insofern hierdurch für Kranke und Leidende neue Hoffnungen auf Präventions- und Therapiechancen eröffnet werden. Umgekehrt ermöglicht der medizinisch-technische Fortschritt freilich ebenfalls einen selektiven und manipulativen, „züchtenden" Zugriff auf menschliches vorgeburtliches Leben, der inhumane und eugenische Züge zu tragen droht.

nach Hartmut Kreß, S. 11–37

M4 Person und „Würde" in Japan

Ein neugeborenes Baby wird in Japan traditionell nicht als Person erachtet, bevor es nicht durch familiäre Rituale Mitglied der Gemeinschaft geworden ist. Zuvor erhält das Baby keinen Namen.
Vorgeburtliches Leben hat in Japan herkömmlich keinen eigenen individuellen Stellenwert. Vorgeburtliches und sogar geborenes Leben wird bis heute als „Schwebezustand zwischen diesseitiger und jenseitiger Welt", das sich in einem „Wachstumsstadium des Menschseins und zugleich Noch-nicht-Menschseins" befindet, oder als „Zwischenexistenz beider Welten" gedeutet (so der Philosoph Kyoichi Ozaki / Tokio). Vor diesem Hintergrund besteht bis heute kein rechtlicher Schutz von Feten vor der 22. Woche.
Analoge Auffassungen gelten für das Lebensende. Da das Ich familiär eingebunden ist und weil die Seele über viele Jahre hinweg aus dem Körper entweicht, ist es in Japan nur schwer nachvollziehbar, das Hirntodkriterium als Zeichen für ein individuelles und punktuelles Lebensende anzusehen. Das japanische Transplantationsgesetz von 1997 ist daher weltweit das restriktivste: Es lässt die Entnahme von Organen bei Hirntoten nur unter der doppelten Einschränkung zu, dass der Verstorbene zu Lebzeiten eingewilligt hat und, als weitere Einengung, die hinterbliebenen Angehörigen dies akzeptieren.

nach Hartmut Kreß, S. 11–37

M5 Wann endet das Leben eines Menschen?

Das deutsche Transplantationsgesetz verweist bei der Frage, wie der Tod festzustellen ist, auf die Kompetenz der Bundesärztekammer. In deren Richtlinien heißt es: „Mit dem Hirntod ist naturwissenschaftlich-medizinisch der Tod des Menschen festgestellt. Der Hirntod wird definiert als Zustand des irreversiblen Erloschenseins aller Funktionen des Groß- und Kleinhirns sowie des Hirnstamms (Ausfall der gesamten Hirnfunktionen)." (Dt. Ärzteblatt, Bd. 94, 1997) Voraussetzungen sind tiefe Bewusstlosigkeit, Atemstillstand und fehlende Hirnstammreflexe. Weil das Herz ein vom Gehirn unabhängiges Nervensystem besitzt, schlägt es weiter, wenn es mit genügend Sauerstoff versorgt wird. Durch eine kontrollierte Beatmung können trotz Eintreten des Hirntods die Herz- und Kreislauffunktionen noch eine gewisse Zeit aufrechterhalten werden.
Wird ein Herzstillstand nicht rasch genug behandelt, hat er nach kurzer Zeit auch den Hirntod zur Folge („Herztod"). Ein Herzstillstand kann z. B. als Folge einer Durchblutungsstörung des Herzens („Herzinfarkt"), als Folge einer Vergiftung oder einer Verletzung mit großem Blutverlust eintreten.

nach Nicola Siegmund-Schultze, S. 22

Aufgaben

1 Tragen Sie in einem Brainstorming zunächst Ihre spontanen Auffassungen zu der folgenden Frage zusammen: Welche Kennzeichen gibt es dafür, dass das Leben eines Menschen begonnen hat, bzw. dafür, dass es beendet ist?
Ordnen Sie gemeinsam Ihre Auffassungen „sicheren" bzw. „unsicheren" Kennzeichen zu.
Vergleichen Sie anschließend Ihre Ergebnisse mit → M1–M5.

2 Untersuchen Sie systematisch: Welche grundlegenden Wert- oder Normentscheidungen liegen jeweils den Auffassungen in M1–M5 zugrunde?

3 Diskutieren Sie über die Frage: Darf oder soll man in die „Lotterie des Lebens" eingreifen, z. B. durch Selbsttötung, durch Aussortieren „unpassender" Keime bei künstlicher Befruchtung, durch Abtreibung, durch Sterilisation, durch Sterbehilfe?

▶ Glossar: Bundesärztekammer, Eugenik, Fetus/Fötus, Genetik, Präimplantationsdiagnostik, Prävention, Reproduktionsmedizin, selektiv, Stammzellen

5 Gesundheit!

M1 Krank oder gesund?

Dieses Gebäude ist besonders gesund, weil es nach den Richtlinien des Feng-Shui gebaut ist.
21. Jahrhundert

Besonders gesund ist ein Mensch, wenn die „vier Säfte des Körpers“ in einem maßvollen, harmonischen Mischungsverhältnis stehen.
5. Jahrhundert v. Chr.

Wer gesund ist, kann auch arbeiten.

„Gesundheit ist dasjenige Maß an Krankheit, das es mir noch erlaubt, meinen wesentlichen Beschäftigungen nachzugehen.“
Friedrich Nietzsche

„Unerfüllter Kinderwunsch wird Gegenstand medizinischen Entscheidens und Handelns, wenn er mit einem Krankheitswert verbunden ist, der ärztliches Eingreifen legitimiert. Schließlich kann der Leidensdruck auch durch Erwartungshaltungen des sozialen Umfeldes verstärkt werden.“
nach Herbert Mertin, S. 23

Bloß weil sie einen gebrochenen Fuß hat, ist sie doch nicht krank.

Diese ständigen Streitereien machen mich krank.

Ihre Blutwerte sind nicht gesund, da müssen wir etwas unternehmen.

Ist das eine Erbkrankheit?

Dieser Verbrecher ist doch krank.

M2 Wie krank ist Frau O.?

Der folgende Text beinhaltet eine logopädische Diagnose:

Funktionen: *Frau O. hat einen diagnostizierten „Tunnelblick“, welcher sie im Alltag beeinträchtigt. Wie in der Diagnostik und in der Therapie festgestellt werden konnte, ist Frau O.s auditives Sprachverständnis und das von Geschriebenem leicht eingeschränkt. Im Bereich des Wortabrufs ist Frau O. „mittel“ beeinträchtigt. Bei dem Verfassen von schriftlichen Mitteilungen oder Notizen ist Frau O. leicht eingeschränkt.*

Aktivität: *Frau O. hat eine „leichte“ Beeinträchtigung im Bereich des auditiven Sprachverständnisses sowie des Lesesinnverständnisses, dies fällt beim Verstehen und Ausführen schriftlicher oder auditiv vorgegebener Handlungsanweisungen auf. Diese Schwierigkeiten bemerkt Frau O. selbst und empfindet sie als störend. Beim Sprechen fühlt sie sich durch ihre Wortabrufstörungen im Alltag beeinträchtigt. Beim Schreiben von Mitteilungen, Einkaufszetteln oder kurzen Bedienungsanleitungen fällt es ihr schwer, diese ohne orthografische Fehler zu verfassen. Diese Mitteilungen können unter Umständen von ihrem Umfeld nicht dekodiert werden.*

Umweltfaktoren: *Frau O.s Mann lebt mit ihr gemeinsam, alltägliche Erledigungen werden gemeinsam oder zumindest mit seiner Unterstützung gemacht, das familiäre Umfeld ist somit ein Förderfaktor. Sie nimmt in der Klinik an diversen Therapien teil. Ambulant möchte Frau O. einige der genannten Therapien weiterführen, da sie sie als hilfreich empfindet.*

Sophia Fuß

Der Spiegel 40/2009

Gesundheit – Krankheit

INFO

Was eigentlich „gesund" oder „krank" bedeutet, lässt sich nicht ohne Weiteres klären.
Diese Schwierigkeit hat verschiedene Ursachen: Zunächst geht es um die Frage, wer eigentlich darüber entscheidet, ob ich „krank" oder „gesund" oder vielleicht etwas Dazwischenliegendes bin, ob ich also die bleibenden Folgen einer an sich überstandenen Krankheit verspüre. Stelle z. B. ich selbst fest: „Ich bin krank", so kann das unterschiedliche Folgen auslösen: Meine Angehörigen könnten antworten: „Dann lass dich doch behandeln", oder auch: „Du brauchst dich doch bloß eine Stunde auszuruhen, dann geht es schon wieder." Hier stößt also ein subjektives Empfinden auf Erwartungen oder Haltungen meiner Umwelt. Andererseits könnte auch meine Umwelt feststellen, dass ich „krank" sei, weil beispielsweise eine Veränderung eingetreten ist: „Du siehst aber heute blass aus", oder: „Ich rate Ihnen dringend, sich möglichst bald dieser Behandlung zu unterziehen, sonst könnten Sie für den Rest Ihres Lebens damit zu tun haben."
In beiden Fällen ist es zweckmäßig, dass sich Patienten, Angehörige und medizinische Fachleute über zwei Fragen verständigen: „Bin ich wirklich krank?" und „Was bedeutet eigentlich Gesundheit für mich bzw. für den anderen?"
Anders ausgedrückt: Eine objektive Tatsache „Krankheit" oder auch „Gesundheit" lässt sich keinesfalls immer feststellen. Neben subjektivem Empfinden spielen Auffassungen der näheren (z. B. Angehörige) oder ferneren Umwelt (bis hin zu religiösen oder pseudo-religiösen Haltungen) eine Rolle.
Die Menschenrechte und unser Grundgesetz räumen dem Erhalt des Lebens und damit der Gesundheit einen hohen Stellenwert ein, „Gesundheit" genießt also einen hohen normativen Anspruch. Der Staat ist verpflichtet, das Gesundheitswesen auf einem möglichst hohen Stand zu halten, und in den Schulen werden Maßnahmen zur Gesunderhaltung durchgeführt, z. B. im Sport- oder Biologieunterricht.

Werner Fuß

M3 Das ist Gesundheit?

Nach der Definition der Weltgesundheitsorganisation WHO ist Gesundheit 1. der Zustand völligen körperlichen, geistigen, seelischen und sozialen Wohlbefindens; 2. das subjektive Empfinden des Fehlens körperlicher, geistiger und seelischer Störungen oder Veränderungen bzw. 3. ein Zustand, in dem Erkrankung und pathologische Veränderungen nicht nachgewiesen werden können. *nach Pschyrembel, S. 648*

M4 Gesundheit als Primärgut

Jahr	Männer	Frauen
1960/62	15,5	18,5
1991/93	17,8	22,1
1998/00	19,2	23,5
Schätzung		
2035	22,7	28,2

nach www.bpb.de (17.10.2012)

Aufgaben

1 Führen Sie ein Brainstorming durch, halten Sie Ihre Ergebnisse z. B. in einer Mindmap fest: Was ist gesund, was ist krank, was liegt „dazwischen" (z. B. eine „Behinderung")? ➜ M1

2 Versuchen Sie festzustellen, wie „krank" Frau O. eigentlich ist. Vergleichen Sie Ihre Ergebnisse anschließend mit der Definition von „Gesundheit" der Weltgesundheitsorganisation. Halten Sie Ihre Ergebnisse z. B. in einer Tabelle fest. ➜ M2, M3

3 Veranstalten Sie in Ihrer Unterrichtsgruppe eine anonyme Umfrage: „Was ist für Ihr Glück am wichtigsten?" An welcher Stelle tauchen dabei welche „Primärgüter" auf? Versuchen Sie gemeinsam zu erklären, warum manches Primärgut erst spät oder gar nicht auftaucht. ➜ M4

▶ Glossar: Logopädie, pathologisch, Weltgesundheitsorganisation

6 Von Mensch zu Mensch – Person sein

M1 Die Schwäche des Patienten

Ein grundlegendes Charakteristikum der Arzt-Patient-Beziehung ist ihre *Asymmetrie*. Der Patient begegnet dem Arzt als Hilfesuchender in einer häufig existenziellen Notlage, getragen von dem Vertrauen, dass der Arzt dank seiner Fachkompetenz die Krankheit zu heilen oder zumindest die Beschwerden zu lindern vermag. Aufgrund seiner Erkrankung ist der Patient verletzlich, von anderen abhängig und folglich in einer schwachen Position.

Georg Marckmann, S. 91f

Der Begriff der Person

INFO

Lat. *persona*: die Maske, die ein Schauspieler auf der Bühne trägt, bzw. die Rolle in einem Theaterstück. Übertragen: ein Mensch, der eine Rolle in der Gesellschaft übernimmt und ihr gemäß Handlungen ausführt, z. B. die Rolle eines Familienmitglieds, einer Schülerin, einer Lehrkraft, eines Arztes etc.

> **aktualistischer** Personenbegriff
(lat. *actus* „Handlung")

Kennzeichnend: innerhalb der gesellschaftlichen Rolle anerkannte Rechte und Freiheiten vorhanden, d. h. die Möglichkeit, in vollem Bewusstsein und Selbstbewusstsein sowie unter Einsatz von Gefühlen und Vernunft (menschliche Eigenschaften) entweder so oder anders zu handeln bzw. Handlungen anderer einzufordern.

> **qualitativ-aktualistischer** Personenbegriff
(lat. *qualitas* „Eigenschaft")

Problem: z. B. kleine Kinder, Alte oder Kranke nicht völlig bewusst handlungsfähig. Trotzdem nötig: wenigstens grundlegende Rechte (Nächstenliebe, Solidarität). Also so behandeln, als forderten sie bestimmte Handlungen anderer ein. Rechte für alle Menschen, einfach weil sie als menschliche Wesen vorhanden sind und als solche gelten.

> **substanzialistischer** Personenbegriff
(lat. *substantia* „das Vorhandensein")

Werner Fuß

M2 Fall 1: Aufklärung – ein Recht mündiger Bürger

Frau Beller wartet auf die Visite. Der Chefarzt soll heute kommen. Vor drei Tagen war sie wegen anhaltender Beschwerden ins Krankenhaus gekommen. Sie fürchtet, dass irgendetwas nicht stimmen könnte. Die Assistenzärztin war immer sehr freundlich gewesen, aber Frau Beller hatte sich nicht getraut zu fragen. Die Tür geht auf, Professor Kirchhoff tritt ein: „Guten Morgen, Frau Beller, ein Stück vom Darm muss raus", und wendet sich an seinen Oberarzt: „Wann ist sie dran? – Morgen um 8? – Gut. Sie schaffen das schon, Frau Beller." Und noch mal zum Oberarzt, im Rausgehen: „Haben wir alle Blutwerte?"

M3 Fall 2: Hilfe, nicht Aufklärung

Herr Reinhard wird ungeduldig. Seit 20 Minuten trägt ihm Dr. Sanwald Zahlen vor. Zu den Risiken der Koronarangiografie: Herzinfarkt, Schlaganfall, Herzrhythmusstörungen, Lungenödem, Nierenversagen, allergischer Schock, Verletzung der Hauptschlagader, und schließlich der Tod, in immerhin 0,05 % der Fälle. Herr Reinhard spürt, wie der Druck auf der Brust wieder zunimmt. „Müssen Sie mir das alles so genau erzählen?", fragt er.

M4 Fall 3: Aufklärung tötet

Der Chirurg Billroth [...] sah sich gezwungen, einem Offizier die Bösartigkeit und Unheilbarkeit seiner Erkrankung zu offenbaren. Der Kranke empfahl sich unter aufrichtigen Danksagungen, verließ das Zimmer und stürzte sich sofort vom Gangfenster des ersten Stockes herab, wobei er sich tödlich verletzte und beinahe einen Assistenten der Klinik erschlagen hätte.

M2–M4: Christian Hick, S. 5-7, 29

M5 Modelle der Arzt-Patient-Beziehung

Das erste Modell ist das *paternalistische* Modell, manchmal auch das Eltern- oder Priestermodell genannt. Das paternalistische Modell geht davon aus, dass es allgemein geteilte objektive Kriterien gibt, nach denen bestimmt werden kann, was das Beste ist. Folglich kann der Arzt unter eingeschränkter Beteiligung des Patienten beurteilen, was in dessen bestem Interesse wäre. Das Konzept der Patientenautonomie entspricht der Zustimmung des Patienten zu dem, was der Arzt für das Beste hält, entweder gleich oder zu einem späteren Zeitpunkt.

Das zweite ist das *informative* Modell, das manchmal auch als wissenschaftliches, technisches oder Konsumentenmodell bezeichnet wird. Das informative Modell setzt eine ziemlich klare Unterscheidung zwischen Tatsachen und deren Bewertung voraus. Die Wertvorstellungen des Patienten sind genau definiert und bekannt; dem Patienten fehlen lediglich die Fakten. Der Arzt ist verpflichtet, für alle verfügbaren Informationen zu sorgen. Von den Wertvorstellungen des Patienten hängt es dann ab, welche Behandlung durchgeführt wird. Das Konzept der Patientenautonomie entspricht der Kontrolle des Patienten über den medizinischen Entscheidungsprozess.

Gemäß dem *interpretativen* Modell sind die Wertvorstellungen des Patienten nicht unbedingt festgelegt und diesem selbst bewusst. Sie sind häufig unvollständig und vom Patienten vielleicht nur teilweise verstanden. Folglich muss der behandelnde Arzt diese Wertvorstellungen klären und in einen kohärenten Zusammenhang bringen. Demgemäß entspricht das Konzept der Patientenautonomie einer Selbsterkenntnis; der Patient wird sich klarer darüber, wer er ist und wie sich die verschiedenen medizinischen Möglichkeiten auf seine Identität auswirken.

Das vierte ist das *deliberative* Modell. Das Anliegen der Arzt-Patient-Interaktion ist es, dem Patienten bei der Bestimmung und Auswahl der Behandlungsziele zu helfen. Zu diesem Zweck muss der Arzt über die klinische Situation informieren und helfen, die Wertvorstellungen herauszuarbeiten, die mit den verfügbaren Möglichkeiten realisiert werden können. Es ist dabei Aufgabe des Arztes, darauf hinzuweisen, warum bestimmte gesundheitliche Wertvorstellungen sinnvoller sind und deshalb auch angestrebt werden sollten. Das Modell der Patientenautonomie betont die moralische Entwicklung des Patienten; der Patient wird dazu befähigt, im Gespräch alternative gesundheitliche Zielsetzungen und deren Wert und Konsequenzen für die Behandlung zu erwägen.

Ezekiel J. und Linda L. Emanuel, S. 101-104

Aufgaben

1 Verfassen Sie einen knappen Essay, in welchem Sie den Begriff „Vertrauen" in Verbindung bringen mit den drei Facetten des Begriffs „Person". ➜ M1

2 Führen Sie in folgender Weise ein Rollenspiel durch:
   a) Spielen Sie die Gespräche der Beispiele in M2 und M3 zunächst in Form eines Rollenspiels nach.
   b) Ändern Sie in einem nächsten Durchgang zunächst nur die Rolle des Oberarztes in M2 bzw. gestalten Sie zusätzlich die Rolle einer auch anwesenden jungen Ärztin in ➜ M3.
   c) Spielen Sie die beiden Szenen so, wie Sie nach Ihrer Meinung besser ablaufen können. ➜ M2, M3, M5

3 Stellen Sie sich vor, Sie treffen im Jenseits den Offizier. Befragen Sie z. B. in Form eines „Heißen Stuhls" oder eines „Interviews mit dem Jenseits" den Offizier nach seinen Beweggründen, seinem jetzigen Befinden etc. ➜ M4

4 Ordnen Sie – ggf. in Gruppenarbeit – die folgenden Beispiele einem der Modelle in M5 zu und begründen Sie Ihre Entscheidung; stellen Sie Ihre Zuordnung im Plenum zur Diskussion:
Ich habe mir den Arm gebrochen. – Meine Blutwerte stimmen nicht. – Ich muss so viel lernen, werde aber abends immer so schnell müde. – Ich kann keine Kinder zeugen bzw. bekommen. – ...

▶ Glossar: Asymmetrie, Autonomie, deliberativ, Identität, Kohärenz, paternalistisch, Solidarität

7 Der Eid des Hippokrates

M1 Aus dem Hippokratischen Eid

Hippokrates aus Kos war der berühmteste Arzt der Antike; er lebte von 460 bis etwa 370 v. Chr.

Ich schwöre und rufe Apollon den Arzt und Asklepios und Hygieia und Panakeia und alle Götter und Göttinnen zu Zeugen an, dass ich diesen Eid und diesen Vertrag nach meiner Fähigkeit und nach meiner Einsicht erfüllen werde.

Ich werde den, der mich diese Kunst gelehrt hat, gleich meinen Eltern achten, ihn an meinem Unterhalt teilnehmen lassen, ihm, wenn er in Not gerät, von dem Meinigen abgeben.

Ich werde an Vorlesungen meine Söhne und die meines Lehrers und die vertraglich verpflichteten und nach der ärztlichen Sitte vereidigten Schüler teilnehmen lassen, sonst aber niemanden.

Ärztliche Verordnungen werde ich treffen zum Nutzen der Kranken nach meiner Fähigkeit und meinem Urteil, hüten aber werde ich mich davor, sie zum Schaden und in unrechter Weise anzuwenden.

Auch werde ich niemandem ein tödliches Mittel geben, auch wenn ich darum gebeten werde, und werde auch niemanden dabei beraten; auch werde ich keiner Frau ein Abtreibungsmittel geben.

Rein und fromm werde ich mein Leben und meine Kunst bewahren.

Was ich bei der Behandlung oder auch außerhalb meiner Praxis im Umgang mit Menschen sehe und höre, das man nicht weiterreden darf, werde ich verschweigen und als Geheimnis bewahren.

Wenn ich diesen Eid erfülle und nicht breche, so sei mir beschieden, in meinem Leben und in meiner Kunst voranzukommen, indem ich Ansehen bei allen Menschen für alle Zeit gewinne; wenn ich ihn aber übertrete und breche, so geschehe mir das Gegenteil.

nach Hans-Martin Sass, S. 26f

Ethik des ärztlichen Handelns

INFO

Im Eid des Hippokrates liegt die älteste Formulierung einer Ethik des ärztlichen Handelns vor.

Der Hippokratische Eid prägt bis heute die Grundsätze der ärztlichen Ethik, z. B. im sog. Gelöbnis, das sich in der „Berufsordnung für die Ärzte Bayerns" findet (vgl. M2 auf S. 113); dieses Gelöbnis ist allerdings nur eine Absichtserklärung der Ärztekammer, d. h. der Text besitzt keinerlei Rechtskraft. An keiner Stelle der ärztlichen Ausbildung wird ein solcher Eid oder „Gelöbnis" zeremoniell abgelegt oder verpflichtend unterschrieben.

Trotzdem sind die meisten Menschen der festen Überzeugung, dass die Richtlinien des Hippokrates bzw. des Gelöbnisses Geltung haben. Das betrifft unwidersprochen etwa die folgenden Elemente:

- *Behandle jeden Patienten so gut, wie du selbst behandelt werden möchtest.* (Abwandlung der Goldenen Regel)
- *Du darfst dich nicht persönlich bereichern.*
- *Du musst die Persönlichkeit deines Patienten respektieren.*

Einzelne Elemente des Hippokratischen Eides gelten auch für andere Berufsgruppen und sind teils gesetzlich geregelt, z. B. Verschwiegenheitspflichten bei Rechtsanwälten oder Lehrkräften, das Beichtgeheimnis bei katholischen Geistlichen oder das Zeugnisverweigerungsrecht bei Journalisten.

Die genannten Regeln betreffen zunächst das persönliche Arzt-Patient-Verhältnis, also das Gewissen eines Arztes. Sie werden in Teilbereichen aber überlagert von **externen Faktoren**, die teilweise Ergebnis eines gesellschaftlichen Abstimmungsprozesses sind, wie z. B. Regelungen zur Vergabe von Spenderorganen oder zu Maßnahmen bei Schwangerschaften bzw. gesetzliche Regelungen zur Sterbehilfe oder zur Abtreibung. Dazu treten u. U. Interessen der medizinischen Forschung und Industrie.

Werner Fuß

M2 Berufsordnung für die Ärzte Bayerns (2007)

Gelöbnis

Für jeden Arzt gilt folgendes Gelöbnis:

„Bei meiner Aufnahme in den ärztlichen Berufsstand gelobe ich, mein Leben in den Dienst der Menschlichkeit zu stellen. Ich werde meinen Beruf mit Gewissenhaftigkeit und Würde ausüben. Die Erhaltung und Wiederherstellung der Gesundheit meiner Patienten soll oberstes Gebot meines Handelns sein. Ich werde alle mir anvertrauten Geheimnisse auch über den Tod des Patienten hinaus wahren. Ich werde mit allen meinen Kräften die Ehre und die edle Überlieferung des ärztlichen Berufes aufrechterhalten und bei der Ausübung meiner ärztlichen Pflichten keinen Unterschied machen, weder nach Religion, Nationalität, Rasse noch nach Geschlecht, Parteizugehörigkeit oder sozialer Stellung. Ich werde jedem Menschenleben von der Empfängnis an Ehrfurcht entgegenbringen und selbst unter Bedrohung meine ärztliche Kunst nicht in Widerspruch zu den Geboten der Menschlichkeit anwenden. Ich werde meinen Lehrern und Kollegen die schuldige Achtung erweisen. Dies alles verspreche ich auf meine Ehre."

Aus der Präambel:

Mit der Festlegung von Berufspflichten der Ärzte dient die Berufsordnung zugleich dem Ziel:

- das Vertrauen zwischen Arzt und Patient zu erhalten und zu fördern;
- die Qualität der ärztlichen Tätigkeit im Interesse der Gesundheit der Bevölkerung sicherzustellen;
- die Freiheit und das Ansehen des Arztberufes zu wahren;
- berufswürdiges Verhalten zu fördern und berufsunwürdiges Verhalten zu verhindern.

Regeln zur Berufsausübung – Grundsätze

§ 1 Aufgaben des Arztes

(1) Der Arzt dient der Gesundheit des einzelnen Menschen und der Bevölkerung. Der ärztliche Beruf ist kein Gewerbe. Er ist seiner Natur nach ein freier Beruf.

(2) Aufgabe des Arztes ist es, das Leben zu erhalten, die Gesundheit zu schützen und wiederherzustellen, Leiden zu lindern, Sterbenden Beistand zu leisten und an der Erhaltung der natürlichen Lebensgrundlagen im Hinblick auf ihre Bedeutung für die Gesundheit der Menschen mitzuwirken.

§ 2 Allgemeine ärztliche Berufspflichten

(1) Der Arzt übt seinen Beruf nach seinem Gewissen, den Geboten der ärztlichen Ethik und der Menschlichkeit aus. Er darf keine Grundsätze anerkennen und keine Vorschriften oder Anweisungen beachten, die mit seiner Aufgabe nicht vereinbar sind oder deren Befolgung er nicht verantworten kann.

(2) Der Arzt hat seinen Beruf gewissenhaft auszuüben und dem ihm bei seiner Berufsausübung entgegengebrachten Vertrauen zu entsprechen. Er darf dabei weder sein eigenes noch das Interesse Dritter über das Wohl des Patienten stellen.

Berufsordnung für die Ärzte Bayerns

Aufgaben

1 Untersuchen Sie: Welche der Bestimmungen aus dem Hippokratischen Eid gelten nach Ihrer Meinung noch heute, welche sollte man entfernen bzw. ergänzen? → M1

2 Untersuchen Sie und stellen Sie zusammen:
- Welche Regelungen des Hippokratischen Eides finden Sie in den Auszügen aus der Berufsordnung, welche fehlen, was ist dazugekommen?
- Welche Regelungen aus der Berufsordnung könnten Ergebnis eines gesellschaftlichen Abstimmungsprozesses sein? → M1, M2

3 Diskutieren Sie eine Situation, in der das Gewissen eines einzelnen Arztes in Gegensatz stehen kann zu einer externen Regelung.
Beispiele: Sterbehilfe bei keinerlei Hoffnung auf ein „glückliches" späteres Leben – ärztliche Maßnahmen bei „Modekrankheiten" wie Potenzstörungen, Wechselbeschwerden oder „Reizdarm" – ärztliche Hilfe bei Problemen nach einem Piercing oder einer Tätowierung bzw. bei Suchtkranken – ...

▶ Glossar: Apollon, Asklepios, Hippokratischer Eid, Hygieia, Panakeia

8 Neue Herausforderungen einer Ethik in der Medizin

M1 Eine mündige Patientin?

Eine Patientin kommt in eine Arztpraxis und trägt ihr Anliegen vor:

„Frau Doktor, Sie sagen doch immer, dass ich etwas gegen meinen hohen Blutdruck unternehmen soll, Sport, weniger Salz, usw. Jetzt habe ich aber im Internet von einer Studie gelesen ..."

M2 Gesund-Sein als hohes Gut

Dem „Medizinsystem" als Ganzem wird vorgeworfen, es mache mit seiner ausgetüftelten Diagnostik die Gesunden zu Halbkranken und die Halbkranken zu vollends Kranken und unterwerfe sie dann Therapien, die oft nicht helfen, sondern nur unangenehme Nachwirkungen produzieren würden. Und bezahlen lasse sich das Ganze bald auch nicht mehr. Als ich 1959 sechs Wochen wegen einer Herzmuskelentzündung in der Charité verbrachte, war ich der Einzige im Krankensaal, der wieder gesund herauskam. Links und rechts von mir lagen junge Menschen, die während meines Aufenthaltes oder bald danach starben. Der eine hatte einen schweren Nierenschaden und war davon erblindet. Der Zweite litt an Leukämie und verblutete nach innen. Der Dritte hatte einen schweren Herzklappenfehler. Seine Lunge war mit Wasser gefüllt. Er kämpfte mit jedem Atemzug gegen die drohende Erstickung. All diese Menschen würden sich heute weit weniger quälen und nicht sterben müssen. Dies sind unsystematische Beobachtungen und Erlebnisse, aber ihre Häufung zeigt, was man ohne Weiteres belegen könnte: Die Medizin hat uns ein längeres und dabei im Durchschnitt gesünderes Leben gebracht.

Jens Reich, S. 38

M3 Deklaration von Helsinki

Erstmals 1964 wurden durch den Weltärztebund Richtlinien formuliert für die Durchführung medizinischer Forschung an Menschen. Hier einige Auszüge aus der Fassung von 2008:

18. Jedem medizinischen Forschungsvorhaben am Menschen muss eine sorgfältige Abschätzung der voraussehbaren Risiken und Belastungen für die an der Forschung beteiligten Einzelpersonen und Gemeinschaften im Vergleich zu dem voraussichtlichen Nutzen für sie und andere Einzelpersonen oder Gemeinschaften, die von dem untersuchten Zustand betroffen sind, vorangehen.

20. Ärzte dürfen sich nicht an einem Forschungsvorhaben am Menschen beteiligen, wenn sie nicht überzeugt sind, dass die mit der Studie verbundenen Risiken angemessen eingeschätzt worden sind und in zufriedenstellender Weise beherrscht werden können.

21. Medizinische Forschung am Menschen darf nur durchgeführt werden, wenn die Bedeutung des Ziels die inhärenten Risiken und Belastungen für die Versuchspersonen überwiegt.

31. Der Arzt darf medizinische Forschung mit medizinischer Behandlung nur soweit verbinden, als dies durch den möglichen präventiven, diagnostischen oder therapeutischen Wert der Forschung gerechtfertigt ist und der Arzt berechtigterweise annehmen kann, dass eine Beteiligung an dem Forschungsvorhaben die Gesundheit der Patienten, die als Versuchspersonen dienen, nicht nachteilig beeinflussen wird.

Deklaration von Helsinki

Ethisches Handeln von Forschern und Patienten

INFO

Eine Ethik des ärztlichen Handelns muss ergänzt werden durch weitere Aspekte:
Ein Aspekt betrifft die Tätigkeit von Medizinern als Forschern. Alle Ärzte sind heute wissenschaftlich ausgebildet. Das bedeutet, sie sind befähigt, Forschung zu betreiben. Hier tut sich nicht selten ein Interrollenkonflikt auf: Steht mein und das Interesse meiner Patienten, nämlich eine Gesundung, im Vordergrund, oder ist mein Interesse, eine Krankheit zu erforschen, wichtiger? In diesen Konflikt gerät fast jeder Arzt, jede Ärztin regelmäßig, und zumindest in der Vergangenheit haben häufig Forschungsinteressen die Oberhand behalten. Aus diesem Grund hat man sich auf Regeln geeinigt, wie sie z. B. in der „Deklaration von Helsinki" festgehalten sind. Gängige Praxis sind heute Ethik-Kommissionen, die an allen größeren Kliniken eingerichtet sind und alle Forschungsprojekte überwachen.
Ein anderer Aspekt betrifft das Verhalten von Patientinnen und Patienten: Sind sie stets in der Lage, ihre eigenen Interessen kundzutun? Können sie überhaupt wissen, was ihnen guttut oder was für sie „Heilung" bedeutet? Hier brauchen sie die Hilfe der Ärzte. Diese müssen in der Lage sein, die Interessen der Patienten zu erkunden. Darüber hinaus müssen die Patienten von sich aus möglichst erkennen, ob sie überhaupt krank sind bzw. etwa „nur" unzufrieden sind mit ihrer eigenen Leistungsfähigkeit, ob sie „nur" die Erwartungen ihrer Umgebung erfüllen oder ob sie voreilig einer vollmundigen Versprechung, einer Illusion Vertrauen schenken etc. Um das im Einzelfall zu klären, brauchen sie einen hohen Wissensstand sowie Urteilsvermögen und kompetente Unterstützung. Ärztinnen und Ärzte müssen also in der Lage sein, Patienten genau zuzuhören und sie zu ermutigen, ihre eigenen, trotz evtl. „gleicher" Erkrankung jeweils verschiedenen Interessen zu vertreten, also ihren jeweiligen begründeten Willen zu erklären.
Bei beiden Aspekten spielt die Autonomie und persönliche Verantwortung der Beteiligten die größte Rolle.

Werner Fuß

M4 Ethik-Kommissionen

Die Berufsordnung der Bundesärztekammer sieht die Einschaltung von Ethik-Kommissionen bei medizinischen Forschungsvorhaben vor:

Ärztinnen und Ärzte, die sich an einem Forschungsvorhaben beteiligen, bei dem in die psychische oder körperliche Integrität eines Menschen eingegriffen oder Körpermaterialien oder Daten verwendet werden, die sich einem bestimmten Menschen zuordnen lassen, müssen sicherstellen, dass vor der Durchführung des Forschungsvorhabens eine Beratung erfolgt, die auf die mit ihm verbundenen berufsethischen und berufsrechtlichen Fragen zielt und die von einer bei der zuständigen Ärztekammer gebildeten Ethik-Kommission oder von einer anderen, nach Landesrecht gebildeten unabhängigen und interdisziplinär besetzten Ethik-Kommission durchgeführt wird.

Muster-Berufsordnung der Bundesärztekammer

Aufgaben

1 Führen Sie in Form eines Rollenspiels den Dialog weiter fort. ➜ M1

2 Der bekannte Biologe Jens Reich war bei seinem Krankenhausaufenthalt in der Charité, einer berühmten Klinik in Berlin, rund 20 Jahre alt. Entwerfen Sie gemeinsam ein Szenario für die Zukunft: Was könnten Sie über eine entsprechende Erfahrung in 30, 40 oder 50 Jahren berichten? ➜ M2

3 Versetzen Sie sich in die Lage eines Patienten oder einer Patientin, die im Krankenhaus gebeten wird, als Versuchsperson für ein Forschungsvorhaben zu dienen.
a) Welche Fragen würden Sie stellen?
b) Welche weiteren Fragen können Sie stellen, wenn Sie die „Deklaration von Helsinki" oder die Berufsordnung kennen? ➜ M3, M4
c) Finden Sie heraus: Aufgrund welcher Erfahrungen wurde die „Deklaration von Helsinki" verabschiedet? Wieweit kann sie Geltung beanspruchen? ➜ M3

▶ Glossar: Autonomie, Bundesärztekammer, Deklaration von Helsinki, Integrität

9 Entscheidungen in der Medizin

M1 Wohl und Wille der Patienten

Ein Patient, nicht immer völlig orientiert, d. h. es besteht die Gefahr des Sich-Verirrens, ist nachts sehr unruhig und will aufstehen – die Gabe eines Beruhigungsmittels verweigert er.

Eine Patientin erleidet während einer Chemotherapie einen Darmdurchbruch; obwohl sie auf die Chemotherapie gut anspricht, verweigert sie die nötige Darm-Operation.

Ein 84-jähriger Patient unterzieht sich auf eigenen Wunsch hin einer Herzklappen-Operation. Nach der Operation erleidet er ein akutes Nierenversagen und muss über mehrere Tage künstlich beatmet werden. Nach drei Tagen zeigen die Angehörigen bei einem Besuch eine Patientenverfügung vor und verlangen die Einstellung der Therapie als Folge des Patientenwillens. In der Patientenverfügung werden eine Intensivtherapie (und damit eine künstliche Beatmung), invasive Maßnahmen (also z. B. Operationen oder Dialyse), aber auch künstliche Ernährung und Flüssigkeitszufuhr abgelehnt.

M2 Werte und Entscheidungen

Eine klinische Entscheidungsfindung ist häufig mit Wertentscheidungen verbunden. Die an der Entscheidung Beteiligten zeigen oft unterschiedliche moralischen Vorstellungen, z. B. den Wunsch nach Erhalt des Lebens oder den Wunsch nach einem würdigen Leben bis zum Tod. Diese verschiedenen Werte können häufig nicht in gleichem Umfang berücksichtigt werden. Hier muss dann eine Güterabwägung durchgeführt werden.

nach Jeanne Nicklas-Faust

M3 Prinzipien einer Entscheidungsfindung – das „Amerikanische Modell"

Die US-amerikanischen Philosophen Tom Beauchamp und James Childress haben um 1990 vier „mittlere Prinzipien" für medizinethische Entscheidungen formuliert. Keines dieser Prinzipien kann allein für sich uneingeschränkte Geltung beanspruchen.

Respekt vor der Autonomie bzw. Selbstbestimmung des Patienten

Der Arzt hat nicht nur die (negative) Verpflichtung, die Freiheitsrechte des Patienten zu achten, sondern auch die (positive) Verpflichtung, dem Patienten durch sachgerechte und sorgfältige Information die Mitwirkung an Therapieentscheidungen zu ermöglichen. Das Autonomieprinzip findet seinen Ausdruck in der Forderung des Informed Consent (informiertes Einverständnis). Jede diagnostische und therapeutische Maßnahme muss durch das ausdrückliche Einverständnis des Patienten legitimiert werden.

nach Ulrich Braun

Ärztliche Fürsorge (beneficere)

Es will genau geprüft sein, welche Verletzung des Nicht-Schadens-Prinzips im Sinne eines Therapieerfolgs unvermeidlich ist, welche Verletzung als zumutbar und verantwortbar empfunden wird. Zudem soll dieses dritte Prinzip eben nicht gegen das erste der Achtung vor der Autonomie ausgespielt werden. Beide gilt es eben in kommunikativen Prozessen mit dem Patienten zu vereinen bzw. auszubalancieren.

nach Ulrich Braun

Nicht-Schadens-Prinzip (primum nil nocere)

Was so selbstverständlich klingt (und es im Grunde ja auch ist), gerät bei zahlreichen Erkrankungen und Behandlungswegen leicht in Konflikt mit dem Ziel, den Patienten von seiner Erkrankung zu heilen oder sie doch mittel- oder langfristig deutlich zu lindern.

nach Ulrich Braun

Gerechtigkeit

Dieses Prinzip fordert eine gerechte Verteilung von Leistungen in der Gesundheitsversorgung. Gleiche Fälle sollen gleich behandelt werden. Es wird aber eine große Aufgabe der kommenden Jahre und Jahrzehnte sein, zu definieren, was gleich im moralisch relevanten Sinne bedeutet und bedeuten soll.

nach Ulrich Braun

Achtsamkeit (care)

Zusätzlich zu den vier Prinzipien des „amerikanischen Modells" hat sich inzwischen ein fünftes Prinzip etabliert, die „Achtsamkeit" (care). „Care" steht – nach Elisabeth Conradi – für Zuwendung, Anteilnahme, Versorgung, Mitmenschlichkeit und Verantwortung. „Care" beruht nicht auf Gegenseitigkeit, sondern bezeichnet eine Haltung, die in nicht-symmetrischen Situationen und Interaktionen zum Tragen kommt, z. B. zwischen Eltern und Kindern.

Werner Fuß

Aufgaben

1 Notieren Sie Ihre Ergebnisse zu folgenden Fragen:
- Wie würden Sie spontan entscheiden?
- Welches Vorgehen erscheint Ihnen jeweils angemessen?
- Was ist jeweils der Wille der Patienten? → M1

2 Analysieren Sie, welche Werte jeweils berührt sind? → M1, M2

3 Überprüfen Sie anschließend in Gruppen Ihre Vorschläge anhand des „Amerikanischen Modells". → M1, M3

4 Führen Sie in Gruppen ein Rollenspiel durch: Grundlage ist das Beispiel 3 aus M1. Beleuchten Sie dabei insbesondere die Rolle der Angehörigen.

▶ Glossar: Autonomie, Patientenverfügung

10 Sterbehilfe

M1 Moderne Intensivstation

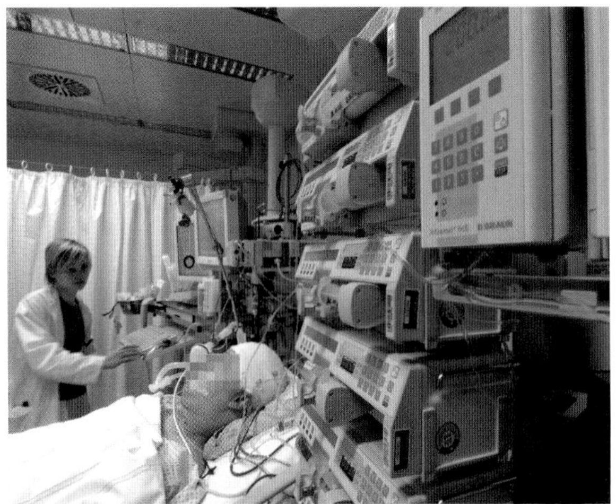

Chance auf Heilung oder unnötige Qualen am Ende des Lebens?

M2 Eine Fallgeschichte

Mein 77-jähriger Vater hatte eine Patientenverfügung, die besagte, dass er Notfallmedizin ablehne. Er litt unter einem Schmerzsyndrom, Diabetes und Demenz und war schon sehr schwach. Schon länger hatte er sterben wollen, weil ihm sein Leben zu einer unerträglichen Last geworden war. Ein Notarzt war gerufen worden, der mir sagte, dass mein Vater eine Lungenentzündung entwickeln würde und er ihn unter normalen Umständen ins Krankenhaus einweisen würde. Was ihn davon abhielt, war seine Patientenverfügung. Er wollte von mir als Bevollmächtigtem wissen, was er tun solle. Darauf fragte ich ihn, was die Patientenverfügung seiner Meinung nach für diesen Fall aussagen würde. Der Arzt erwiderte, dass mein Vater nicht behandelt werden wolle, worauf ich sagte, dass man ihm dann doch seinen Willen lassen sollte. Die Antwort des Arztes überraschte mich, denn er sagte, dass er das auch so entschieden hätte, wenn es sein Vater gewesen wäre.

Frank Spade

Sterbehilfe – was ist das?

INFO

Unter „Sterbehilfe" versteht man Maßnahmen von medizinischem Personal, die den Tod eines Menschen mittelbar oder unmittelbar herbeiführen. Man unterscheidet verschiedene Arten:

Aktive Sterbehilfe bezeichnet die Tötung eines Menschen, z. B. mittels eines Giftes, auf dessen ausdrückliches Verlangen hin. Aktive Sterbehilfe ist in Deutschland verboten und mit Haftstrafen bis zu fünf Jahren belegt. In der Schweiz und in den Niederlanden ist sie unter bestimmten Bedingungen erlaubt.

Passive Sterbehilfe betrifft todgeweihte Menschen, d. h. es gibt keine Aussicht auf Heilung mehr. Sie bezeichnet den Abbruch der Behandlungen, z. B. einer künstlichen Beatmung, die nur noch der Lebensverlängerung dienen, mit der Folge, dass der Patient rasch stirbt. Passive Sterbehilfe ist in Deutschland erlaubt, falls eine entsprechende Patientenverfügung vorliegt bzw. falls Angehörige von Todgeweihten dem zustimmen.

Indirekte Sterbehilfe bezeichnet eine medizinische Behandlung bei Todgeweihten, z. B. durch stärkste Schmerzmittel, die eine Verkürzung des Lebens zur Folge hat. Diese Art der Sterbehilfe ist in Deutschland und den meisten europäischen Ländern zulässig und wird regelmäßig bei „palliativer" Behandlung von Todkranken angewandt. Als „palliativ" (lat. *pallium* „Mantel") bezeichnet man eine Behandlung, die als einziges Ziel hat, Schmerzen oder sonstige Beschwerden zu lindern; dabei nimmt man starke und letztlich tödliche Nebenwirkungen in Kauf. *Werner Fuß*

M4 Einstellungen zur aktiven und passiven Sterbehilfe

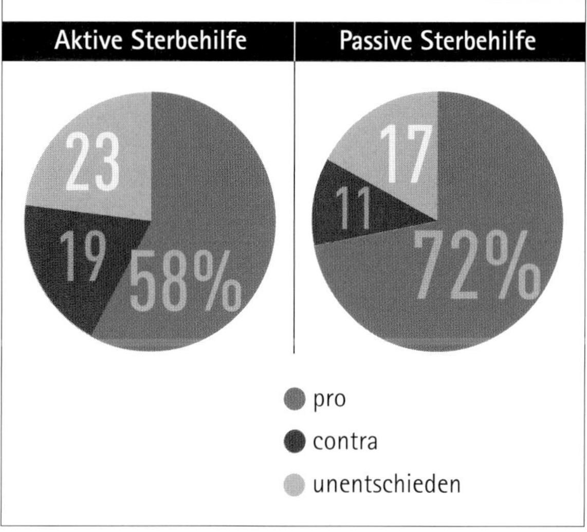

nach www.ifd_allensbach.de (2008)

M3 Grundsätze der Bundesärztekammer

[Der Arzt] muss den Willen des Patienten achten. Ein offensichtlicher Sterbevorgang soll nicht durch lebenserhaltende Therapien künstlich in die Länge gezogen werden. Darüber hinaus darf das Sterben durch Unterlassen, Begrenzen oder Beenden einer begonnenen medizinischen Behandlung ermöglicht werden, wenn dies dem Willen des Patienten entspricht. Die Tötung des Patienten hingegen ist strafbar, auch wenn sie auf Verlangen des Patienten erfolgt. Die Mitwirkung des Arztes bei der Selbsttötung ist keine ärztliche Aufgabe. Der Arzt ist verpflichtet, Sterbenden, d. h. Kranken oder Verletzten, bei denen der Eintritt des Todes in kurzer Zeit zu erwarten ist, so zu helfen, dass sie menschenwürdig sterben können. Die Hilfe besteht in palliativmedizinischer Versorgung. Maßnahmen, die den Todeseintritt nur verzögern, sollen unterlassen oder beendet werden. Bei Sterbenden kann die Linderung des Leidens so im Vordergrund stehen, dass eine möglicherweise dadurch bedingte unvermeidbare Lebensverkürzung hingenommen werden darf. Die Unterrichtung des Sterbenden über seinen Zustand und mögliche Maßnahmen muss wahrheitsgemäß sein, sie soll sich aber an der Situation des Sterbenden orientieren und vorhandenen Ängsten Rechnung tragen.

Patienten mit schwersten Hirnschädigungen haben, wie alle Patienten, ein Recht auf Behandlung, Pflege und Zuwendung; eine anhaltende Bewusstseinsbeeinträchtigung allein rechtfertigt nicht den Verzicht auf lebenserhaltende Maßnahmen.

Bei Neugeborenen mit schwersten Beeinträchtigungen, bei denen keine Aussicht auf Heilung oder Besserung besteht, kann nach hinreichender Diagnostik und im Einvernehmen mit den Eltern eine lebenserhaltende Behandlung unterlassen oder beendet werden.

nach: Bundesärztekammer, Grundsätze zur ärztlichen Sterbebegleitung, S. 1f

Aufgaben

1 Überlegen Sie für sich selbst und machen Sie sich Notizen: Unter welchen Umständen würden Sie nicht mehr weiterleben wollen? ➜ M1

2 Veranstalten Sie ein Rollenspiel:
   a) Der Sohn des 77-jährigen Kranken besteht auf einer Behandlung im Krankenhaus. Welche Gründe könnte er für diesen Wunsch anführen? Was könnte der Arzt entgegnen? ➜ M2
   b) Der Arzt erzählt später einem Freund von diesem Patienten. Welche Fragen sollte der Freund stellen? Welche Antworten muss der Arzt geben? Wie würden Sie entscheiden? ➜ M2, M3

3 Diskutieren Sie folgendes Beispiel:
Ein 30-jähriger Mann bespricht mit seinen Freunden das Thema Sterbehilfe und äußert dabei mehrfach folgende Auffassung: „Sollte ich einmal in ein Wachkoma fallen, so will ich, dass alle lebensverlängernden Maßnahmen wie künstliche Ernährung unterbleiben." Wenige Jahre später unternimmt dieser Mann einen Selbstmordversuch mit der Folge, dass er in ein Wachkoma fällt. Die Angehörigen des Mannes verlangen nun, dass die künstliche Ernährung eingestellt wird und damit passive Sterbehilfe durchgeführt wird. Das Pflegepersonal weigert sich, die künstliche Ernährung abzubrechen, mit der Begründung, das sei nicht vereinbar mit dem Gebot, Leben zu erhalten. ➜ M3

▶ Glossar: Bundesärztekammer, Demenz, Palliativmedizin, Patientenverfügung, Syndrom

11 Transplantation

M1 Transplantation – was ist das?

Unter Transplantation (lat. *transplantare* „verpflanzen“) versteht man in der Medizin die Übertragung von organischem Material von einem Lebewesen auf ein anderes. Dabei geht es einesteils um Einzelgewebe wie die Augenhornhaut oder die Übertragung von Rückenmark auf einen Empfänger. Darüber hinaus werden heute auch ganze Organe wie Leber, Niere oder Herz oder sogar Organsysteme wie Hände transplantiert.

Die Transplantation von Geweben menschlicher Spender unterliegt in Deutschland dem Transplantationsgesetz. Als Spender kommen demnach Leichen oder lebende Menschen (z. B. bei Nieren oder Rückenmark) in Frage. Voraussetzung ist in Deutschland – anders als in mehreren Nachbarländern – jeweils die erklärte Zustimmung des Organspenders in Form eines Organspenderausweises. Die Krankenkassen fragen regelmäßig alle Versicherten, ob sie nach ihrem Hirntod Organe spenden wollen. Fehlt eine Zustimmung, kann stattdessen eine Zustimmung der Angehörigen (nach dem Tod eines Organspenders) eingeholt werden, die „erweiterte Zustimmung“.

Das Hauptproblem bei Transplantationen sind Abstoßungsreaktionen des Empfängerorganismus. Daher ist es bei vielen Transplantationen nötig, eine Auswahl zu treffen, um das jeweils bestgeeignete Spenderorgan zu erhalten. In Deutschland herrscht ein Mangel an Spenderorganen. *Werner Fuß*

M2 Organspende international

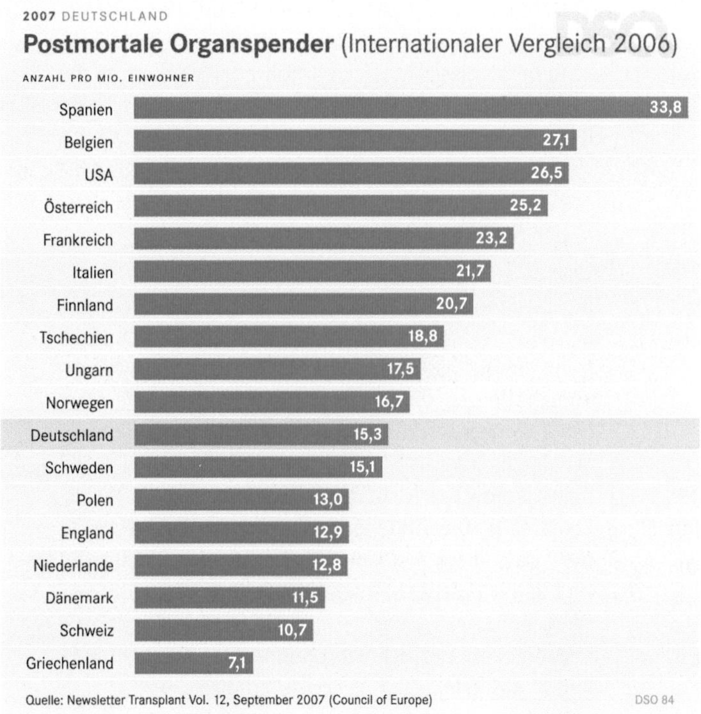

2007 DEUTSCHLAND

Postmortale Organspender (Internationaler Vergleich 2006)

ANZAHL PRO MIO. EINWOHNER

Spanien	33,8
Belgien	27,1
USA	26,5
Österreich	25,2
Frankreich	23,2
Italien	21,7
Finnland	20,7
Tschechien	18,8
Ungarn	17,5
Norwegen	16,7
Deutschland	15,3
Schweden	15,1
Polen	13,0
England	12,9
Niederlande	12,8
Dänemark	11,5
Schweiz	10,7
Griechenland	7,1

Quelle: Newsletter Transplant Vol. 12, September 2007 (Council of Europe) DSO 84

Deutsche Stiftung Organtransplantation, www.dso.de

M3 Organtransplantation und Gerechtigkeit

Besonders relevant sind Fragen der Gerechtigkeit bei der Verteilung. Wer soll nach welchen Kriterien Empfänger eines Spenderorgans oder -gewebes werden? Tatsache ist, dass es weniger Spenderorgane gibt als Patienten, für die ein solches Organ eine therapeutische Option bedeutet. Wenn aber nur ein Teil der Patienten in den Genuss einer Transplantation kommen kann, einem anderen Teil diese Behandlung vorenthalten bleibt, dann wird es Kriterien geben müssen, nach denen man mit diesem Mangel umgeht. In erster Linie werden es medizinische Kriterien sein, die herangezogen werden. Es muss also aufgrund der entsprechenden Übereinstimmungen zwischen Spender und Empfänger eine Organübertragung möglichst chancenreich sein. Dieses Kriterium ist nur dann abwägungsfrei, wenn es nur die eine optimale Übereinstimmung gibt. Sobald es zwei potenzielle Empfänger mit gleicher Übereinstimmungsrate gibt, beginnt die Abwägung. *nach Ulrich Braun*

M4 Umgang mit dem Mangel an Spenderorganen

Folgende Vorschläge werden in Hinsicht auf den Umgang mit dem Mangel an Spenderorganen diskutiert:

Umstellung der Freiwilligkeitsspende auf eine Pflichtspende

Jeder wäre automatisch zur Organspende verpflichtet. Organspenderausweis oder Einholung der Zustimmung von Verwandten wären nicht mehr nötig. Schwierig würde bei einer solchen Regelung wohl die rechtliche Umsetzung. Mindestens würde es wohl längerer verfassungsrechtlicher Klärungen bedürfen. Und es steht zu bezweifeln, ob eine solche Regelung der Überprüfung standhalten könnte. Immerhin bedeutet eine Organentnahme einen gravierenden Eingriff in die körperliche Integrität eines Menschen. Derzeit geht unser Gesetz davon aus, dass ein Anspruch auf körperliche Integrität mit dem Tod nicht vollends erlischt.

Die Widerspruchsregelung

Eine solche Regelung gilt z. B. für Österreich oder Spanien. Danach würde die Zustimmung zu einer Organentnahme grundsätzlich vorausgesetzt. Wer dies für sich ablehnt, müsste einen ausdrücklichen Widerspruch formulieren. Es wäre sozusagen die Umkehrung der bislang geltenden Regelung, bei der die ausdrückliche Zustimmung per Organspenderausweis bei sich geführt wird.

Regelung auf Gegenseitigkeit

Als Organempfänger käme nach dieser Regelung grundsätzlich nur der in Frage, der selbst zu einer Organspende bereit ist. Als offene Frage bleibt freilich bestehen, wie man mit Ausschlusskriterien insgesamt umgehen wird. Gerade bei lebensnotwendigen Therapien wird es generell schwierig sein, vorhandene Optionen vorzuenthalten.

nach Ulrich Braun

M5 Die Lebend-Organspende

Eine Alternative für eine Organspende nach dem Tod des Spenders ist die Lebendspende, welche an einige medizinische und rechtliche Voraussetzungen gebunden ist: Zunächst sollte die Verträglichkeit des Spenderorgans möglichst hoch sein. Besonders günstig ist daher eine möglichst geringe Verschiedenheit der Erbanlagen, d. h. „ideale“ Spender wären z. B. Zwillinge, Eltern oder Kinder. Ansonsten muss der Spender ein naher Angehöriger sein, z. B. ein Ehepartner, oder zumindest in einer besonderen Beziehung zum Empfänger stehen. Um dies zu gewährleisten und finanzielle Interessen auszuschließen, muss in Deutschland der Spender vor der Operation vor einem Ethik-Rat vorsprechen. Lebendspenden sind heute möglich etwa bei Nieren (der Spender büßt eine seiner zwei Nieren ein) oder bei Lebern (dem Spender wird ein Teil seiner Leber entfernt und dem Empfänger eingepflanzt, beide Leberteile wachsen wieder zu voller Größe und Funktionsfähigkeit heran).

Werner Fuß

Aufgaben

1. Recherchieren Sie, ob eine Blutspende oder eine Bluttransfusion eine Transplantation ist. → M1
2. Ermitteln Sie die Zahlen der Organspender für Israel und Japan. Finden Sie heraus, welche Gründe für eine relativ hohe oder niedrige Zahl von Organspenden vorliegen könnten. → M2
3. Das Ziel, das angestrebt wird, liegt in einer Erhöhung der Zahl der Organtransplantationen. Diskutieren Sie, ob oder wie sich dieses Ziel rechtfertigen lässt. → M3
4. Notieren Sie spontan: Welcher der vier Regelungen „erweiterte Zustimmung“ – „Pflichtspende“ – „Widerspruchsregelug“ – „Gegenseitigkeit“ würden Sie am ehesten zustimmen? Tragen Sie anschließend Ihre Ergebnisse anonym zusammen. → M1, M4, M5

▶ Glossar: Integrität

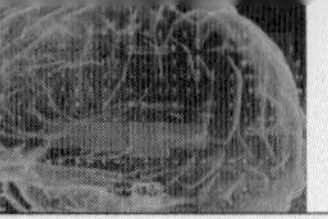

Was wir wissen

Unter „Medizinethik" versteht man den Teil der angewandten Ethik, der sich mit medizinischem Handeln befasst. Zunächst stehen dabei solche Probleme im Mittelpunkt, die mit dem Beginn und dem Ende menschlichen Lebens verbunden sind. Dazu gehören die Problemkreise Abtreibung oder Präimplantationsdiagnostik sowie der Problemkreis Sterbehilfe in Verbindung mit Palliativmedizin.

Seit mehreren Jahrzehnten stehen weitere Problemfelder in der Diskussion, nämlich solche, die sich etwa mit „Lebensqualität" oder „Lifestyle" befassen. Hier wird beispielsweise über die Spannung zwischen einer notwendigen, einer optimalen und einer vielleicht überflüssigen Behandlung debattiert. Gemeint sind u. a. kosmetische Behandlungen („Schönheitsoperationen"), aber auch der medizinische Umgang mit an sich natürlichen „Funktionsstörungen" wie Verhaltensauffälligkeiten in der Pubertät, Wechseljahre oder Nachlassen der Potenz im Alter.

Ein übergreifender Aspekt befasst sich mit ethischen Fragestellungen in der medizinischen Forschung. Großen wissenschaftlichen Fortschritten steht oft eine nur kleine Zahl möglicher Betroffener gegenüber, z. B. bei der Präimplantationsdiagnostik oder in der Behandlung spezieller Krebserkrankungen. In der Vergangenheit ist es in der medizinischen Forschung mehrfach zu schweren Menschenrechtsverletzungen gekommen; heute gelten hier strenge Vorschriften.

Überwölbt sind solche Debatten von wirtschaftlichen, weltanschaulichen und damit auch politischen Überlegungen. Anders ausgedrückt: Während etwa im Eid des Hippokrates die persönliche Dimension des Arzt-Patienten-Verhältnisses im Mittelpunkt steht, rücken in einer Gesellschaft, die über ein ausgefeiltes Gesundheitssystem verfügt, eine sozioökonomische und eine weltanschaulich-politische Dimension verstärkt in den Blickpunkt.

Um diese unterschiedlichen Standpunkte auszugleichen, werden mehrere Wege vorgeschlagen. Regelmäßig wird auf die Menschenwürde und die Autonomie der einzelnen Patienten nicht nur einfach hingewiesen, sondern beides muss in einem formalen Verfahren möglichst abgefragt oder anderweitig eruiert werden. Beispielhaft sei hier das Vorgehen bei einer Organspende genannt: Liegt eine Erklärung der Betroffenen vor, so ist diese zu respektieren, d. h. zu befolgen; liegt eine solche Erklärung nicht vor bzw. kann sie von dem Betroffenen selbst nicht mehr eingeholt werden (z. B. wegen Bewusstlosigkeit), so werden derzeit die nächsten Angehörigen befragt, und zwar von Medizinern, die persönlich nicht unmittelbar an der geplanten Transplantation beteiligt sind. Ähnliches gilt z. B. für die passive Sterbehilfe.

Darüber hinaus hat sich für viele medizinische Bereiche das „Amerikanische Modell" durchgesetzt mit seinen vier Prinzipien Autonomie der Patienten – Nicht-Schadens-Prinzip – Ärztliche Fürsorge – Gerechtigkeit; neuerdings wurde dieses Modell um das Prinzip der Achtsamkeit erweitert. Damit dieses oder andere Modelle in unserem Gesundheitssystem umgesetzt werden können, ist es erforderlich, dass medizinisches Fachpersonal Kenntnisse und Erfahrungen hat im Umgang mit ethischen Fragestellungen und Diskussionen.

Nicht zuletzt müssen möglichst alle derzeitigen und potenziellen Patienten sowie betroffene Angehörige in die Lage versetzt werden, ihre eigene Würde oder die ihrer Angehörigen zu wahren und autonom eine Entscheidung für sich bzw. für Angehörige zu finden. Hier werden medizinische Fachkenntnisse nicht vorausgesetzt, vielmehr geht es darum, rechtzeitig die nötigen Fragen zu stellen und sich Informationen zu beschaffen, die die Grundlage für eine Entscheidung bilden können. Und es geht darum, sich eigener Wertvorstellungen und der anderer bewusst zu sein und sie zu respektieren.

Werner Fuß

Was wir können

1. Soll ich amtlich zugelassene Medikamente verweigern? Soll ich eine Behandlung ablehnen? ...

Diskutieren Sie eine Situation, in der das Gewissen eines Arztes in Gegensatz stehen kann zu einer externen Regelung, also einer Regelung eines Gesetzgebers bzw. einer Ärzteorganisation oder einer weltanschaulichen Haltung bzw. religiösen Vorschrift.
(Beispiele: Sterbehilfe bei keinerlei Hoffnung auf ein „glückliches" späteres Leben – ärztliche Maßnahmen bei Patienten mit Klagen über Potenzstörungen, Wechselbeschwerden oder „Reizdarm" – Abtreibung – ärztliche Hilfe bei Problemen nach einem Piercing oder einer Tätowierung – ärztliche Hilfe bei Suchtkranken – ...)

2. Kann man „richtig" oder „falsch" oder „unvernünftig" sterben?

Ein 60-jähriger Patient leidet an Krebs in einem Lungenflügel. Die Ärzte schlagen vor, diesen Lungenflügel in einer riskanten Operation zu entfernen; dann könne der Patient eventuell noch viele Jahre weiterleben, falls die Operation gelinge. Andernfalls werde der Tod binnen weniger Monate eintreten. Der Patient gibt keine Einwilligung zu dieser Operation, er nimmt seinen baldigen Tod bewusst in Kauf. Es liegt also eine eindeutige Patientenverfügung vor.

a) Stellen Sie zusammen:
- Welche Argumente könnte man dafür anführen, die Patientenverfügung nicht zu befolgen und trotzdem diese Operation durchzuführen?
  (mögliche Gesichtspunkte: Wille des Patienten und medizinische Vernunft widersprechen einander – bei tödlicher Erkrankung kann es keinen Willen mehr geben – man muss Patienten vor der eigenen Unvernunft schützen – ...)
- Welche Argumente könnte man dagegen anführen?
  (mögliche Gesichtspunkte: Wille des Patienten und medizinische Vernunft widersprechen einander – es gibt keine Maximen der Vernunft, wenn es um den eigenen Tod geht – die Entscheidungsfreiheit muss garantiert sein – ...)

b) Untersuchen Sie anschließend systematisch:
- Welche Ihrer Argumentationen basiert auf einer ethischen Forderung?
  (Beispiele: Der Erhalt des Lebens muss möglichst gewährleistet sein – der Wille des Patienten muss möglichst befolgt werden – ...)

c) Untersuchen Sie als Drittes das Beispiel nach dem erweiterten „Amerikanischen Modell", gehen Sie besonders auf das Prinzip der „Achtsamkeit" ein.

3. Ich will aber nicht!

Bearbeiten Sie das folgende Gedankenexperiment z. B. in Form eines „Heißen Stuhls" oder eines Rollenspiels:
Ein Ehepaar hat eine Tochter, 17 Jahre alt. Ein Bruder des Vaters, also ein Onkel der Tochter, ist unverheiratet, kinderlos und vermögend; dieser ist lebensbedrohend erkrankt. Die Tochter hat ein sehr gutes Verhältnis zu ihrem Onkel und wäre als Lebendspenderin einer Niere sehr geeignet. Die Tochter lehnt aber die Zustimmung zu einer Lebendspende ab.
Wie reagieren ihre Eltern, ihre Mitschüler ...?
Analysieren Sie anschließend das Gedankenexperiment nach dem „Amerikanischen Modell".

a priori (lat. „vom Früheren her"): im allg. Sprachgebrauch gleichbedeutend mit „prinzipiell, von vornherein". Als Fachbegriff in der Philosophie bezeichnet *a priori* diejenigen Erkenntnisse, die unabhängig von Erfahrung und Sinneseindrücken sind. Erkenntnisse *a priori* sind z. B. mathematische Grundsätze und die Grundsätze des Verstandes (z. B. „Alles, was geschieht, hat eine Ursache"). *S. 43*

Abraham (hebr. „Vater vieler Völker"): der Stammvater Israels. Aus seinen Nachkommen gingen die zwölf Stämme Israels hervor. Im christl. → Evangelium erscheint er mehrfach als Vorbild und „Vater des Glaubens" (Röm 4). Abraham gilt aber auch als einer der wichtigsten → Propheten des Islam (arab. *Ibrâhîm*). Da sich alle drei → monotheistischen Religionen – Judentum, Christentum und Islam – auf Abraham berufen, bezeichnet man sie auch als abrahamitische Religionen. *S. 43, 45*

Absolutismus: Staatsform, in der eine einzige Person, unabhängig von Gesetzen, Verfassung oder Parlament, unumschränkte (absolute) Staatsgewalt ausübt. Der absolutistische Herrscher leitet seine Herrschaft von Gott ab (Gottesgnadentum). Der Absolutismus entwickelte sich im Europa des 17. / 18 Jh. zur wichtigsten Herrschaftsform. *S. 25, 35*

Agnostizimus (von griech. *ágnostos* „unbekannt, unkenntlich"): philosophische Lehre, die jede über das Erfahrungswissen hinausgehende Erkenntnis bestreitet, insbesondere in Bezug auf theologische Fragen: Die Existenz einer Gottheit kann weder bewiesen noch widerlegt werden. *S. 15*

Allegorie (von griech. *allegorein* „etw. anders ausdrücken"): Stilfigur, bei der ein abstrakter Begriff sinnbildlich dargestellt wird. Beispiel: Der Begriff der Gerechtigkeit wird dargestellt als Frau mit verbundenen Augen (vor Gericht gibt es kein Ansehen der Person), in der einen Hand eine Waage (abwägend), in der anderen ein Schwert (urteilend). *S. 49*

Anarchie (griech. *anarchía* „Mangel an geordneter Regierung"): Gesetzlosigkeit, gesellschaftliche Unordnung, hervorgerufen durch das Fehlen von Gesetzen bzw. staatlichen Institutionen. *S. 29*

Anaxagoras (499 – 428 v. Chr.): griech. Naturphilosoph; lehrte fast 30 Jahre als Philosoph in Athen. Nach Anaxagoras wird die Welt von einer unpersönlichen, zweckmäßig planenden Macht, der „Weltvernunft" (griech. *nous*) bestimmt. Die Sonne betrachtete Anaxagoras nicht als Gottheit, sondern als glühende Gesteinsmasse. Aufgrund seiner naturphilosophischen Aussagen wurde er um 430 v. Chr. der Gottlosigkeit angeklagt und aus Athen verbannt. *S. 11, 19*

Anthropologie (von griech. *ánthropos* „Mensch" und *lógos* „Lehre"): die Lehre vom Menschen, seinem Wesen und seiner Stellung in der Welt, wobei vor allem die Aspekte des Menschen als Kultur- und Gesellschaftswesen im Mittelpunkt stehen. *S. 55*

Anthropomorphismus (von griech. *ánthropos* „Mensch" und *morphé* „Gestalt"): Vermenschlichung; die Übertragung menschlicher Eigenschaften auf nichtmenschliche Bereiche (z. B. ein nachdenkliches Tier, ein zorniger Gott, ein drohender Sturm). *S. 55*

Apollon: griech. Gott der Künste, der Heilkunst und Weissagung. In der griech. Stadt → Delphi befand sich sein wichtigstes Heiligtum. *S. 17, 113*

Apostel (griech. *apóstolos* „Bote"): die von → Jesus zur Verkündigung des → Evangeliums erwählten zwölf Jünger. Der Begriff wurde schon früh auch auf andere christl. Missionare ausgeweitet. *S. 45, 79*

Armut, freiwillige: In vielen Religionen – dem Hinduismus, dem Christentum, dem Buddhismus und dem Islam – gibt es den Begriff der freiwilligen Armut. Die bewusste Absage an materielle Güter wird nicht als Mangel begriffen, sondern als Fülle an Freiheit, Nähe zu Gott und anderen Menschen. *S. 77, 79*

Asklepios (lat. *Aesculapius*): griech.-röm. Gott der Heilkunde, Sohn des → Apollon. Sein Erkennungszeichen ist der Stab, um den sich eine Schlange windet (Symbol der Heilkraft, Scharfsichtigkeit und Wachsamkeit). Dieser sog. Äskulapstab ist noch heute das Symbol von Ärzten und Apothekern. *S. 113*

Assheuer, Thomas (* 1955): studierte Germanistik und Philosophie; seit 1997 arbeitet er als Feuilleton-Redakteur für die Wochenzeitung „Die Zeit". *S. 51*

Asymmetrie (griech. *asymmetría* „Missverhältnis"): In der Kommunikationswissenschaft spricht man von einer Asymmetrie, wenn die Gesprächsbeteiligten nicht gleichberechtigt sind, d. h. wenn einer der Beteiligten ein höheres Maß an Wissen, Einfluss etc. besitzt (z. B. Arzt – Patient). *S. 111*

Aufklärung: geistige Bewegung im 17. / 18. Jh., die im Anschluss an das Zeitalter der Religionskriege und des → Absolutismus in ganz Europa alle Bereiche der Gesellschaft beeinflusste (Politik, Wissenschaft, Philosophie, Literatur, Bildende Kunst). Zentraler Gedanke der Aufklärung ist der Glaube an die Kraft der Vernunft, die alleiniger Maßstab menschlichen Handelns sein sollte – unabhängig von willkürlichen Autoritäten wie Tradition, Religion oder Vorurteil. Zum Programm der Aufklärung gehörten die Forderung nach religiöser Toleranz, persönlicher Freiheit und bürgerlichen Rechten. *S. 13, 25, 29, 35, 51*

Autonomie (von griech. *autónomos* „nach eigenen Gesetzen lebend"): Selbstständigkeit, Selbstbestimmung, Entscheidungsfreiheit, (persönliche oder politische) Unabhängigkeit. *S. 25, 35, 111, 115, 117*

Axiom (griech. *axíoma* „Forderung"): In der Logik bezeichnet ein Axiom ein unmittelbar einleuchtendes Grundprinzip, das nicht beweisbar ist, aber die Grundlage allen Schlussfolgerns und Beweisens ist. Ein berühmtes Axiom ist der Satz vom ausgeschlossenen Dritten: Für eine beliebige Aussage X gilt zwingend die Aussage „X oder nicht X", z. B. „Die Wand ist weiß." Oder: „Die Wand ist nicht weiß." Ein Drittes ist nicht möglich. *S. 103*

Bartholomäusnacht: die Nacht zum 24. August 1572. In dieser Nacht wurden die Anführer des protestantischen Adels und Tausende von Glaubensgenossen durch Katholiken ermordet. Die Protestanten waren zur Hochzeit des Protestanten Heinrich von Navarra mit der kath. Königstochter Margarete von Valois in Paris versammelt. Der franz. König Karl IX. und seine Mutter Katharina von Medici hatten den Befehl zu dem Massaker gegeben. *S. 25*

Bettelorden: Im 13. Jh. gegründete christl. Orden, bei denen sich nicht nur die einzelnen Mönche, sondern die Ordensgemeinschaft als Ganzes zur → Armut verpflichtet (z. B. Franziskaner und Dominikaner). Sie lebten vom Erlös ihrer Arbeit und von Almosen. Im Gegensatz zu anderen Orden lebten sie nicht abgeschieden, sondern ließen sich bewusst in Städten nieder und gewannen dort großen Einfluss als Lehrer, Prediger und Seelsorger. *S. 79*

Blasphemie (griech. *blasphemía* „Verleumdung, Lästerung"): Gotteslästerung, das Verhöhnen religiöser Inhalte oder Symbole. Nach westlicher Rechtsauffassung gilt Blasphemie nicht als Straftat, solange der öffentliche Frieden nicht gestört wird. *S. 45*

Bleisch, Barbara (* 1973): Studium der Philosophie und Religionswissenschaft. Seit 2006 ist sie Mitarbeiterin am Ethik-Zentrum der Universität Zürich. Seit 2010 moderiert sie die Fernsehsendung „Sternstunde Philosophie" (3sat / SRF). *S. 95*

Bourgeoisie (franz. „Bürgertum"): die soziale Schicht zwischen Adel und Bauernschaft. Im Marxismus wurde der Begriff zur Bezeichnung für die herrschende Klasse im → Kapitalismus, die, im Gegensatz zum → Proletariat, im Besitz der Produktionsmittel (Maschinen, Grundbesitz etc.) ist. *S. 57*

Brundtland-Kommission: eine 1983 von den Vereinten Nationen eingesetzte Expertenkommission. Ihr Auftrag war die Erstellung eines Berichtes zur internationalen Entwicklungs- und Umweltpolitik. Der Bericht der Kommission (1987) gilt als Beginn der weltweiten Diskussion über Nachhaltigkeit. Die Kommission verstand unter Nachhaltigkeit eine Entwicklung, „die den Bedürfnissen der heutigen Generation entspricht, ohne die Möglichkeiten künftiger Generationen zu gefährden". Zu diesem Zweck seien Kompromisse nötig: zwischen den Interessen von → Entwicklungs- und → Industrieländern, zwischen den Interessen von Wirtschaft und Ökologie. *S. 93*

Bundesärztekammer: Spitzenorganisation der ärztlichen Selbstverwaltung. Sie vertritt die Interessen der rund 400 000 Ärzte in Deutschland. Ein wichtiges Gremium der Bundesärztekammer ist der „Wissenschaftliche Beirat". Er erarbeitet u. a. Leit- und Richtlinien zu wissenschaftlichen und medizinethischen Fragen. *S. 107, 115, 119*

Bundesverfassungsgericht (BVerfG): höchstes Gericht der Bundesrepublik Deutschland. Seine Aufgabe ist es, das Handeln aller Staatsorgane daraufhin zu prüfen, ob es der Verfassung bzw. geltendem Recht entspricht. *S. 105*

Dareios I. (549 – 486 v. Chr.): persischer Großkönig (522 – 486 v. Chr.). Er dehnte das Perserreich bis nach Indien und Nordafrika aus. Der griech. Historiker

→ Herodot lässt Dareios – zusammen mit anderen persischen Adeligen – nach dem Tod des alten Großkönigs darüber diskutieren, welche Staatsform die beste für das Perserreich sei. In dieser Verfassungsdebatte tritt Dareios für die Beibehaltung der Monarchie ein – und besteigt kurz darauf als „König der Könige" selbst den Thron. *S. 11*

David (um 1000 v. Chr.): der bedeutendste der Könige Israels; er schuf ein israelitisches Großreich und machte Jerusalem zu dessen religiösem Zentrum. Er hatte ein Liebesverhältnis mit der verheirateten Batseba, dessen Ehemann er in eine Schlacht schickte, damit dieser den Tod findet. *S. 43*

Decurio (lat. „Ratsherr"): Gemeinderatsmitglied in den röm. Provinzstädten. Die Decurionen entschieden über die Stadtfinanzen und kontrollierten die städtischen Beamten. Das Amt eines Decurio war mit erheblichem Einfluss verbunden; da es aber auch sehr kostspielig war, konnte es sich nur die vermögende Führungsschicht einer Stadt leisten. *S. 77*

Deklaration von Helsinki: Erklärung des Weltärztebundes zu ethischen Grundsätzen für die medizinische Forschung am Menschen (1964). Sie gilt weltweit als Standard ärztlicher Ethik. Historischer Hintergrund sind die Menschenversuche, die im 19. und 20. Jh. durchgeführt wurden. *S. 115*

deliberativ (von lat. *deliberare* „überlegen"): auf Beratung bzw. reiflicher Überlegung beruhend. *S. 111*

Delphi: griech. Stadt, in der sich ein Heiligtum und eine Orakelstätte des → Apollon befanden. Im Inneren des Tempels von Delphi teilte die → Pythia die Weissagungen des Apollon mit. Über dem Eingang des Tempels soll die berühmte Inschrift „Erkenne dich selbst" angebracht gewesen sein. *S. 17*

Demenz (lat. *dementia* „Wahnsinn"): Oberbegriff für verschiedene Arten krankheitsbedingter Hirnleistungsstörungen, bei denen Gedächtnis-, Sprach- und Denkfähigkeit abnehmen. Demenzen gehören zu den folgenschwersten Alterskrankheiten. *S. 119*

Demokrit (* um 460 v. Chr.): griech. Naturphilosoph. Er entwickelte als Erster eine Atomlehre. Demokrit führte alle Vorgänge in der Welt auf rein mechanische Atombewegungen zurück: Jeder Zufall und jede nach bewussten Zwecken handelnde Gottheit werden ausgeschlossen. *S. 11*

Descartes, René (1596 – 1650): franz. Philosoph und Mathematiker; Begründer des → Rationalismus und Wegbereiter der → Aufklärung. Geprägt von den exakten Beweisverfahren der Mathematik, geht er davon aus, dass die Welt vermittels des Verstandes vollständig erklärbar sein muss. Da Sinneswahrnehmungen immer täuschen können, darf nur das als wahr anerkannt werden, was sich mit der Tätigkeit des Verstandes klar und deutlich erkennen lässt. *S. 25*

Despot (griech. *despótes* „Gebieter"): Gewaltherrscher. Die Despotie ist eine Herrschaftsform, in der ein Despot die uneingeschränkte, von Gesetzen unabhängige Herrschaft ausübt. Der Begriff ist weitgehend gleichbedeutend mit Diktator, → Tyrann. *S. 11*

Dogma (griech. *dógma* „Lehrsatz, Meinung"): eine feststehende Definition oder grundlegende Meinung (z. B. religiöser oder politischer Natur), deren Wahrheitsanspruch als unumstößlich und gegen alle rationalen Einwände aufrechterhalten wird. *S. 13, 63*

Eco, Umberto (* 1932): ital. Schriftsteller, Philosoph und Sprachwissenschaftler. Eco ist eine der herausragenden Gestalten des zeitgenössischen ital. Geisteslebens. Weltberühmt wurde er durch seinen Roman „Der Name der Rose" (1980). *S. 79*

empirisch (von griech. *empeiría* „Erfahrung"): auf Erfahrung beruhend, durch Beobachtung, Messung, Befragung usw. vermittelt. *S. 35, 95*

Empirismus (von griech. *empeiría* „Erfahrung"): philosophische Denkrichtung, die als einzige Erkenntnisquelle die sinnliche Wahrnehmung gelten lässt. *S. 25*

Entwicklungsländer: Staaten, die im Vergleich zu → Industrieländern einen wirtschaftlichen und sozialen Rückstand aufweisen. Merkmale von Entwicklungsländern sind u. a. ein niedriges Pro-Kopf-Einkommen, geringe Arbeitsproduktivität, Vorherrschen der Landwirtschaft, geringer Bildungsstandard, mangelhafte Gesundheitsversorgung. *S. 93*

Epimetheus (griech. „der zu spät Bedenkende"): in der griech. Mythologie → Titan und Bruder des → Prometheus. *S. 15*

Erhard, Ludwig (1897 – 1977): dt. Politiker (CDU), 1949 – 1963 Wirtschaftsminister, 1963 – 1966 Bundeskanzler. Erhard galt als Schöpfer des dt. Wirtschaftswunders. Er war Mitbegründer des Konzepts der → Sozialen Marktwirtschaft. *S. 87*

Esra (5. Jh. v. Chr.): jüd. Schriftgelehrter, der im Auftrag des Perserkönigs das jüd. Leben nach dem Gesetz der → Tora neu ordnete und die Rückkehr von Juden aus dem persischen Exil nach Judäa organisierte. Er führte das Mischehen-Verbot ein, das bis heute das jüd. Eheverständnis prägt. *S. 43*

Eugenik (von griech. *eugenés* „von guter Herkunft"): die Erbgesundheitslehre. Die Maßnahmen der Eugenik beabsichtigen, den Erhalt günstigen Erbgutes zu sichern und den Fortbestand ungünstigen Erbgutes zu unterbinden. *S. 107*

Evangelium (griech. *euangélion* „gute Nachricht, frohe Botschaft"): Der Begriff Evangelium bezeichnet zunächst die mündlich von → Jesus verkündigte Frohbotschaft. Im engeren Sinne bezeichnet man als Evangelium die schriftliche Fixierung dieser Botschaft, also vier Berichte vom Leben und Wirken Jesu, die am Anfang des Neuen Testaments stehen (Matthäus, Markus, Lukas, Johannes). *S. 45, 47, 79*

Exegese (griech. *exhégesis* „Auslegung"): die wissenschaftliche Erläuterung bzw. Interpretation von Texten. Die Exegese versucht, zentrale Aussagen, Strukturen und historische Zusammenhänge eines Textes herauszuarbeiten. Der Ausdruck wird meist in Bezug auf religiöse Schriften verwendet. *S. 45*

Fatwa (arab. „Rechtsmeinung"): ein islamisches Rechtsgutachten, in dem von einem Rechtsgelehrten festgestellt wird, ob ein bestimmter Sachverhalt mit den Grundsätzen islamischen Rechts in Einklang steht. Die bekannteste Fatwa, die den Begriff auch in der nicht-islamischen Welt bekannt gemacht hat, ist die Fatwa gegen Salman → Rushdie. *S. 51*

Fetus oder **Fötus** (lat. *fetus, foetus* „Leibesfrucht, Sprössling"): Bezeichnung für den menschlichen Embryo nach Ausbildung der inneren Organe (ab der 9. Schwangerschaftswoche bis zur Geburt). *S. 107*

Feuerbach, Ludwig (1804 – 1872): dt. Philosoph und Religionskritiker; in seinem Hauptwerk „Das Wesen des Christentums" (1841) kritisiert Feuerbach die Religion nicht als Aberglauben oder Betrug, sondern nimmt sie als menschliches Phänomen ernst: Die Religion hat erklärbare Ursachen und eine natürliche Funktion. Religion wird damit zur wichtigen Erkenntnisquelle bei der Frage, was der Mensch ist: Gotteserkenntnis ist in Wahrheit Selbsterkenntnis. Gott ist nach Feuerbach eine → Projektion, ein Spiegelbild des Menschen und seiner unerfüllten Wünsche. Gott ist das, was der Mensch gern sein würde, aber nicht ist. Religion ist der „Kindertraum der Menschheit" und muss ersetzt werden durch das Streben nach einem Glück, das der Mensch aus eigener Kraft erreichen kann. Sobald der Mensch erkennt, dass er selbst Gott produziert hat und nicht nur ein schlechtes Abbild von ihm ist, kann er sich auf sich selbst und seine eigenen Fähigkeiten besinnen. Statt seine Kraft und Liebe in ein göttliches Scheinwesen zu projizieren, soll der Mensch diese Energien auf die Mitwelt richten: Wissenschaft, Bildung und Humanität sollen die Religion ersetzen. *S. 55*

Ford, Henry (1863 – 1947): US-amerik. Großindustrieller; Gründer des Automobilherstellers „Ford Motor Company". Er revolutionierte 1914 die Industrieproduktion durch Einführung einer standardisierten Massenproduktion (Fließbandproduktion). *S. 85*

Freud, Sigmund (1856 – 1939): österr. Neurologe und Psychologe, Begründer der → Psychoanalyse; mit seiner Hervorhebung der Macht der Triebe und der Bedeutung des Unbewussten erschütterte Freud das in der neuzeitlichen Philosophie gültige Verständnis des Menschen als eines durch Vernunft bestimmten und durch Bewusstsein gekennzeichneten Lebewesens. Freud war Atheist und Feind der Religion „in jeder Form und Verdünnung". Er verstand das religiöse Empfinden des Menschen als eine → Neurose, die auf frühkindliche Erfahrungen zurückgeht. Er definierte Religion als → infantiles Abwehrverhalten, d. h. angesichts der eigenen Hilflosigkeit gegenüber einer unkontrollierbaren Wirklichkeit erschafft der Mensch sich eine allmächtige, ihn beschützende Gottes- und Vaterfigur. Das zugrunde liegende Verhaltensmuster knüpft – so Freud – an die kindliche Erfahrung der schützenden Eltern an. *S. 61*

Fundamentalist (von lat. *fundamentum* „Grundlage"): Person, die unbeugsam an den Grundlagen ihrer eigenen Überzeugungen festhält und anders lautende Überzeugungen nicht toleriert bzw. bekämpft. *S. 11, 51*

Genetik (von griech. *génos* „Familie, Gattung"): Vererbungslehre; Teilgebiet der Biologie, das sich mit der Ausbildung und der Weitergabe von Erbinformationen (Genen) an die nächste Generation (Vererbung) befasst. Der wichtigste Teilbereich der Genetik ist heute die Molekulargenetik. Aus ihr ging die Gentechnik als praktische Anwendung hervor. *S. 107*

Geozentrisches Weltbild (von griech. *gé* „Erde" und *kéntron* „Mittelpunkt"): Theorie, dass die Erde der unbewegte Mittelpunkt des Universums ist, um den die Planeten kreisen. Das geozentrische Weltbild wurde im 16. / 17. Jh. von Nikolaus Kopernikus und Galileo Galilei widerlegt und durch ein heliozentrisches Weltbild (d. h. eines um die Sonne kreisenden Planetensystems) ersetzt. Diese „Kopernikanische Wende" bedeutete eine so tiefgreifende Veränderung des Weltverständnisses, dass man sie zu den Großereignissen des 15. / 16. Jh. zählt, die den Übergang vom Mittelalter zur Neuzeit bezeichnen. *S. 25*

Gesellschaftsvertrag (franz. *contrat social*): vertragliche Vereinbarung, durch die sich Menschen zu einer staatlichen Gemeinschaft zusammenschließen und die Staatsgewalt an eine souveräne Person oder Versammlung übertragen, um den Bedrohungen des → Naturzustandes zu entgehen. *S. 29, 31, 33, 37*

Gleichnis: Großform des Vergleichs; eine bildhafte Erzählung, die – mit belehrender Absicht – einen abstrakten Gedanken oder Vorgang durch den Vergleich mit einer anschaulichen, konkreten Handlung verständlich machen will. *S. 21, 23, 35*

Goi (hebr. „Nation, Volk", Pl. *gojim*): Bezeichnung im Judentum für Nichtjuden bzw. Nichtisraeliten. Der Ausdruck gojim wird auch auf andere Juden angewendet, die jüd. Traditionen missachten. *S. 51*

Gorgias (um 480 – 380 v. Chr.): einflussreicher griech. → Sophist, Redner und Redelehrer; Hauptgesprächspartner des → Sokrates in → Platons Dialog „Gorgias". Neben Prunk- und Festreden verfasste er Musterreden zu Unterrichtszwecken. *S. 13*

Hades: in der griech. Mythologie die Unterwelt; die Toten stiegen als körperlose Schatten in den Hades hinab – ohne Empfindung und ohne Erinnerung an ihr voriges Leben. Drei Unterweltsrichter begutachteten die Seelen bei ihrer Ankunft im Hades und richteten über ihr weiteres Schicksal. *S. 19*

Häretiker (von griech *haíresis* „Sekte, Partei"): jemand, der von den offiziellen kirchlichen Glaubenslehren abweicht, diese ablehnt oder kritisiert. *S. 79*

Herodot (um 490 – um 425 v. Chr.): griech. Historiker; sein Werk „Historien" beschreibt den Aufstieg des Perserreiches und die Auseinandersetzungen zwischen Griechenland und Asien. In den „Historien" findet sich auch eine Verfassungsdebatte (3,80-84), in deren Verlauf drei Staatsformen (Demokratie, Aristokratie, Monarchie) gegeneinander abgewogen werden. Diese Debatte ist einer der wichtigsten Texte zur antiken Verfassungstheorie. *S. 11*

Hierarchie (von griech. *hierós* „heilig" und *arché* „Herrschaft"): das Herrschafts- oder Autoritätsverhältnis bzw. die festgelegte Rangordnung innerhalb eines sozialen Bereichs. *S. 13, 91*

Himmler, Heinrich (1900 – 1945): dt. Nationalsozialist; er betrieb ab 1939 eine brutale Ausrottungs-, Vertreibungs- und „Germanisierungspolitik" in Osteuropa. Als Reichsführer-SS war er hauptverantwortlich für den Holocaust und andere Verbrechen wie Zwangssterilisationen und Tötung „lebensunwerten" Lebens (Behinderte, psychisch Kranke, „Fremdrassige", Homosexuelle). 1945 beging Himmler nach gescheiterter Flucht Selbstmord. *S. 105*

Hiob: die zentrale Gestalt in dem nach ihr benannten Buch im Alten Testament. Thema des Buches ist die Erprobung von Hiobs Glauben, der auch durch schlimmstes Leid nicht erschüttert wird. Die Hiob-Geschichte lehrt, dass der Sinn von Gottes Tun dem Menschen unzugänglich ist, die → Theodizeefrage damit nicht beantwortbar ist. *S. 65, 67*

Hippokratischer Eid: die erste Formulierung einer ärztlichen Ethik, benannt nach dem griech. Arzt Hippokrates (um 460 – 370 v. Chr.). Der Eid enthält Elemente, die heute noch Bestandteil ärztlicher Ethik sind (z. B. die Schweigepflicht). *S. 113*

Hobbes, Thomas (1588 – 1679): engl. Philosoph, und Staatstheoretiker. Die verheerenden Religions- und Bürgerkriege des 17. Jh. übten großen Einfluss auf Hobbes' politische Philosophie aus, die er in seinem Hauptwerk → „Leviathan" (1651) formuliert hat: Der egoistische Krieg „aller gegen alle", der im →

Naturzustand herrscht, kann nur durch die Einrichtung einer übermächtigen Staatsgewalt verhindert werden. Dies geschieht durch einen → Gesellschaftsvertrag, in dem alle Menschen ihre natürlichen Rechte auf den → Souverän übertragen. *S. 25, 27, 29, 31, 35, 37*

Humanismus (von lat. *humanus* „menschlich"): philosophische Strömungen, die den Menschen, seinen Wert und seine Würde, in den Mittelpunkt ihres Denkens stellen. *S. 13*

Hygieia (griech. „Gesundheit"): in der griech. Mythologie die Göttin der personifizierten Gesundheit und Reinheit, eine Tochter des Heilgottes → Asklepios und Schwester der → Panakeia. Von ihr leitet sich das dt. Wort „Hygiene" her. *S. 113*

Identität (von lat. *idem* „derselbe"): die einzigartige Kombination von persönlichen Daten (Name, Alter, Geschlecht, Herkunft, Beruf, Erlebnisse usw.), durch welche ein Individuum sich unverwechselbar von anderen unterscheidet. *S. 69, 111*

Industrieland: Länder, deren Wirtschaft hauptsächlich durch die Industrieproduktion getragen wird. Merkmale für ein Industrieland sind: ein hohes Pro-Kopf-Einkommen, hoher Technologiestandard, hohe Produktivität und hohes Bildungsniveau. *S. 93*

Infantilismus (von lat. *infans* „kleines Kind"): das Zurückbleiben auf der Stufe eines Kleinkindes. Infantilismus äußert sich in sozialer und emotionaler Unreife, d. h. in Verhaltensweisen wie Trotz, Egozentrik, Imponierverhalten und im Fehlen einer altersangemessenen Selbsterkenntnis. Infantilismus gilt in extremer Form als → Neurose und wird als seelisches Abwehrverhalten gegenüber einer unerwünschten Wirklichkeit (Realitätsverweigerung) gedeutet. *S. 61*

Integrität (lat. *integritas* „Unversehrtheit, Reinheit"): die physische und psychische Unversehrtheit eines Menschen *S. 115, 121*

Intoxikation (von griech. *toxikón* „Gift"): das Einwirken schädigender Substanzen (Toxine) auf den Organismus; Vergiftung. *S. 61*

Jakobiner: die Mitglieder der radikalsten Gruppierung der Französischen Revolution. Sie forderten die Abschaffung der Monarchie und errichteten ab 1793 ein Schreckensregime, das durch Massenhinrichtungen politischer Gegner gekennzeichnet war. *S. 35*

Jesus von Nazareth (um 4. v. Chr. – 30 / 31 n. Chr.): Religionsstifter des Christentums. Als jüd. Wanderprediger verkündete er das Nahen des Gottesreiches, forderte Umkehr zu Gott und die völlige Gottes- und Nächstenliebe. Er geriet in Konflikt mit der religiösen Obrigkeit von Jerusalem und wurde schließlich hingerichtet. Nach christl. Glauben ist er von den Toten auferstanden. Das christl. Glaubensbekenntnis lautet in einer Kurzformel: „Jesus (ist) Christus" (Jesus ist der → Messias). Jesu Leben und Lehre werden in den vier → Evangelien beschrieben. Im Islam gilt Jesus (arab. *Îsâ*) als → Prophet von hohem Rang, jedoch nicht als Sohn Gottes. *S. 43, 45, 47, 69*

Jom Kippur (hebr. „Tag des Loses"): der „Große Versöhnungstag" ist der höchste jüd. Feiertag; er beendet eine zehntägige Phase der Reue und Buße. Jom Kippur gilt als Tag der Gnade und der Versöhnung mit Gott (3. Mos. 16,29-30). *S. 43*

Kabbala (hebr. „Überlieferung"): mystische Richtung und Geheimlehre im Judentum, die sich mit der „verborgenen Dimension" der → Tora befasst. Die wichtigste Schrift der Kabbala ist der Zohar (hebr. „Glanz"), ein Tora-Kommentar, der im 12. / 13. Jh. in Spanien entstanden ist. *S. 43*

Kallikles (5. Jh. v. Chr.): griech. → Sophist und Schüler des → Gorgias; als Gesprächsteilnehmer in → Platons Dialog „Gorgias" zeigt er sich als Vertreter des → Relativismus: Recht, Gesetz und Moral seien die Erfindungen der Schwachen. *S. 13*

Kant, Immanuel (1724 – 1804): dt. Philosoph der → Aufklärung. Kant geht davon aus, dass der Mensch die Pflicht habe, das, was er als vernünftig erkannt habe, auch zu tun. Etwas Gutes kann aber nur vernünftig sein, wenn es allgemein, d. h. für die ganze Menschheit, als Gutes gelten kann. In seiner Schrift „Zum ewigen Frieden" (1795) sprach sich Kant für den republikanischen Rechtsstaat, für ein allgemeines → Völkerrecht und für die Bildung eines Völkerbundes zur Beilegung zwischenstaatlicher Konflikte aus. *S. 35, 37, 43, 103, 105*

Kapitalismus (von lat. *caput* „Kopf": Der Begriff bezog sich ursprünglich auf die Kopfzahl eines Viehbestandes): Wirtschafts- und Gesellschaftsordnung, in der die wirtschaftlichen, sozialen und politischen Bedingungen von den Interessen derjenigen bestimmt werden, die über das Kapital (Geld, Land, Immobilien etc.) verfügen. *S. 87*

Kohärenz (von lat. *cohaerere* „zusammenhängen, zusammenpassen"): der logisch korrekte Zusammenhang verschiedener Aussagen oder Behauptungen. Ein Gedankengang ist kohärent, wenn er folgerichtig, d. h. widerspruchsfrei ist. *S. 63, 69, 111*

Kontemplation (lat. *contemplatio* „Betrachtung"): mystische Betrachtung bzw. geistiges Sichversenken in Gott oder bestimmte Glaubensinhalte mit dem Ziel, religiöse Erkenntnisse bzw. Kräfte zu gewinnen. *S. 51*

Koran (arab. *al-qur'ân* „Lesung, Rezitation"): das heilige Buch des Islam. Nach islamischem Glauben wurde der Koran dem → Propheten → Muhammad in der „Nacht der Bestimmung" im Jahre 610 von Allah in sein Herz geschrieben. In den folgenden zwei Jahrzehnten wurden Muhammad die 114 → Suren des Koran durch den Erzengel Gabriel offenbart. Die 1. Sure, genannt *al-fâtiha* („die Eröffnende"), gilt als wichtigstes Gebet des Islam. *S. 45, 47, 51, 67*

Korporation (von lat. *corpus* „Körper"): Eine Korporation (Körperschaft) ist ein – durch das Gesetz geregelter – Zusammenschluss von Personen zur Durchsetzung gemeinsamer Ziele und Interessen (z. B. Vereine, Gewerkschaften, Berufsverbände, Religionsgemeinschaften). Historisches Vorbild der heutigen Körperschaften sind die Zünfte des Mittelalters. *S. 87*

koscher (hebr. „geeignet"): Bezeichnung für Lebensmittel, die nach den jüd. Speisegesetzen der → Tora rein und daher zum Verzehr erlaubt sind. Folgende Regeln sind grundlegend: 1. die Unterscheidung von koscheren und unkoscheren Tieren (Fleisch muss von Säugetieren stammen, die sowohl Wiederkäuer als auch Paarzeher sind. Darum ist Schweinefleisch verboten; erlaubt sind Kuh, Schaf und Ziege. Wassertiere müssen Flossen und Schuppen haben. 2. Verboten ist der Genuss von Blut. Deshalb müssen Tiere geschächtet werden, d. h. durch einen einzigen sauberen Messerschnitt durch die Kehle getötet werden. Das gesamte Blut muss dabei abfließen. 3. Wichtig ist auch die Trennung von „fleischigen" und „milchigen" Lebensmitteln. *S. 43*

Legitimität (von lat. *legitimus* „rechtmäßig"): die Rechtmäßigkeit einer Sache, Institution usw. Der Begriff der Legitimität muss unterschieden werden vom Begriff der Legalität. Legal ist eine Handlung, die den geltenden Gesetzen entspricht. Der Begriff der Legitimität ist weiter ausgerichtet auf die Übereinstimmung mit allgemein anerkannten „tiefergehenden" Grundsätzen und Wertvorstellungen. *S. 37, 91*

Leibniz, Gottfried Wilhelm (1646 – 1716): dt. Philosoph, Mathematiker, Physiker, Historiker, Politiker und Diplomat; einer der wichtigsten Vordenker der → Aufklärung. Seine Erfindungen und Entdeckungen, seine philosophischen und historischen Schriften sind bis heute von Bedeutung. Das von ihm entwickelte duale (binäre) Zahlensystems war wegbereitend für die Computertechnologie des 20. Jh. Auf philosophischem Gebiet ist sein Lösungsansatz zum → Theodizee-Problem bekannt geworden. *S. 63, 65, 69*

Lessing, Gotthold Ephraim (1729 – 1781): dt. Dichter, Philosoph und führender Vertreter der dt. → Aufklärung. Mit seinen Dramen und theoretischen Schriften wurde er zum Vordenker für Freiheit, Toleranz und das neue Selbstbewusstsein des Bürgertums gegenüber Adel und Kirche. In seinen religionsphilosophischen Schriften argumentierte er gegen die → orthodoxe Buchstabenhörigkeit bzw. für ein „Christentum der Vernunft". Gegenüber anderen Religionen trat er für Toleranz ein. Diese Haltung setzte er in dem Drama „Nathan der Weise" (1779) um. *S. 49, 51*

Leviathan (hebr. „der sich Windende"): ein vielköpfiges, feuerspeiendes Meerungeheuer im Alten Testament. Im Buch → Hiob steht der Leviathan als Symbol für die Größe Gottes und seiner Schöpfung bzw. für die Winzigkeit und Ohnmacht des Menschen. Das staatsphilosophische Werk von Thomas → Hobbes trägt den Titel „Leviathan". Die Unbesiegbarkeit des Leviathan dient hier als Sinnbild für die absolute Machtfülle des Staates. *S. 29, 65*

Locke, John (1632 – 1704): engl. Philosoph; Vertreter des → Empirismus. Erfahrung und Empfindung sind die einzige Basis, auf der der Verstand Ideen und Begriffe bilden kann. Locke gilt als „Vater des Liberalismus“ und als Begründer der Theorie der Gewaltenteilung. Seine staatsphilosophischen Schriften beeinflussten die Unabhängigkeitserklärung und die Verfassung der Vereinigten Staaten. *S. 25*

Logopädie (von griech. *lógos* „Wort, Rede“ und *paideía* „Erziehung): Stimmheilkunde; die Diagnose und Behandlung von Stimm-, Sprach- und Hörstörungen durch Sprachtherapeuten (Logopäden). *S. 109*

Ludwig IV. der Bayer (um 1282 – 1347): seit 1314 röm.-dt. König. Seine Herrschaft war geprägt vom Machtkonflikt zwischen Kaiser und Papst. 1324 wurde er von Papst Johannes XXII. exkommuniziert. 1328 ließ er sich gegen den Willen des Papstes zum Kaiser krönen. Ludwig schuf die Voraussetzungen für die Unabhängigkeit des Kaisers vom Papst, die 1356 in der Goldenen Bulle festgeschrieben wurde. *S. 79*

Ludwig XIV. (1638 – 1715): König von Frankreich, der „Sonnenkönig“ (1661 – 1715); bedeutendster Vertreter des → Absolutismus. Er festigte die Macht der Krone durch eine zentralistische Verwaltung und die planmäßige staatliche Förderung der Wirtschaft. Die Hofkultur wurde ganz auf die herausragende Stellung des Herrschers zugeschnitten. *S. 25*

Marktwirtschaft: Wirtschaftsordnung, in der alle Güter und Dienstleistungen über Angebot und Nachfrage frei gehandelt werden. Voraussetzung für das Funktionieren dieses Systems ist die Garantie des Privateigentums und ein freier Markt, der ohne Verzerrungen (z. B. durch staatliche Eingriffe) die Absichten und Bedürfnisse aller Anbieter und Nachfrager widerspiegelt. Gegensatz: → Planwirtschaft. *S. 75*

Martial (um 40 – 102 n. Chr.): röm. Dichter; verfasste hauptsächlich Spottgedichte, in denen er in grellen Farben das röm. Alltagsleben beschrieb. Martial gilt als „Urvater“ der europ. Spottdichtung; viele bedeutende Dichter – Lessing, Goethe, Schiller u. a. – nahmen sich ihn zum Vorbild. *S. 77*

Marx, Karl (1818 – 1883): dt. Philosoph und Volkswirtschaftler; entwickelte mit dem Marxismus eine der einflussreichsten Lehren des 20. Jh. Die wirtschaftlichen und sozialen Folgen der Industrialisierung führten Marx zu seiner Gesellschaftstheorie, die er in seinem Hauptwerk „Das Kapital“ entwickelt hat: Den Kapitalisten als Eigentümern der Produktionsmittel steht die Masse der Besitzlosen gegenüber, die gezwungen ist, ihre Arbeitskraft zu verkaufen. Das → Proletariat hat nach Marx die Aufgabe, die politische Macht zu erobern, die Klassengesellschaft und den → Kapitalismus zu beseitigen (Enteignung und Verstaatlichung). Religion ist für Marx Ausdruck einer Flucht aus dem sozialen Elend in einen illusionären Rausch. Mit der Überwindung des → Kapitalismus, so Marx, wird auch die Religion ihre Funktion verlieren und in der klassenlosen Gesellschaft „absterben“. Die Marx'sche Religionskritik zielt auf die Veränderung der gesellschaftlichen Verhältnisse und mündet in die Forderung, „alle Verhältnisse umzuwerfen, in denen der Mensch ein erniedrigtes, ein geknechtetes, ein verlassenes, ein verächtliches Wesen ist“. *S. 57, 85*

Mengele, Josef (1911 – 1979): dt. Mediziner und Nationalsozialist; 1943 – 1945 Lagerarzt im Konzentrationslager Auschwitz. Dort gehörte es zu seinen Aufgaben, die „Selektionen“ vorzunehmen, d. h. bei ankommenden Transporten zu entscheiden, wer unmittelbar getötet werden sollte oder nicht. Darüber hinaus führte er medizinische Experimente an Häftlingen durch, bei denen Tausende von Menschen getötet wurden. 1949 floh Mengele nach Südamerika, wo er bis zu seinem Tod unerkannt lebte. *S. 105*

Messias (griech. *Messías*, hebr. *Maschiach* „der Gesalbte“): jüd. Ehrentitel, der einen von Gott erwählten Heilsbringer bezeichnet. Er wird am Ende der Zeit das Volk Israel von allem Leid befreien und der ganzen Welt Frieden bringen. Der Begriff „Gesalbter“ geht auf die Sitte zurück, Könige in ihr Amt einzuführen, indem man ihnen kostbares Öl auf ihr Haupt gab. Mit der Glaubensformel „Jesus (ist der) Christus“ (griech. *christós* „der Gesalbte“) bekennen sich Christen zu → Jesus als dem Messias. Auch im → Koran gilt Jesus als gottgesandter Messias; allerdings wird er im Islam nicht als Gottes Sohn betrachtet. *S. 43*

Mitzwa (hebr. „Gebot“, Pl. *Mitzwot*): göttliches Gebot bzw. religiöse Pflicht im Judentum. Die → Tora enthält die 613 Mitzwot (365 Verbote und 248 Gebote, dazu gehören u. a. auch die → Zehn Gebote). Unter

Mitzwa versteht man auch die Erfüllung eines Gebotes, d. h. eine gute, gottgefällige Tat. *S. 43*

Monopol (von griech. *mónos* „allein" und *poleín* „anbieten, verkaufen"): Marktform, bei der ein Verkäufer als alleiniger Anbieter auftritt und damit über eine besondere Marktmacht verfügt (insbesondere freie Gestaltung des Preises). *S. 25*

Monotheismus (von griech. *mónos* „einzig" und *theós* „Gott"): der Glaube an einen einzigen Gott. Die großen monotheistischen Weltreligionen sind Judentum, Christentum und Islam. Das ausdrückliche Bekenntnis zum Monotheismus ist in diesen Religionen eine grundlegende religiöse Pflicht. *S. 45, 51, 55*

Montesquieu, Charles de (1689 – 1755): franz. Philosoph und Staatstheoretiker der → Aufklärung. In seinem Hauptwerk „Vom Geist der Gesetze" (1748) kritisiert er die Gewaltenkonzentration im → Absolutismus. Die Freiheit des Einzelnen vor staatlicher Willkür könne nur durch eine Teilung der staatlichen Gewalt gesichert werden. Sein Modell beruht auf der strikten Trennung von Legislative (Gesetzgebung), Exekutive (Regierung) und Jurisdiktion (Rechtsprechung). Bis heute ist die Gewaltenteilung das Gestaltungsprinzip demokratischer Staaten. *S. 37*

Moses (hebr. *Moseh*, arab. *Mûsâ*): die zentrale Figur in den fünf Büchern Mose. Moses führte als → Prophet Gottes das Volk der Israeliten aus der ägyptischen Sklaverei in das von Gott versprochene Land Kanaan und offenbarte den Israeliten das göttliche Gesetz (→ Mitzwa). Moses ist eine der wichtigsten Figuren für das religiöse Selbstverständnis von Juden, Christen und Moslems. *S. 43*

Muhammad (um 570 – 632): Religionsstifter des Islam. Im Jahr 610 wurde Muhammad durch Visionen zum → Propheten Allahs berufen; der Erzengel Gabriel diktierte ihm die → Suren des → Koran. Nachdem Muhammads Prophetien in seiner Heimat Mekka auf Widerstand stießen, ging er 622 mit seinen Anhängern in die nahe gelegene Stadt Medina. Diese Flucht wird Hedschra (arab. „Auswanderung, Lossagung") genannt und gilt als Beginn der islam. Zeitrechnung. Muhammad scharte eine große Anhängerschaft um sich und nahm schließlich 630 mit seinen Truppen Mekka ein. Muhammad ließ aus dem zentralen Heiligtum der Stadt, der Kaaba, die Götterstatuen entfernen und machte es zum höchsten islamischen Heiligtum. Unter Muhammads Nachfolgern breitete sich der Islam rasch im gesamten Nahen und Mittleren Osten aus. Muhammad sah sich als Erneuerer der → monotheistischen Religion → Abrahams, als Nachfahre der Propheten → Moses und → Jesus.

Hinweis zur Schreibung arab. Namen: Die arab. Sprache kennt nur drei Vokale: a, i und u. In der gesprochenen Sprache wird u oft zu o und a zu e. Daher findet man neben der dt. Schreibweise „Muhammad" oft auch „Mohammed". Auch die Umschrift der Konsonanten ist uneinheitlich, da es im Arabischen Laute gibt, die mit dem lat. Alphabet nur schwer wiedergegeben werden können. *S. 45, 47*

Naturzustand: der vorgesellschaftliche Zustand, in dem das menschliche Zusammenleben durch keinerlei Institutionen geregelt wurde. Die Bewertung des Naturzustandes ist z. T. höchst unterschiedlich: 1. Der Naturzustand ist ein Zustand der Gewalttätigkeit. Er wird durch einen Herrschaftsvertrag, dem sich alle Menschen zur eigenen Selbsterhaltung unterwerfen, beendet (→ Hobbes). 2. Der Naturzustand ist ein paradiesischer Zustand, der durch Privateigentum und staatliche Machtinstitutionen verdorben wurde. Dieser Zustand wird durch einen freiwilligen Zusammenschluss überwunden (→ Rousseau). *S. 27, 29, 31, 33, 37*

Neurose (von griech. *neúron* „Nerv"): nervlich bedingte Erkrankung ohne nachweisbare körperliche Ursache. Unter einer Neurose versteht man eine leichtere psychische Störung, die durch einen ungelösten seelischen Konflikt verursacht wird. Demgegenüber werden schwere seelische Störungen (Wahnvorstellungen) als Psychosen bezeichnet. *S. 61*

Nietzsche, Friedrich (1844 – 1900): dt. Philosoph und Schriftsteller; das Hauptziel seiner Philosophie bestand darin, veraltete Wertvorstellungen und vermeintlich absolute Wahrheiten zu überwinden, indem er versuchte, diese als Selbsttäuschungen und Vorurteile zu entlarven. Nietzsche verwarf das Christentum und seine „Sklavenmoral" als heuchlerische, „verweichlichende" Religion. Es vertröste auf ein Jenseits, an das niemand mehr glaube. Alle religiösen

Spekulationen dienten immer nur der Rechtfertigung bestimmter Moralen. Der Atheismus ist für Nietzsche eine instinktive Selbstverständlichkeit: „Ich bin zu neugierig, zu übermütig, um mir eine faustgrobe Antwort gefallen zu lassen. Gott ist eine faustgrobe Antwort gegen uns Denker, im Grunde ein faustgrobes Verbot an uns: ihr sollt nicht denken!" *S. 59*

Noachidische Gebote: die jüd. Gesetze der Zivilisation. Während die → *Mitzwot* nur für das jüd. Volk gelten, sind die sieben Noachidischen Gebote für alle Menschen gültig, unabhängig von ihrem Glauben. Sie stellen einen ethischen Minimalstandard dar, der ein friedliches Zusammenleben aller Menschen ermöglicht: Verbot des Götzendienstes, Verbot der Gotteslästerung, Gebot der Schaffung von Gerichtshöfen, Verbot des Mordes, Verbot des Ehebruchs, Verbot des Diebstahls, Verbot Schlachttiere zu quälen. *S. 43*

Opportunitätskosten (von lat. *opportunitas* „Gelegenheit"): der entgangene Nutzen, der durch eine andere Verwendung eines eingesetzten Gutes (Geld, Arbeitskraft usw.) erzielbar gewesen wäre. Opportunitätskosten entstehen dadurch, dass → Ressourcen nicht gleichzeitig für mehrere Zwecke verwendet werden können. Wer mit seinem Geld ein Haus kauft, kann dieses Geld nicht gleichzeitig in Aktien anlegen. Die dadurch entgangenen Aktiengewinne stellen die Opportunitätskosten des Hauskaufes dar. *S. 75*

orthodox (von griech. *orthós* „recht, richtig" und *dóxa* „Glaube"): rechtgläubig, strenggläubig. Man bezeichnet diejenigen Gläubigen als orthodox, die besonders streng an den Vorschriften ihrer Religion festhalten. Der Begriff orthodox kann negative Bedeutung haben im Sinn eines engstirnigen Festhaltens an Lehrmeinungen (→ Fundamentalismus); er kann aber auch positiv gemeint sein als Bewahrung der echten, reinen Lehre. *S. 43, 51, 91*

Palliativmedizin: die ganzheitliche Behandlung von Patienten mit einer weit fortgeschrittenen Erkrankung, die nicht mehr auf medizinische Therapien anspricht, und einer entsprechend begrenzten Lebenserwartung. Ziel der Palliativmedizin ist die Beherrschung von Schmerzen, sozialen und psychologischen Problemen. Nicht die Verlängerung des Lebens, sondern die Würde und Lebensqualität des Patienten stehen im Vordergrund der Behandlung. *S. 119*

Panakeia (griech. „die Allheilerin"): in der griech. Mythologie die Tochter des Heilgottes → Asklepios und Schwester der → Hygieia. *S. 113*

Parabel (griech. *parabolé* „Vergleich, Gleichnis"): belehrende, gleichnishafte Erzählung. Die Parabel thematisiert ethische Grundsätze, die der Leser – im Unterschied zur Fabel, wo die „Moral" ausdrücklich formuliert wird – selbst erschließen muss. *S. 49, 51*

Paradoxon (griech. „unerwartet, widersinnig"): In der Logik bezeichnet ein Paradoxon bzw. eine Paradoxie eine Aussage, die scheinbar zur gleichen Zeit wahr und falsch ist, also einen unauflösbaren Widerspruch enthält (z. B. „Der Kreter Epimenides sagt, dass alle Kreter Lügner sind."). *S. 51, 65*

paternalistisch (von lat. *pater* „Vater"): bevormundend, autoritär; man bezeichnet eine Person oder Gruppe als paternalistisch, wenn sie aufgrund eines tatsächlichen oder vermeintlichen Vorzuges – Wissen, Autorität, Erfahrung – eine vormundschaftliche Beziehung gegenüber einer anderen (mündigen) Person oder Gruppe für sich in Anspruch nimmt. *S. 111*

pathologisch (von griech. *páthos* „Leid" und *lógos* „Lehre"): krankhaft, vom gesunden Zustand abweichend; abgeleitet ist der Begriff von „Pathologie", der Lehre von den makroskopisch (mit dem bloßen Auge) und mikroskopisch fassbaren krankhaften Veränderungen von Lebewesen und deren Ursachen. *S. 109*

Patientenverfügung: eine schriftliche Vorausverfügung, eine vorsorgliche Willenserklärung; die Erklärung wird wirksam, wenn der Verfasser nicht mehr in der Lage ist, seine Zustimmung oder Ablehnung zu einer ärztlichen Behandlungsmaßnahme zu erklären. Die Patientenverfügung ist in Deutschland für Ärzte und für die vom Verfasser benannten Bevollmächtigten rechtsverbindlich. Eine Patientenverfügung enthält konkrete Bestimmungen zu medizinischen Maßnahmen. Diese können eingefordert, eingeschränkt oder abgelehnt werden. *S. 101, 117, 119*

Paulus (gest. um 66 n. Chr.): christl. → Apostel, Theologe und Heiliger; als Sohn einer gesetzestreuen jüd. Familie war er zunächst Christenverfolger, wurde dann aber durch Christusvisionen zum christl. Glauben bekehrt. Er war der erste Apostel, der die christl. Lehre auch Nichtjuden verkündete. Seine Schriften und seine Missionsreisen trugen entscheidend zur Verbreitung des Christentums bei. *S. 45*

Peloponnesischer Krieg (431 – 404 v. Chr.): kriegerische Auseinandersetzung zwischen Athen und Sparta um die Vormachtstellung in Griechenland. Am Ende des Krieges, der mit beispielloser Brutalität geführt wurde, standen die Kapitulation Athens und der Untergang der athenischen Demokratie. *S. 9*

Perikles (um 500 – 429 v. Chr.): athenischer Politiker und Feldherr; unter seiner Führung erlebte Athen seine größte Machtentfaltung und kulturelle Hochblüte (u. a. Bau des Parthenon). Er führte Athen aber auch in den → Peloponnesischen Krieg, der mit dem völligen Zusammenbruch Athens endete. *S. 11*

Pindar (um 518 – 445 / 446 v. Chr.): griech. Dichter. Er war adeliger Herkunft und tief in der Lebensweise und den politischen Vorstellungen der Aristokratie verwurzelt. Schon zu Lebzeiten wurde er als Dichter von überragender Bedeutung verehrt. *S. 9*

Planwirtschaft: Wirtschaftsordnung, in der alle volkswirtschaftlichen Prozesse (Produktion und Verteilung von Gütern und Dienstleistungen, Preis- und Lohngestaltung) vom Staat zentral gesteuert werden. Alle Wirtschaftsteilnehmer (Haushalte, Betriebe) müssen sich dem politisch beschlossenen Gesamtplan unterordnen. Gegensatz: → Marktwirtschaft. *S. 75*

Platon (427 – 347 v. Chr.): griech. Philosoph aus Athen; nach dem Tod seines Lehrers → Sokrates (399 v. Chr.) begab er sich auf Bildungs- und Forschungsreisen; um 386 v. Chr. gründete er in Athen eine Lehr- und Forschungsstätte, die sog. Akademie. Seine Schriften sind in Dialogform verfasst: Philosophie besteht nach Platon nicht im Nachdenken einer einzelnen Person, sondern darin, dass im kritischen Dialog ein Problem erörtert wird. In Platons Dialogen, in denen Sokrates als Gesprächsführer auftritt, werden erstmals die philosophischen Fragestellungen formuliert, die die europ. Geistesgeschichte (besonders auch das Christentum) bis heute prägen. Im Mittelpunkt steht die Frage, was Erkenntnis ist und wie sie zustande kommt. Nach Platon gibt es neben der sinnlich wahrnehmbaren Welt eine unveränderliche Welt des reinen Denkens. Die höchste Erkenntnis, die man in dieser Welt erreichen kann, ist die Erkenntnis des Guten. Im Rahmen seiner Staatsphilosophie entwarf Platon einen Idealstaat, in dem politische Macht und philosophisches Wissen zusammenfallen (Herrschaft der Philosophen). *S. 13, 17, 19, 21, 23*

Plautus (um 254 – 184 v. Chr.): röm. Komödiendichter. Bedeutende Dichter wie Shakespeare, Kleist, Molière und → Lessing ließen sich von den Werken des Plautus inspirieren. *S. 27*

Pluralismus (von lat. *pluralis* „aus mehreren bestehend"): gesellschaftliches Strukturprinzip; das Nebeneinander einer Vielzahl von Interessengruppen, die in der Gesellschaft um Einfluss und Durchsetzung ihrer Ziele konkurrieren. Der Pluralismus erkennt unterschiedliche Interessen, Ansichten und Lebensstile an und hält deren Verwirklichung für → legitim und erwünscht. *S. 51*

Polis (griech. *pólis* „Stadt, Staat", Pl. *póleis*): der antike griech. Stadtstaat. Eine Polis verstand sich in erster Linie als Bürgergemeinschaft (in polit. Zusammenhängen sprachen die Griechen z. B. nicht von „Athen", sondern von „den Athenern"). Eine Polis war politisch und wirtschaftlich unabhängig, hatte eigene Gesetze und Institutionen, aber auch eigene Feste und Heiligtümer, da eine Polis immer auch eine religiöse Gemeinschaft war. *S. 9, 17, 77*

postulieren (lat. *postulare* „fordern"): In der Ethik ist ein Postulat ein Satz, der selbst nicht beweisbar ist, aber trotzdem aus Vernunftgründen als geltend angesehen werden muss, weil er eine notwendige Voraussetzung moralischen Handelns darstellt. *S. 91, 95*

Präimplantationsdiagnostik (PID): die zellbiologische Untersuchung eines Embryos, der durch künstliche Befruchtung erzeugt ist. Die PID soll der Entscheidung dienen, ob ein Embryo in die Gebärmutter eingepflanzt werden soll oder nicht. Mithilfe der PID können Erbkrankheiten erkannt werden, aber auch das Geschlecht und andere Eigenschaften des Kindes. Die PID ist ethisch umstritten, da sie grundlegende Fragen nach dem Wert und der Bewertung von Leben aufwirft. In Deutschland ist sie ausschließlich zur Vermeidung von schweren Erbkrankheiten, Tot- oder Fehlgeburten erlaubt. *S. 101, 107*

Prämisse (von lat. *praemittere* „vorausschicken"): Als Prämisse bezeichnet man in der Logik eine Voraussetzung. Sie ist eine Aussage, aus der eine logische Schlussfolgerung (Konklusion) gezogen wird. Beispiel: Aus der Prämisse „Alle Katzen jagen gerne Mäuse" und der Prämisse „Blitzi ist eine Katze" folgt die Konklusion „Blitzi jagt gerne Mäuse". *S. 27, 37*

Prävention (von lat. *praevenire* „zuvorkommen"): vorausschauende Problemvermeidung; jede Art von vorbeugender Maßnahme, die dazu dient, bestimmte erwartbare, aber unerwünschte Ereignisse im Vorfeld zu verhindern: Impfungen z. B. sind eine Prävention gegen das Auftreten bestimmter Krankheiten. *S. 107*

Primat (lat. *primatus* „der erste Rang"): bevorzugte Stellung, Vorrang einer bestimmten Position gegenüber einer anderen. Unter dem „Primat der Politik" versteht man z. B. die Vorstellung, dass die Politik den Vorrang vor anderen Gesellschaftsbereichen (z. B. der Wirtschaft) hat. *S. 91*

Projektion (von franz. *projeter* „entwerfen"): die unbewusste Übertragung der eigenen seelischen Vorgänge auf andere Personen. Man schreibt anderen Menschen Eigenschaften, Schwächen oder Probleme zu, die man selbst in sich trägt („von sich auf andere schließen"). Religionskritiker bezeichnen die Gottesvorstellung als eine Projektion: Gott ist die Summe aller positiven Eigenschaften, die der Mensch sich wünscht, aber nicht besitzt: Unsterblichkeit, Allmacht, vollkommene Güte, Glückseligkeit usw. *S. 55*

Proletariat (von lat. *proletarius* „Bürger der untersten Klasse"): Dem lat. Wortsinn nach ist ein Proletarier ein freier, aber besitzloser Mensch, der dem Staat nur mit seinen Kindern (lat. proles) dienen kann. Im Marxismus versteht man unter Proletariat die Arbeiterklasse, die keine Produktionsmittel (Maschinen, Grundbesitz etc.) besitzt und daher ihre Arbeitskraft verkaufen muss. Das Proletariat steht nach der marxistischen Theorie in unversöhnlichem Gegensatz zur → Bourgeoisie. *S. 57*

Prometheus (griech. „der Vorausdenkende"): in der griech. Mythologie ein Sohn der → Titanen. Er und sein Bruder → Epimetheus waren von den Göttern beauftragt, überlebenswichtige Eigenschaften auf alle Geschöpfe gerecht zu verteilen. Nachdem Epimetheus bei dieser Verteilung den Menschen vergessen hatte, lehrte Prometheus die Menschen Weisheit und Kunstfertigkeit und schenkte ihnen das – den Göttern vorbehaltene – Feuer. Für diesen Frevel wurde er von Zeus grausam bestraft. *S. 15*

Prophet (griech. *prophétes* „Verkünder"): In der religiösen Tradition vieler Völker jemand, der von Gott zu dessen Sprecher – also zum Mittler zwischen Gott und Mensch – berufen wird. Inhalt der göttlichen Botschaft kann die Verkündung der göttlichen Wahrheit oder göttlicher Gebote sein. *S. 45, 47, 51, 103*

Protagoras (480 – 410 v. Chr.): bedeutender griech. → Sophist; Hauptgesprächspartner in → Platons Dialog „Protagoras". Für Protagoras gab es keine allgemein verbindlichen Wahrheiten, sondern nur eine subjektive Sicht auf die Dinge. Er vertrat einen → Agnostizismus und einen ethischen → Relativismus, den er im *Homo-mensura*-Satz ausdrückte („Der Mensch ist das Maß aller Dinge"). *S. 13, 15, 19*

Prytane (griech. *prytanis* „Vorsteher"): politisches Amt in der athenischen Demokratie. Fünfzig durch das Los bestimmte Bürger hatten als Prytanen den Vorsitz im „Rat der 500" inne. Die Prytanen steuerten die Gesetzgebung, denn alle Anträge mussten ihnen vorgelegt werden, bevor sie in der Volksversammlung zur Abstimmung kamen. *S. 17*

Psalm (griech. *psalmós* „Harfenspiel, Loblied"): Die Psalmen sind ein Buch des jüd. Tanach bzw. des Alten Testaments. In den 150 Gebeten, Liedern und Gedichten der Psalmen drückt sich das religiöse Leben und Empfinden des Volkes Israel in poetischer Sprache aus. Die Psalmen sind bis heute eine wichtige Quelle des jüd. und des christl. Gebets. *S. 65*

Psychoanalyse (von griech. *psyché* „Seele" und *análysis* „Zerlegung"): hauptsächlich von Sigmund → Freud entwickeltes Verfahren zur Untersuchung und Behandlung psychischer Störungen und Erkrankungen durch die Bewusstmachung unbewusster seelischer Komplexe und Triebkonflikte. *S. 61*

Pythagoras (um 570 – um 510 v. Chr.): griech. Philosoph und Mathematiker. Er lehrte die Unsterblichkeit der Seele und die Seelenwanderung. Geistige Tätigkeit ist nach Pythagoras der geradeste Weg zur Gottheit, d. h. die Seele soll gereinigt werden durch intensive Beschäftigung mit Arithmetik, Geometrie, Astronomie und Musikwissenschaft. *S. 11*

Pythia: Priesterin des griech. Gottes → Apollon im Heiligtum von → Delphi. Durch den Mund der Pythia soll der Gott den Besuchern des Orakels seine Weissagungen verkündet haben. *S. 17*

Rabbiner (hebr. *rabbî* „Meister, Lehrer“): jüd. Ehrentitel für einen Tora-Gelehrten; die Aufgabe eines Rabbiners innerhalb seiner Gemeinde ist die religiöse Lehre, d. h. er legt die → Tora aus und erläutert die jüd. Lehre und ihren Bezug zum täglichen Leben. Als → Talmud-Kenner ist er zuständig für religionsgesetzliche Fragen (Zivil-, Ehe-, Erbrecht usw.). Daneben nimmt er seelsorgerische Aufgaben wahr. Ein Rabbiner ist kein Priester, dem besondere religiöse Aufgaben oder Rechte zustünden, sondern gleichberechtigtes Mitglied seiner Gemeinde. *S. 43, 47, 55*

Rationalismus (von lat. *ratio* „Vernunft, Verstand“): philosophische Denkrichtung, die davon ausgeht, dass die Welt vollständig mit den Mitteln des Denkens erkannt werden kann. D. h. die Tätigkeit des Verstandes ist unabhängig von äußeren Einflüssen (z. B. Sinneswahrnehmungen) und einziger Garant der Wahrheit. *S. 25*

Relativismus (von lat. *relativus* „auf etw. bezogen“): philosophische Strömung, die davon ausgeht, dass Aussagen niemals absolute Wahrheit beanspruchen können, sondern immer relativ sind, d. h. die Gültigkeit einer Aussage hängt von Bedingungen ab, die sich ändern können; dies betrifft insbesondere auch ethische Werte (Wertrelativismus). *S. 15*

Reproduktionsmedizin (von lat. *producere* „hervorbringen“): Fachgebiet der Medizin, das sich mit der natürlichen und der assistierten (d. h. medizinisch unterstützten) Fortpflanzung des Menschen befasst. Aus den Möglichkeiten der Reproduktionsmedizin ergeben sich eine Fülle ethischer, juristischer und psychologischer Fragen und Diskussionen. *S. 107*

Ressourcen (franz. „Versorgungsquelle“): materielle oder immaterielle Güter, die der Erreichung eines bestimmten Ziels dienen. Wichtige Ressourcen für den Produktionsprozess sind Maschinen, Arbeitskraft, Rohstoffe, Energie usw. Im 21. Jh. ist die Erhaltung der sog. natürlichen Ressourcen zum Hauptanliegen der Umweltpolitik geworden. Natürliche Ressourcen werden eingeteilt in *nicht-erneuerbare* (begrenzt vorhandene, z. B. Bodenschätze) und *erneuerbare* (grundsätzlich unbegrenzt vorhandene oder nachwachsende, z. B. Wasser, Wind, Wälder). *S. 83, 93, 101*

Rhetorik (griech. *rhetoriké téchne*): Redekunst. In der griech. → Polis spielte die Redekunst eine herausragende Rolle: Wer etwas bei Gericht oder in der Volksversammlung durchsetzen wollte, musste sein Anliegen persönlich vortragen können. Wer dafür nicht ausreichend gebildet war, suchte sich Redelehrer, die ihm beim Ausarbeiten einer Rede halfen. Die Rhetoriklehrer des 5. Jh. v. Chr. gehörten meist der Bewegung der → Sophisten an. *S. 13, 15*

Rio-Konferenz: die „Konferenz der Vereinten Nationen über Umwelt und Entwicklung“ in Rio de Janeiro (1992). Im Mittelpunkt stand die Frage nach einer Entlastung der globalen Ökosysteme durch Einführung des Leitbildes der Nachhaltigkeit. Dieses beruht auf der Erkenntnis, dass Umweltprobleme und entwicklungspolitische Fragen nicht isoliert voneinander betrachtet werden können. *S. 93*

Rousseau, Jean-Jacques (1712 – 1778): franz.-schweizerischer Philosoph und Pädagoge; Vertreter der → Aufklärung und geistiger Wegbereiter der Französischen Revolution. Für Rousseau sind Kultur und Zivilisation kein Fortschritt, sondern die Ursache allen Sittenverfalls. Während im → Naturzustand alle Menschen frei und unabhängig lebten, brachte die Zivilisation Unfreiheit, Konflikte und soziale Ungleichheit mit sich. In seinem Hauptwerk „Der Gesellschaftsvertrag“ (1762) stellt Rousseau die Frage, wie ein Mensch seine Freiheit behalten kann, obwohl er den Naturzustand verlassen hat. Rousseaus Antwort ist die Forderung nach einem → Gesellschaftsvertrag (franz. *contrat social*), dem sich jeder Bürger freiwillig unterordnet. Grundlage der Vertragsgemeinschaft ist der Gemeinwille (franz. *volonté générale*), der durch allgemeine Wahlen festgestellt wird. *S. 27, 31, 33, 35, 37*

Rushdie, Salman (* 1947): indisch-britischer Schriftsteller. Die Darstellung des → Propheten → Muhammad in seinem Werk „Die satanischen Verse“

(1988) war Anlass für den iranischen Revolutionsführer Khomeini, Rushdie mittels einer → Fatwa zum Tode zu verurteilen. Khomeini setzte ein Kopfgeld aus und rief die Muslime in aller Welt zur Vollstreckung auf. Die Drohungen werden bis heute vom geistlichen Führer des Iran aufrechterhalten. *S. 51*

Sallust (86 – 35 v. Chr.): röm. Politiker und Geschichtsschreiber; in seinen historischen Schriften forscht er nach den Ursachen politischer Ereignisse und nach den Motiven menschlichen Handelns. Für seine eigene Zeit kommt er zu dem Schluss, dass Ehrgeiz, Gier nach Macht und Luxus die altrömischen Tugenden zersetzt hätten und damit den Niedergang der röm. Republik heraufbeschworen hätten. *S. 77*

Schabbat (auch: Sabbat, hebr. „Ruhetag"): im Judentum der siebte Wochentag, ein Ruhe- und Feiertag. Vorbild des Schabbat ist der Tag, an dem Gott nach Erschaffung der Welt ausruhte. Der Schabbat befreit den Menschen von Alltagspflichten, verleiht neue Kraft und fördert die Freude am Bund mit Gott. Grundbestandteile des Schabbat sind Arbeitsruhe, Gottesdienst, Gebete und Festessen mit der Familie. Alle Alltagstätigkeiten sind am Schabbat untersagt, wie z. B. Wäsche waschen, die Wohnung putzen, Reisen oder Einkäufe. Der Schabbat beginnt am Freitagabend, sobald die ersten drei Sterne zu sehen sind, und endet am Samstagabend. *S. 43*

Scherbengericht (griech. *ostrakismós*): im antiken Athen eine Abstimmung in der Volksversammlung über die Verbannung von Bürgern, die im Verdacht standen, die demokratische Ordnung zu gefährden. Jeder Bürger konnte einen Namen auf eine Tonscherbe (griech. *óstrakon*) – das billigste Schreibmaterial – einritzen. Derjenige, auf den die Mehrheit der Stimmen entfiel, musste die Stadt für zehn Jahre – ohne Einbuße an Ansehen und Vermögen – verlassen. *S. 9*

Schiiten (von arab. *schia* „Partei"): Die Schiiten stellen mit ca. 10 % die zweitgrößte Glaubensrichtung im Islam dar. Von anderen islamischen Glaubensrichtungen unterscheiden sich die Schiiten durch den Glauben an einen → Messias: Ein von Gott auserwählter Führer wird dereinst in die Welt kommen, ein Reich der Gerechtigkeit errichten und das Werk des → Propheten → Muhammad vollenden. *S. 51*

Schirrmacher, Christine (* 1962): dt. Islamwissenschaftlerin; Leiterin des Instituts für Islamfragen der Dt. Evangelischen Allianz; Professorin für Islamstudien an der Theologischen Fakultät von Leuven (Belgien). *S. 45*

Schwellenländer: Bezeichnung für Staaten, die noch zu den → Entwicklungsländern gezählt werden, sich aber am Anfang oder in einem fortgeschrittenen Umbau der Wirtschaftsstrukturen (von der Agrarwirtschaft zur Industrialisierung) befinden. *S. 93*

selektiv (von. lat. *seligere* „auswählen"): auswählend, auslesend. Ein menschlicher Eingriff in die Fortpflanzung ist selektiv, wenn er das Entstehen von Individuen mit bestimmten Eigenschaften bewusst fördert oder unterbindet. *S. 107*

Seligmann, Rafael (* 1947): dt.-israelischer Schriftsteller; seine Familie wanderte 1957 von Tel Aviv nach Deutschland aus. Er arbeitet als Politologe, Historiker und Publizist. Zentrales Thema seiner Arbeiten ist das dt.-jüd. Verhältnis. *S. 51*

Senator (von lat. *senex* „alter Mann"): Mitglied des röm. Senates. Der Senat war die wichtigste politische Institution der röm. Republik. Er bestimmte die Richtlinien der Politik, erließ Gesetze und verwaltete die Staatsfinanzen. Die Senatoren waren ältere, erfahrene Politiker. Die Aufnahme in den Senatorenstand war an ein Mindestvermögen von 400 000, später 1 Mio. → Sesterzen gebunden. *S. 77*

Seneca (4 v. Chr. – 65 n. Chr.): röm. Philosoph und Politiker; er verfasste zahlreiche moralphilosophische Schriften. Seneca war Erzieher und einflussreicher Berater des jungen Kaisers Nero. Aufgrund seiner Beziehungen zum Kaiserhaus war er einer der reichsten Männer des röm. Reiches. *S. 77*

Sesterz (lat. *sestertius*): röm. Münzeinheit und Hauptrecheneinheit (Buchwährung) im röm. Reich. Ein Liter Wein kostete 1 Sesterz, eine Mietwohnung 150-800 Sesterze, ein Sklave 2 000 Sesterze. *S. 77*

Sezgin, Hilal (* 1970): dt.-türk. Schriftstellerin und freie Journalistin; studierte Philosophie, Soziologie und Germanistik. Zu ihren Schwerpunktthemen gehören der Feminismus und der liberale Islam. *S. 51*

Shareholder Value (engl. *shareholder* „Aktionär" und *value* „Wert"): betriebswirtschaftliches Konzept des US-amerik. Wirtschaftswissenschaftlers Alfred Rappaport. Es besagt, dass die Leitung eines Unternehmens die Interessen der Anteilseigner (Aktionäre) in den Mittelpunkt ihres Handelns zu stellen hat. Das vorrangige Unternehmensziel soll die Wertsteigerung des Aktienkapitals sein. Kritiker des Konzeptes wenden ein, dass bei unternehmerischen Entscheidungen auch die Auswirkungen auf andere Anspruchsgruppen – Mitarbeiter, Lieferanten, Kunden, Umwelt usw. – angemessen berücksichtigt werden müssten. *S. 87*

Smith, Adam (1723 – 1790): schottischer Philosoph; Begründer der Nationalökonomie (Volkswirtschaftslehre). In seinem Hauptwerk „Der Wohlstand der Nationen“ (1776) geht Smith davon aus, dass das wirtschaftliche Eigeninteresse des Einzelnen immer auch dem Interesse der Gesamtgesellschaft nach Wohlstand zugutekommt. Nach Smith wohnen dem freien Markt Selbststeuerungskräfte inne, die immer zu einem sinnvollen Ausgleich von Angebot und Nachfrage, zu gesunder Preisbildung und Gewinnausgleich führen („unsichtbare Hand“). *S. 81, 83, 87*

Sokrates (469 – 399 v. Chr.): griech. Philosoph aus Athen. Für Sokrates stand – im Gegensatz zu den → Sophisten – fest, dass es eine allgemeingültige Wahrheit gibt. Wer das Wahre und Gute erkannt habe, handle notwendigerweise auch danach. Das philosophische Tun des Sokrates bestand im Gespräch mit seinen Mitbürgern. Er prüfte deren Meinungen und führte sie durch kritisches Nachfragen zur Selbsterkenntnis. Sokrates fand zahlreiche Anhänger, sein kritisches Denken brachte ihm aber auch den Vorwurf ein, die Jugend zu verderben und die Götter zu leugnen. Ein athenisches Gericht verurteilte ihn schließlich zum Tode. Sokrates' philosophische Ansichten sind in → Platons Dialogen überliefert. Die Unbedingtheit seiner Wahrheitssuche machte Sokrates zum Urbild des Philosophen. *S. 13, 15 17, 19, 21, 23, 103*

Solidarität (von lat. *solidus* „fest, stark, unerschütterlich“): Solidarität bezeichnet den Zusammenhalt von Individuen und Gruppen; sie beruht auf dem Gefühl der Zusammengehörigkeit aufgrund von gemeinsamen Werten, Ideen, Aktivitäten und Zielen. Solidarität äußert sich konkret in gegenseitiger Hilfe und Eintreten füreinander. *S. 87, 93, 111*

Sophist (griech. *sophistés* „Weisheitslehrer“): Die Sophisten waren eine Gruppe von griech. Gelehrten im 5. / 4. Jh. v. Chr. Sie vermittelten ihr Wissen in → Rhetorik, Ethik und Politik gegen Bezahlung. Sie vertraten im Bereich der Ethik und Erkenntnistheorie einen radikalen → Relativismus. → Sokrates und → Platon warfen ihnen deshalb vor, sie seien Verdreher von Wahrheit und Recht. *S. 13, 15, 17, 21, 23*

Souverän (franz. *souverain* „Herrscher“): der Inhaber der obersten Staatsgewalt. In demokratischen Staaten ist dies das Staatsvolk (→ Volkssouveränität), in Monarchien ein König oder Fürst. *S. 25, 29*

Soziale Marktwirtschaft: Wirtschaftsordnung, in der dem Staat die Aufgabe zukommt, die Negativfolgen des → Kapitalismus sozialpolitisch zu begrenzen. Das Modell wurde nach 1945 vor allem von Ludwig → Erhard entwickelt und ist die Grundlage der deutschen Wirtschafts- und Sozialordnung. Die Soziale → Marktwirtschaft wird (nach der damaligen Bundeshauptstadt Bonn am Rhein) auch als „Rheinischer Kapitalismus“ bezeichnet. *S. 87*

Sozialisation: die Gesamtheit aller Vorgänge, durch die ein Mensch zu einer handlungsfähigen Persönlichkeit in seiner Gesellschaft wird. Durch Erfahrungen mit der sozialen Umwelt werden zentrale Werte, Rollenbilder und Verhaltensmuster erlernt und verinnerlicht. Die Sozialisation wird durch Eltern, Freunde, Schule, Arbeitswelt usw. bestimmt. *S. 69*

Spaemann, Robert (* 1927): dt. Philosoph; Spaemann trat als Kritiker gegen Abtreibung, → Stammzellforschung und die Liberalisierung der Sterbehilfe auf. Für Spaemann bildet die Vernünftigkeit des Glaubens an Gott den Mittelpunkt seiner Philosophie; er ist Berater von Papst Benedikt XVI. *S. 65*

spirituell (lat. *spiritualis* „den Geist betreffend“): weitgehend gleichbedeutend mit „religiös“; der Begriff „spirituell“ kann auch den negativen Nebensinn des Pseudoreligiösen, Esoterischen haben. *S. 69*

Stammzellen: Gruppe von Zellen, die die Fähigkeit besitzt, verschiedene Gewebearten zu bilden; die „normale“ Körperzelle besitzt diese Fähigkeit nicht (z. B. können Hautzellen nur Haut bilden). Wegen ihrer speziellen Fähigkeiten sind Stammzellen Objekte intensiver Forschungen, da sie in Zukunft als

Reparaturzellen in kranken Geweben eingesetzt werden könnten. Sie existieren in vielen Geweben des erwachsenen Menschen; die „hochwertigsten" Stammzellen sind aber diejenigen, die in einem wenige Tage alten Embryo vorhanden sind, denn sie besitzen – im Unterschied zu anderen Stammzellen – die Fähigkeit, *alle* humanen Gewebe zu bilden. Die Forschung an embryonalen Stammzellen ist in Deutschland nur unter strengen gesetzlichen Auflagen erlaubt. *S. 107*

Superiorität (von lat. *superior* „höher, wichtiger, vornehmer"): Überlegenheit, Höherwertigkeit, übergeordnete Stellung. *S. 51*

Sure (arab. *sûrah*): Abschnitt des → Koran. Die 114 Suren des Koran wurden von 610 – 632 n. Chr. dem → Propheten → Muhammad offenbart. *S. 47, 67*

Syndrom (griech. *syndromos* „zusammentreffend"): ein Syndrom bezeichnet in der Medizin das gemeinsame Auftreten verschiedener Krankheitszeichen (Symptome), die eigentlich zu unterschiedlichen Krankheitsbildern gehören, zwischen denen aber ein Zusammenhang vermutet werden kann. *S. 119*

Talmud (hebr. „Belehrung, Studium"): der interpretierende Kommentar zur → Tora. Der Talmud enthält nach jüd. Vorstellung den Teil der Tora, den Gott dem → Moses *mündlich* offenbart hat. Der Talmud wurde im 2. – 8. Jh. schriftlich fixiert. Tora und Talmud regeln zusammen das religiöse wie auch das alltägliche Leben gläubiger Juden. *S. 43*

Thales (um 625 – 545 v. Chr.): griech. Philosoph und Naturforscher. Im Wasser sah er den Urstoff allen Seins. Seit Aristoteles gilt Thales als Begründer von Philosophie und Wissenschaft überhaupt. *S. 11*

Theodizee (von griech. *theós* „Gott" und *díke* „Gerechtigkeit"): die Rechtfertigung Gottes angesichts des Bösen. Die zentrale Fragestellung der Theodizee ist: Wie ist das Dasein Gottes, der als allmächtig, weise und gütig gedacht werden muss, mit dem Dasein so vieler Übel in der Welt vereinbar? *S. 65, 67, 69*

Therapeutisches Klonen (auch: Forschungsklonen): Unter Klonierung versteht man eine Form ungeschlechtlicher Vermehrung, bei der das Genmaterial eines Organismus dupliziert wird. Im Labor kann ein Organismus kloniert werden, indem der Kern einer beliebigen Körperzelle in eine entkernte Eizelle eingebracht wird. Der sich daraus entwickelnde Embryo ist genetisch identisch mit dem Zellkernspender. Beim Forschungsklonen wird der klonierte Embryo in einem frühen Stadium zerstört, um ihm → Stammzellen entnehmen zu können. *S. 101*

Thomas von Aquin (um 1225 – 1274): christl. Philosoph und Theologe. Nach Thomas ist aus dem Naturrecht kein Eigentum begründbar; aus Vernunftgründen ist es aber sinnvoll, denn es regelt Zuständigkeiten und führt zu einer höheren Sorgfalt gegenüber den Sachen. Lässt man Eigentum aus Vernunftgründen zu, muss es aus Gründen des Naturrechts gleichzeitig dem Gemeinwohl verpflichtet sein. *S. 79*

Thrasymachos (um 450 v. Chr.): griech. → Sophist und Redelehrer; er ist vor allem aus → Platons „Politeia" bekannt, wo er Macht und Gerechtigkeit als identisch bezeichnete (Recht des Stärkeren). *S. 13*

Titanen: in der griech. Mythologie das älteste Göttergeschlecht. Sie wurden von Zeus, selbst ein Nachkomme der Titanen, entmachtet und in die Unterwelt vertrieben. Zum Geschlecht der Titanen gehörten auch → Epimetheus und → Prometheus. *S. 15*

Tora (auch: Thora, Torah, hebr. „Lehre, Unterweisung"): der erste und wichtigste Teil der hebräischen Bibel. Er enthält das jüdische Religionsgesetz, die direkte Offenbarung Gottes an → Moses und sein Volk (→ Mitzwa). Die Tora entspricht in der christlichen Bibel den fünf Büchern Mose. *S. 43, 47*

transzendent (von lat. *transcendere* „überschreiten, übersteigen"): die Grenzen der Erfahrung überschreitend; übersinnlich, übernatürlich. *S. 69*

Tritheismus (von griech. *treis* „drei" und *theós* „Gott"): Glaube an drei Götter. Die christl. Lehre von der Dreieinigkeit (Trinität) besagt, dass der eine Gott aus drei Erscheinungsformen besteht (Vater, Sohn, heiliger Geist), diese drei Personen aber völlig wesensgleich sind. Dieses → Paradoxon brachte dem Christentum den Vorwurf des Tritheismus ein. *S. 45*

Tschuwa (hebr. „Umkehr"): Begriff aus der jüd. Theologie: die Einsicht in den falschen Weg, die Umkehr und den Aufbruch in eine neue Richtung. Im engeren Sinne versteht man darunter den Beginn der zehntägigen Bußzeit, die mit dem höchsten Feiertag → Jom Kippur abgeschlossen wird. *S. 43*

Tyrann (griech. *tyrannos* „Gebieter"): Alleinherrscher in einer griech. → Polis. Heute wird der Begriff Tyrann gleichbedeutend verwendet mit Diktator, Gewaltherrscher. *S. 9, 11, 17, 29*

Vervollkommnungsfähigkeit: → Rousseau bezeichnet damit die Offenheit des Menschen, seine Wahlfreiheit, die ihn vom Tier unterscheidet. Individuum und Gattung sind, sobald der → Naturzustand verlassen wurde, dank der Vervollkommnungsfähigkeit in der Lage, sich zu zivilisieren. *S. 33*

Völkerrecht: Rechtsnormen, die die Beziehungen zwischen gleichberechtigten Staaten regeln. Völkerrecht entsteht durch internationale Verträge, Abkommen usw. Wichtigste Quelle des heutigen Völkerrechts ist die Charta der Vereinten Nationen. *S. 37*

Volkssouveränität: demokratisches Grundprinzip der Selbstbestimmung, nach dem im Staat die oberste Gewalt (Souveränität) vom Staatsvolk ausgeht, indem dieses durch Wahlen seine Regierung und seine Gesetzgeber selbst bestimmt (Art. 20 GG). *S. 33*

Weltgesundheitsorganisation (World Health Organization, WHO): Sonderorganisation der Vereinten Nationen (UNO), gegründet 1948. Die WHO bearbeitet alle gesundheitspolitischen Fragen, die über die Möglichkeiten nationaler Gesundheitsorganisationen hinausgehen. Wichtige Handlungsfelder der WHO: die Unterstützung der Mitgliedstaaten beim Ausbau ihrer öffentlichen Gesundheitsdienste, die Bekämpfung übertragbarer Krankheiten und die Förderung der medizinischen Ausbildung und Forschung. *S. 109*

Whitehead, Alfred North (1861 – 1947): brit. Mathematiker und Philosoph; Whitehead betrachtete Religion als notwendiges Mittel für den Einzelnen, sich in der Welt zurechtzufinden und die eigene Unvollkommenheit zu bewältigen. Gott ist der „mitgehende Partner", der eine moralische Ordnung ermöglicht und die Gewissheit gibt, dass das Gute immer wieder das Böse überwindet. Whiteheads Gottesbegriff ist ein philosophischer Begriff, der nicht auf religiöse Offenbarungen zurückgeht. Gott ist für Whitehead kein ewig unveränderliches Wesen. Er ist vielmehr ein Teil der wirklichen Welt und überschreitet diese nicht. Weil das Universum ein offener, ständiger Entwicklungsprozess ist und Gott Teil dieses Prozesses ist, verändert auch er sich: Er ist ein „Gott des Werdens", d. h. ein Schöpfergott, der „dauernd schafft" – aber eben auch „sich selbst". Gott reagiert auf jedes Ereignis in der Welt und bestimmt es mit. Er bedient sich aber nie des Zwangs zur Ausführung seines Willens, sondern gesteht dem Menschen den freien Willen zu; und durch diesen wird auch Gott selbst beeinflusst und verändert: „Was in der Welt getan wird, verwandelt sich in eine Realität des Himmels, und die Realität des Himmels geht wieder über in die Welt." Ebenso wie Gott muss die Religion sich und ihre Werte verändern können und offen für Neues sein. *S. 63*

Zarathustra (2. / 1. Jt. v. Chr.): altpersischer Religionsstifter; begründete die Religion des Zoroastrismus. Der Philosoph Friedrich Nietzsche machte Zarathustra zur Hauptfigur seines Werkes „Also sprach Zarathustra" (1883 – 1885). Es berichtet vom Wirken des fiktiven Denkers Zarathustra. Damit die Welt nach dem „Tod Gottes" einen neuen Sinn finden kann, bedürfe es nach Zarathustra eines ganz neuen Menschen. Dieser „Übermensch" zeichnet sich aus durch Selbstvertrauen, Liebe zum Leben, Willenskraft und schöpferische Tatkraft. *S. 59*

Zehn Gebote (auch: Zehn Worte oder Dekalog): Nach dem Auszug der Israeliten aus Ägypten empfing → Moses von Gott auf dem Berg Sinai zwei Steintafeln mit den Zehn Geboten. In ihnen wird das Verhalten gegenüber Gott und den Mitmenschen definiert. Die Einhaltung der Zehn Gebote ist die Vertragsgrundlage für die Treue Gottes zu seinem Volk Israel. Sämtliche Gebote sind apodiktisch, d. h. sie gelten ohne Begründung, ohne Wenn und Aber. Aufgelistet sind sie in der → Tora bzw. im Alten Testament (2. Mose 20,2-17 und 5. Mose 5,6-21). *S. 43*

Arbeitshilfen Nr. 170 Leitlinien für das Gebet bei Treffen von Christen, Juden und Muslimen. Eine Handreichung der deutschen Bischöfe. Herausgegeben vom Sekretariat der Deutschen Bischofskonferenz, 2., überarbeitete und aktualisierte Auflage, Bonn 2008

Arnold, Ingeborg Die Herrschaft des Volkes – Demokratie, *Originalbeitrag*

Arnold, Ingeborg Welche Verfassung ist die beste?, *Originalbeitrag*

Arnold, Ingeborg Mythos oder Logos?, *Originalbeitrag*

Arnold, Ingeborg Was ein Sophist zu verkaufen hat, *Originalbeitrag*

Arnold, Ingeborg sophistisch, *Originalbeitrag*

Arnold, Ingeborg Protagoras steht Rede und Antwort, *Originalbeitrag*

rnold, Ingeborg Protagoras, *Originalbeitrag*

rnold, Ingeborg Zwei Quellen zu Sokrates, *Originalbeitrag*

rnold, Ingeborg Sokratische Ironie, *Originalbeitrag*

rnold, Ingeborg Sokrates' Antworten auf die großen Fragen, *riginalbeitrag*

rnold, Ingeborg Monarchie und Bürgertum, *Originalbeitrag*

rnold, Ingeborg Die Entstehung der Naturwissenschaften, *iginalbeitrag*

rnold, Ingeborg Die Entwicklung der Philosophie, *iginalbeitrag*

nold, Ingeborg Der Mensch als Maschine, *Originalbeitrag*

nold, Ingeborg Der gerechte Staat, *Originalbeitrag*

nold, Ingeborg Die moralische Evolution, *Originalbeitrag*

nold, Ingeborg Naturzustand und Gesellschaftsvertrag, *iginalbeitrag*

nold, Ingeborg Der Staat, *Originalbeitrag*

nold, Ingeborg Der allgemeine Wille als Garant der Freiheit, *ginalbeitrag*

old, Ingeborg Direkte Demokratie, *Originalbeitrag*

heuer, Thomas Fragt nicht nach der Wahrheit. In: DIE ZEIT geschichte, Aufklärung – Aufbruch in die Moderne Nr. 2 10)

ster, Paul Im Land der letzten Dinge. Übersetzt von Werner mitz, Reinbek 2008, Rowohlt

el, Rainer Religionskriege in Europäischer Perspektive: v.uni-saarland.de/fak3/behringer/HP/2011ss/os_babel.html 9.2012)

nsen, Ulrich; Spiewak, Martin Die Zukunftskinder. In: Die Nr. 23/2008

man, Yoram; Klein, Grady Economics. Mit einem Comic Wirtschaftsweisen. Übersetzt von Marcus Ingendaay, chen 2011, Manhattan

r. Landesärztekammer Berufsordnung für die Ärzte rns: www.blaek.de/pdf_rechtliches/haupt/Berufsordnung.pdf 0.2012)

straesser, Arnold; Oberndörfer, Dieter Klassiker der Staatssophie Band 1, Stuttgart 1975, Koehler

fsordnung für die Ärzte Bayerns .blaek.de/pdf_rechtliches/haupt/Berufsordnung.pdf .2012)

Günther Die aktuelle Bedeutung der ökonomischen ie des Aristoteles. In: Sozialphilosophische Grundlagen mischen Handelns. Herausgegeben von Bernd Biervert; Held; Josef Wieland, Frankfurt am Main 1990, Suhrkamp

h, Barbara; Schaber, Peter Interview. In: unipublic, hrift der Universität Zürich vom 23.01.2000

Braun, Ulrich Ethik in der Medizin. Vorlesungsmanuskript TU Dresden: http://tu-dresden.de/die_tu_dresden/fakultaeten/medizinische_fakultaet/inst/ethik/lehre/vlscript (17.9.2012)

Brockhaus Philosophie Ideen, Denker, Begriffe. Herausgegeben von der Lexikonredaktion des Verlages F. A. Brockhaus, Mannheim 2004

Brusotti, Marco Artikel „Nietzsche". In: Großes Werklexikon der Philosophie, herausgegeben von Franco Volpi am Studium fundamentale der Universität Witten-Herdecke, Band 2: L–Z, Anonyma und Sammlungen, Stuttgart 2004, Kröner

Bundesärztekammer Grundsätze der Bundesärztekammer zur ärztlichen Sterbebegleitung, Deutsches Ärzteblatt, Jg. 108, Heft 7, 18. Februar 2011

Bundesärztekammer „(Muster-)Berufsordnung" der Bundesärztekammer in der Fassung des 114. Dt. Ärztetages 2011: www.bundesaerztekammer.de/downloads/mbo_08_20111.pdf (17.9.2012)

Bundesverfassungsgericht (BVerfGE 30, 1, 25f. – Abhörurteil): akj.rewi.hu-berlin.de/projekte/seminararbeiten/marini2.pdf (17.9.2012)

Burghardt, Peter Die Menschenversuche des Doktor Cutler. In: Süddeutsche Zeitung vom 31.8.2011

Castellucci, Lars Zur Zukunft des „Rheinischen Kapitalismus". In: Aus Politik und Zeitgeschichte, herausgegeben von der Bundeszentrale für politische Bildung, B6–7 (2001)

Connolly, Peter; Dodge, Hazel Die antike Stadt. Das Leben in Athen und Rom. Übersetzt von Britta Dieterle und Vera Olbricht, Köln 1998, Könemann

Das Philosophie-Buch Will Buckingham; Douglas Burnham; Clive Hill; Peter J. King; John Marenbon; Marcus Weeks, übersetzt von Dr. Klaus Binder; Dr. Bernd Leineweber, München 2011, Dorling Kindersley

De Crescenzo, Luciano Die Geschichte der griechischen Philosophie. Die Vorsokratiker. Aus dem Italienischen von Linde Birk. Copyright der deutschsprachigen Ausgabe © 1985 Diogenes Verlag AG, Zürich

Deklaration von Helsinki Version 2008: www.aerzteblatt.de/v4/plus/down.asp?typ=PDF&id=5324 (17.09.2012)

Dürrenmatt, Friedrich Gesammelte Werke Band 6. Copyright © 1986 Diogenes Verlag AG, Zürich

Duden Basiswissen Schule Politik/Wirtschaft, 7. Klasse bis Abitur, 3., neu bearbeitete Auflage, Berlin; Mannheim; Zürich 2012, Duden Schulbuchverlag

Eco, Umberto Der Name der Rose. Aus dem Italienischen von Burkhart Kroeber, 33. Auflage 1985, München; Wien 1982, Carl Hanser

Emanuel, Ezekiel J.; Emanuel, Linda L. Vier Modelle der Arzt-Patient-Beziehung. In: Ethik in der Medizin, Ein Studienbuch, herausgegeben von Urban Wiesing unter Mitarbeit von Johann S. Ach; Matthias Bormuth; Georg Marckmann, Stuttgart 2004, Reclam

Feuerbach, Ludwig Das Wesen des Christentums. Nachwort von Karl Löwith, Stuttgart 2011, Reclam

Finley, Moses I. Die Griechen: eine Einführung in ihre Geschichte und Zivilisation. Übersetzt von Karl-Eberhardt und Grete Felten, München 1983, C.H. Beck

Förster, Jochen „Ein normales Verhältnis wäre anormal". In: dummy. Gesellschaftsmagazin, Thema: Juden, Nr. 8 (2005), S. 18–21 www.dummy-magazin.de/topic/get_download/178

Ford, Henry Mein Leben und Werk, übersetzt von Curt Thesing und Marguerite Thesing, Leipzig ohne Jahresangabe, Paul List Verlag

Freud, Sigmund Die Zukunft einer Illusion. In: Freud-Studienausgabe, Band IX: Fragen der Gesellschaft, Ursprünge der Religion, herausgegeben von Alexander Mitscherlich; Angela Richards; James Strachey, Mitherausgeber des Ergänzungsbandes Ilse Grubrich-Simitis, 5. Auflage, Frankfurt am Main 1974, S. Fischer

Freud, Sigmund Neue Folge der Vorlesungen zur Einführung in die Psychoanalyse. In: Freud-Studienausgabe, Band I: Vorlesungen zur Einführung in die Psychoanalyse (1916–17 [1915–17]). Und Neue Folge der Vorlesung zur Einführung in die Psychoanalyse (1933 [1932]), herausgegeben von Alexander Mitscherlich; Angela Richards; James Strachey, Mitherausgeber des Ergänzungsbandes Ilse Grubrich-Simitis, 13. Auflage, Frankfurt am Main 1997, S. Fischer

Fuß, Sophia Wie krank ist Frau O.?, *Originalbeitrag*

Fuß, Werner Medizin in der Steinzeit, *Originalbeitrag*

Fuß, Werner Medizinethik, *Originalbeitrag*

Fuß, Werner Medizin heute, *Originalbeitrag*

Fuß, Werner Arzneimittelerprobung heute, *Originalbeitrag*

Fuß, Werner Gesundheit – Krankheit, *Originalbeitrag*

Fuß, Werner Der Begriff der Person, *Originalbeitrag*

Fuß, Werner Ethik des ärztlichen Handelns, *Originalbeitrag*

Fuß, Werner Ethisches Handeln von Forschern und Patienten, *Originalbeitrag*

Fuß, Werner Achtsamkeit, *Originalbeitrag*

Fuß, Werner Sterbehilfe – was ist das?, *Originalbeitrag*

Fuß, Werner Transplantation – was ist das?, *Originalbeitrag*

Fuß, Werner Die Lebend-Organspende, *Originalbeitrag*

Gaarder, Jostein Sofies Welt. Roman über die Geschichte der Philosophie. Übersetzt von Gabriele Haefs, München; Wien 1993, Hanser

Gerhardt, Volker Immanuel Kant. Vernunft und Leben, Stuttgart 2007, Reclam

Gräber, Gerhard Die Pausenbrot-AG. In: Kolleg Ethik, herausgegeben von Monika Sänger, Bamberg 2010, C.C. Buchner

Gräber, Gerhard Fragen der Lohngerechtigkeit. In: Kolleg Ethik, herausgegeben von Monika Sänger, Bamberg 2010, C.C. Buchner

Gröbly, Thomas; Ruh, Hans Interview. In: Ebkurs Magazin der EB Zürich. Kantonale Berufsschule für Weiterbildung Nr. 19/2008

Heidenreich, Felix Wirtschaftsethik zur Einführung, Hamburg 2012, Junius

Helferich, Christoph Geschichte der Philosophie. Von den Anfängen bis zur Gegenwart und Östliches Denken, München 1999, dtv

Herodot Historien. Übersetzt von Heinrich Gassner, München 1958, Goldmann

Hick, Christian (Hg.) Klinische Ethik, unter Mitarbeit von Michael Gommel; Andrea Ziegler; Peter W. Gaidzik, Heidelberg 2007, Springer Medizin

Hobbes, Thomas Leviathan. Übersetzt von Walter Euchner, Frankfurt am Main 1976, Ullstein

Höffe, Otfried Medizin ohne Ethik?, Frankfurt am Main 2002, Suhrkamp

Homann, Karl Interview. In: taz (die tageszeitung) vom 07.07.2008

Horx, Matthias Ethische Marketingstrategien. In: zukunftsletter Nr. 6/2007: www.marketing-trendinformationen.de/trends-zukunft/zukunftsletter/ausgaben/2007-06.html (Stand: 01.04.09)

Institut für Betriebswirtschaftslehre der Universität Kassel Forschungsgruppe Betriebliche Umweltpolitik 2003: www.ibwl.uni-kassel.de/fnu/start-up-to-sustain/welcome/unachhalt.htm (Stand: 01.04.09)

www.ibwl.uni-kassel.de/fnu/start-up-to-sustain/Dokumente/Checkliste_nachhaltige%20Unternehmensgruendung.pdf (Stand: 01.04.09)

Irrmann, Claudia Auschwitz – Endstation Vernichtung: www.wsg-hist.uni-linz.ac.at/auschwitz/htmld/Versuche.html (17.9.2012)

Jellen, Reinhard Weder Aufklärung noch Propaganda. Interview mit dem Altphilologen Wilfried Stroh über Rhetorik: www.heise.de/tp/artikel/32/32348/1.html (17.9.2012)

Kaddor, Lamya; Müller, Rabeya Der Koran für Kinder und Erwachsene übersetzt und erläutert, München 2008, C.H. Beck

Kant, Immanuel Grundlegung zur Metaphysik der Sitten. In: Kants Werke, Akademie Textausgabe, Band IV, Berlin; New York 1968, de Gruyter

Kant, Immanuel Anthropologie in pragmatischer Hinsicht. In: Kants Werke, Akademie Textausgabe, Band VII, Berlin; New York 1968, de Gruyter

Kant, Immanuel Beantwortung der Frage: Was ist Aufklärung? In: Kants Werke, Akademie Textausgabe, Band VIII, Berlin; New York 1968, de Gruyter

Kant, Immanuel Der Streit der Fakultäten. In: Kants Werke, Akademie Textausgabe, Band VII, Berlin; New York 1968, de Gruyter

Kant, Immanuel Idee zu einer allgemeinen Geschichte in weltbürgerlicher Absicht. In: Kants Werke, Akademie Textausgabe, Band VIII, Berlin; New York 1968, de Gruyter

Kant, Immanuel Metaphysik der Sitten. In: Kants Werke, Akademie Textausgabe, Band VI, Berlin; New York 1968, de Gruyter

Kenzler, Herwig Armut galt als Schande. Die römische Gesellschaft. In: Luxus und Dekadenz. Römisches Leben am Golf von Neapel, herausgegeben von Rudolf Aßkamp; Marijke Brouwer; Jörn Christiansen; Herwig Kenzler; Ludwig Wamser, Mainz 2007, Philipp von Zabern

Kettner, Matthias Neue Formen gespaltener Elternschaft

Khoury, Adel Theodor Der Koran, 3. Aufl., Düsseldorf 2007, Patmos

Klevers, Elmar Motto des Eine Welt Netz NRW – Projekt für faire Händler. In: online-flyer Nr. 74

Kopatz, Michael Nachhaltige Entwicklung: Das Leitbild für eine ökologisch-tragfähige und generationengerechte Entwicklung. In: Online-Akademie der Friedrich-Ebert-Stiftung. November 2005: www.fes-online-akademie.de/modul.php?md=6&c=text&id=103 (Stand: 01.04.09)

Koran Der Koran aus dem Arabischen neu übertragen von Hartmut Bobzin unter Mitarbeit von Katharina Bobzin, München 2010, C.H. Beck

Kreß, Hartmut Menschenwürde vor der Geburt – Grundsatzfragen und gegenwärtige Entscheidungsprobleme. In: Menschenwürde, Medizin und Bioethik. Heutige Fragen medizinischer und ökologischer Ethik, herausgegeben von Hartmut Kreß; H.-J. Kaatsch, Münster 2000, LIT

Küng, Hans Credo. Das apostolische Glaubensbekenntnis, München; Zürich 1992, Piper

Lessing, Gotthold Ephraim Werke, Zweiter Band in Zusammenarbeit mit Karl Eibl; Helmut Göbel; Karl S. Guthke, Gerd Hillen, Albert von Schirnding; Jörg Schönert, herausgegeben von Herbert G. Göpfert, Lizenzausgabe 1996 für die Wissenschaftliche Buchgesellschaft, München 1971, Carl Hanser

Lotter, Maria-Sibylla Artikel „Alfred North Whitehead". In: Großes Werklexikon der Philosophie, herausgegeben von Franco Volpi am Studium fundamentale der Universität Witten-Herdecke, Band 2 L–Z, Anonyma und Sammlungen, Stuttgart 2004, Kröner

Lübbe, Hermann Religion nach der Aufklärung, Graz; Wien; Köln 1990, Styria

Marckmann, Georg; Bormuth, Matthias Einführung. In: Ethik in der Medizin. Ein Studienbuch, herausgegeben von Urban Wiesing unter Mitarbeit von Johann S. Ach; Matthias Bormuth; Georg Marckmann, Stuttgart 2004, Reclam

Martini, Stefan Die Formulierung der Menschenwürde bei Immanuel Kant und die ‚Objektformel' in der Rechtsprechung des Bundesverfassungsgerichts, Seminararbeit an der Humboldt-Universität Berlin: http://akj.rewi.hu-berlin.de/projekte/seminararbeiten/marini2.pdf (18.9.2012)

Marx, Karl Zur Kritik der Hegelschen Rechtsphilosophie. In: Marx-Engels-Werke (MEW), herausgegeben. vom Institut für Marxismus-Leninismus beim ZK der SED. Band 1. Berlin/DDR 1976. (Karl) Dietz Verlag

Mertin, Herbert (Hg.) Fortpflanzungsmedizin und Embryonenschutz: medizinische, ethische und rechtliche Gesichtspunkte zum Revisionsbedarf von Embryonenschutz- und Stammzellgesetz; Bericht der Bioethik-Kommission des Landes Rheinland-Pfalz vom 12. Dezember 2005 / Bioethik-Kommission Rheinland-Pfalz; Ministerium der Justiz Rheinland-Pfalz. Vorsitzender: Herbert Mertin: ww.mjv.rlp.de/icc/justiz/med/096/09620dd6-e553-d801-33e2-cf9f9d3490f,11111111-1111-1111-1111-111111111111.pdf 8.10.2012)

'urken, Sebastian Spiritualität kann das Ich entlasten. ıs Interview führten Malte Henk; Claus Peter Simon. : GEO kompakt Nr. 16 Glaube und Religion (2008), S. 56ff

uster-Berufsordnung der Bundesärztekammer in der Fassung s 114. Deutschen Ärztetages 2011: vw.bundesaerztekammer.de/downloads/mbo_08_20111.pdf .9.2012)

cklas-Faust, Jeanne Grundlagen ethischen Handelns im Kranıhaus. Vortragspräsentation, 28. Oktober 2008, 1. Potsdamer chtagung Ethik/DBfK: vw.dbfk.de/regionalverbaende/no/bildung/Grundlagen_ethien_Handelns_im_KH--Nicklas-Faust.pdf (17.9.2012)

tzsche, Friedrich Der Antichrist. In: Werke, Band III, rausgegeben von Karl Schlechta, Frankfurt am Main; Berlin; n 1984, Ullstein

tzinger, Hans G. Einleitung: Gerechtigkeit und/oder Ökono-. In: Gerechtigkeit in der Wirtschaft – Quadratur des Kreises, ıusgegeben von Hans G. Nutzinger, Marburg 2006, Metropoli

ersdorff, Winand von Das Geld reicht nie. Warum T-Shirts g, Handys umsonst und Popstars reich sind. Ein Wirtschafts-ı für Jugendliche, Frankfurt am Main 2008, Frankfurter All-eine Buch

on Apologie. In: Platon, Sämtliche Werke, Band 1, übersetzt Friedrich Schleiermacher, Reinbek 1966, Rowohlt

on Der Staat (Politeia), übersetzt von Bernd Weber, *inalbeitrag*

on Kriton, übersetzt von Kurt Hildebrandt, Stuttgart 1984, am

on Protagoras. In: Platon, Sämtliche Werke, Band. 1, über-von Friedrich Schleiermacher, Reinbek 1966, Rowohlt

yrembel, Willibald Klinisches Wörterbuch, 260. Aufl., Ber- York 2004, de Gruyter

, Jens Leben und Vergehen. In: DIE ZEIT Nr. 13 (2008)

beck, Felix Drei Positionen der Wirtschaftsethik. ertvolle Zukunft, Stiftung für ethisches Handeln, Hamburg: wertevolle-zukunft.de/index.php?section=29 (Stand: 09)

Florian Protagoras – Der Mensch ist das Maß aller Dinge kratiker V). Vortrag an der Münchner Volkshochschule 5.12.2003: lorian-roth.com/philosophievortr%C3%A4ge/antike/ 2012)

Rousseau, Jean-Jacques Der Gesellschaftsvertrag oder die Grundsätze des Staatsrechts. In der verbesserten Übersetzung von H. Denhardt, herausgegeben von Heinrich Weinstock, Stuttgart 1971, Reclam

Rousseau, Jean-Jacques Diskurs über den Ursprung und die Grundlagen der Ungleichheit unter den Menschen. In: Jean-Jacques Rousseau, Schriften zur Kulturkritik. Die zwei Diskurse von 1750 und 1755, übersetzt von Kurt Weigand, Hamburg 1971, Meiner

Sänger, Monika Abenteuer Ethik Baden-Württemberg 3, Bamberg 2010, C.C.Buchner

Sass, Hans-Martin Medizin und Ethik, Stuttgart 1989, Reclam

Schirrmacher, Christine Wie Muslime Christen sehen. Das Bild der Christen in Koran und Überlieferung (hadith): www.islaminstitut.de/Artikelanzeige.41+M57b7b82eb57.0.html (18.10.2012)

Schülerduden Philosophie Herausgegeben und bearbeitet von der Redaktion Schule und Lernen, 3., völlig neu bearbeitete Auflage, Mannheim; Leipzig; Wien; Zürich 2009, Duden

Schülerduden Religion und Ethik Herausgegeben und bearbeitet von der Redaktion Schule und Lernen, 2., völlig neu bearbeitete Auflage, Mannheim; Leipzig; Wien; Zürich 2008, Duden

Seligmann, Rafael Religion kennt keine Toleranz. In: DIE ZEIT Zeitgeschichte, Aufklärung – Aufbruch in die Moderne Nr. 2 (2010)

Sezgin, Hilal Die Ringparabel steht im Koran. In: DIE ZEIT Zeitgeschichte, Aufklärung – Aufbruch in die Moderne Nr. 2 (2010)

Sigmund, Karl; Fehr, Ernst; Nowak, Martin A. Teilen und Helfen – Ursprünge sozialen Verhaltens. In: Spektrum der Wissenschaft Dossier, Fairness, Kooperation, Demokratie. Die Mathematik des Sozialverhaltens, 5 (2006), S. 55–62

Siegmund-Schultze, Nicola Und er bewegt sich doch. In: Süddeutsche Zeitung vom 20.2.2001, S. 22

Spade, Frank www.standard-patientenverfuegung.de/erfahrungen.htm (15.10.2012)

Spaemann, Robert „Wo war Gott in Japan?" – Interview mit Robert Spaemann über die Theodizee-Frage. Das Interview führte Dr. Dominik Klenk. In: DIE ZEIT vom 24.3.2011: www.dominik-klenk.de/wo-war-gott-in-japan-interview-mit-robert-spaemann-195

Stuttgarter Erklärungsbibel mit Apokryphen Die Heilige Schrift nach der Übersetzung Martin Luthers. Mit Einführungen und Erklärungen, herausgegeben von der Evangelischen Kirche in Deutschland, 2., verbesserte Auflage, Stuttgart 2007, Deutsche Bibelgesellschaft

Urban, Cerstin Erläuterungen zu Umberto Eco „Der Name der Rose". Königs Erläuterungen und Materialien, Band 391, Hollfeld 2000, C. Bange

Vatikanisches Konzil, II.: Nostra Aetate www.vatican.va/archive/hist_councils/ii_vatican_council/documents/vat-ii_decl_19651028_nostra-aetate_ge.html

Vetter, Hermann Artikel „Sigmund Freud". In: Großes Werklexikon der Philosophie, herausgegeben von Franco Volpi am Studium fundamentale der Universität Witten-Herdecke, Band 1 A–K, Stuttgart 2004, Kröner

Whitehead, Alfred North Wie entsteht Religion? Übersetzt von Hans Günter Holl, Frankfurt am Main 1990, Suhrkamp

Zinser, Hartmut Artikel „Ludwig Feuerbach". In: Metzler Philosophen Lexikon. Von den Vorsokratikern bis zu den Neuen Philosophen, unter redaktioneller Mitarbeit von Norbert Retlich, herausgegeben von Bernd Lutz, 2., aktualisierte und erweiterte Auflage, Stuttgart; Weimar 1995, Metzler

Agentur Focus / Alfred Pasieka, Hamburg – S. 98
akg-images, Berlin – S. 24, 34, 48, 58 (3), 71, 84
akg-images / De Agostini Pict. Lib., Berlin – S. 56
akg-images / Erich Lessing, Berlin – S. 76
akg-images / The National Gallery, London, Berlin – S. 55
Archiv i.motion gmbh, Bamberg – S. 8

Yoram Bauman, Grady Klein, Economics, Wilhelm Goldmann Verlag, München, in der Verlagsgruppe Random House GmbH, S. 4-7, 12-14 – S. 80, 81, 82, 83
Bridgeman Art Library, Berlin – S. 40

Das Philosophie-Buch, Große Ideen und ihre Denker, Dorling Kindersley Verlag GmbH, München 2011, S. 199, 216 – S. 57, 59
ddp images, Hamburg – S. 97
DER SPIEGEL, Hamburg – S. 109
Deutsche Stiftung Organtransplantation, www.dso.de – S. 120
dpa Picture-Alliance / AAP / Abc News24, Frankfurt am Main – S. 64
dpa Picture-Alliance / Agencia Estado / Ed Ferreira, Frankfurt am Main – S. 37
dpa Picture-Alliance / Asahi Shimbun, Frankfurt am Main – S. 64
dpa Picture-Alliance / Maxppp, Frankfurt am Main – S. 64
dpa Picture-Alliance / Rainer Hackenberg, Frankfurt am Main – S. 84
dpa Picture-Alliance / ZB, Frankfurt am Main – S. 118

fotolia / eyewave – S. 94

Getty Images, München – S. 6, 29
Getty Images / AFP, München – S. 64
Getty Images / De Agostini, München – S. 56
Getty Images / Hulton Archive, München – S. 62, 71
Getty Images / Time & Life Pictures, München – S. 60, 71
Getty Images / UIG, München – S. 54, 71

Interkultureller Rat in Deutschland, Darmstadt – S. 30

© KNA-Bild, Bonn – S. 52

OMNIBUS für Direkte Demokratie, Köln – S. 33
Richard Osborne, Philosophie. Eine Bildergeschichte für Einsteiger, Verlag Wilhelm Fink, München 1996, S. 75 – S. 26

Winand von Petersdorff, Das Geld reicht nie, Frankfurter Allgemeine Buch, Frankfurt am Main 2008 – S. 74

Scala group, Antella – S. 16
SSPL via Getty Images, München – S. 100

Dan Tague, New Orleans, Louisiana – S. 72 (5), 73

Weltatlas der alten Kulturen, Christian Verlag, München 1982, S. 204 – S. 47
www.ifd_allensbach.de – S. 119